자바로 시작하는 라즈베리 파이

BlueJ로 손쉬운 프로그래밍!

YoungJin.com Y.
영진닷컴

자바로 시작하는
라즈베리 파이

Java DE Raspberry Pi NYUMON by Norihide Esaki, Moruna Ishii, Kanji Uchimura

Copyright © Norihide Esaki, Moruna Ishii, Kanji Uchimura 2016

All rights reserved.

Original Japanese edition published by Ric Telecom, Tokyo

This Korean edition was published by Youngjin.com in 2019 by arrangement with RIC TELECOM c/o TUTTLE-MORI AGENCY,INC. through KCC(Korea Copyright Center Inc.), Seoul.

ISBN 978-89-314-6016-2

독자님의 의견을 받습니다.

이 책을 구입한 독자님은 영진닷컴의 가장 중요한 비평가이자 조언가입니다. 저희 책의 장점과 문제점이 무엇인지, 어떤 책이 출판되기를 바라는지, 책을 더욱 알차게 꾸밀 수 있는 아이디어가 있으면 팩스나 이메일, 또는 우편으로 연락주시기 바랍니다. 의견을 주실 때에는 책 제목 및 독자님의 성함과 연락처(전화번호나 이메일)를 꼭 남겨 주시기 바랍니다. 독자님의 의견에 대해 바로 답변을 드리고, 또 독자님의 의견을 다음 책에 충분히 반영하도록 늘 노력하겠습니다.

주 소 : 서울시 금천구 가산디지털2로 123 월드메르디앙벤처센터2차 10층 1016호 (우)08505

이메일 : support@youngjin.com

파본이나 잘못된 도서는 구입하신 곳에서 교환해 드립니다.

STAFF

저자 에사키 노리히데, 이시이 모루나, 우치무라 칸지 | **번역** 주한길 | **책임** 김태경 | **기획** 정소현, 차바울 |
디자인 박지은 | **편집** 박지은, 강창효, 임정원 | **영업** 박준용, 임용수 |
마케팅 이승희, 김근주, 조민영, 김예진, 이은정, 임승현 | **제작** 황장협 | **인쇄** 예림인쇄

알리는 말

이 책에 기재된 소스 코드를 부록 자료로 제공합니다.
영진닷컴 홈페이지에서 다운로드 받아 사용하세요.
http://www.youngjin.com/

– 유 의 사 항 –

❶ 이 책은 저자가 독자적으로 조사한 결과를 출판한 것입니다.

❷ 이 책을 이용할 때 독자 여러분의 안전은 스스로 지켜주세요. 이 책에서는 기구를 이용한 다양
한 전자회로 공작에 관해 설명하고 있습니다. 독자 여러분이 같은 작업을 할 때 적절한 장비 및
보호 장비를 사용하며 자신의 능력과 경험 그리고 환경을 적절하게 판단하신다는 것을 전제로
하고 있습니다. 공구와 전기기구 등 각종 회로 공작 작업에 사용되는 부품을 제대로 다루지 않
거나 보호 장구를 사용하지 않을 때는 위험을 초래할 수 있으므로 취급에 충분히 주의하여 작
업을 수행해야 합니다. 또한, 책에서 사용하고 있는 사진과 그림은 더 명확하게 표시하기 위해
안전 관련한 준비 보호구를 생략한 때도 있으므로 양해 바랍니다. 도서를 따라 수행한 작업과
그 결과물이 미치는 영향에 대해서는 기술된 내용과 관계없이 책임을 지지 않으므로 미리 양해
바랍니다.

❸ 혹여 이상한 점이나 오류, 누락 등 문의 사항이 있으시면, 출판사나 아래 블로그로 연락 주시기
바랍니다.
http://agapeuni.blog.me

❹ 이 책의 내용은 2018년 9월에 집필되었습니다. 이 책에서 소개한 소프트웨어의 내용은 예고 없
이 변경될 수 있습니다.

❺ 이 책은 다음의 환경에서 작동 확인했습니다.
윈도우 10 프로 64bit

* 상표
본문에 기재되어있는 회사명, 제품명, 서비스 이름은 해당 소유권자의 상표, 등록상표 또는 상품명입니다. 본 설
명서에 ™ 마크, ® 마크는 원칙적으로 명기하고 있지 않습니다.

머리말

라즈베리 파이는 독자 여러분도 잘 아시다시피, 영국에서 교육용 컴퓨터로 개발된 싱글보드 컴퓨터입니다. 영국에서는 예전부터 BBCmicro라는 교육용 컴퓨터를 사용해왔습니다만, 라즈베리 파이는 그 다음 세대의 교육용 컴퓨터로 기획되어 컴퓨터 과학의 발전을 위한 높은 수준의 의도를 갖고 설계되었습니다. 라즈베리 파이는 사용자가 구매하기 쉽도록 기능과 상관없이 낮은 가격으로 책정되어 있습니다.

지금까지 필자들은 교육용이라는 구조 안에서 하드웨어 제어라는 점에 주목하여 전자회로 공작을 중심으로 다루어 왔습니다. 전자회로 공작만을 생각했을 때 강력한 하드웨어를 쉽게 다룰 수 있는 것으로는 아두이노가 유명합니다. 아두이노는 하드웨어와 소프트웨어 지식이 별로 없어도 쉽게 다룰 수 있어 라즈베리 파이보다 접근하기 쉬운 면이 있습니다.

하지만 고기능과 고성능을 갖춘 제3세대(라즈베리 파이 3)의 발매와 윈도우 10 IoT Core의 정식 지원 그리고 파이썬뿐만 아니라 Java를 표준으로 취급할 수 있는 라즈비안이 출시되면서 상황은 역전되었습니다. 그것은 교육용이라는 라즈베리 파이의 구조 안에 현재 전 세계에서 개발되고 있는 IoT(Internet of Things)의 가능성까지 포함하는 것을 의미합니다. 이 책은 그 큰 흐름에 따라 라즈베리 파이를 IoT로 적용·확장시키는 것을 생각하고 기획했습니다.

전자회로 공작만을 의식해 온 독자에게 이 책의 후반부는 익숙하지 않은 단어와 기술들을 제공하겠지만, 라즈베리 파이의 놀라움을 다시 인식하는 좋은 기회가 될 것입니다. 반대로, 프로그래밍은 잘하면서 하드웨어에 익숙하지 않은 독자에게는 IoT에 익숙해지는 좋은 기회가 될 것입니다.

이 책을 통해 독자 여러분이 라즈베리 파이의 팬이 되는 것을 저희는 바랍니다.

2016년 10월

저자 일동

역자의 말

안녕하세요. 사람과 기술의 가치를 새롭게 만들어가는 가치창조 주한길입니다. 본 서적을 통해 여러 분들과 만나게 되어 반갑습니다. 2014년에 소형의 다재다능한 싱글보드 컴퓨터인 라즈베리 파이를 알게 되어 라즈베리 파이 모델 B를 구입하였고, 바로 학습하기 위해 관련서적들을 찾아보았지만 그 당시에는 국내에 출간된 서적이 몇 권 없었습니다.

이제는 아두이노와 함께 대표적인 오픈소스 하드웨어로 많이 알려지게 되면서 국내에 수십 권의 라즈베리 파이에 대한 서적이 출간되어 있습니다. 하지만 대부분의 서적이 라즈베리 파이의 기본언어인 파이썬(Python)을 기반으로 설명하고 있습니다.

파이썬이라는 언어를 새롭게 배워서 블로그와 유튜브에 다양한 예제와 실험 동영상을 올리던 중에 동일한 기능의 코드를 자바로 구현해 볼 수는 없을까 하고 찾아보던 중. Pi4J 프로젝트(http://pi4j.com)를 알게 되었습니다. Pi4J는 자바로 라즈베리 파이의 확장 커넥터에 접근하기 위한 라이브러리입니다.

국내에 이미 번역된 〈모두의 라즈베리 파이 with 파이썬〉(길벗)의 저자가 집필한 〈자바로 시작하는 라즈베리 파이〉에서는 자바에 대한 내용과 BlueJ 개발환경을 소개하고 있습니다. 자바언어를 사용하여 가볍고 직관적인 BlueJ 개발환경에서 전자 회로 공작을 할 수 있다는 것을 보여줍니다.

이 책을 디딤돌 삼아 자바를 사용하여 보다 재미있고 즐거운 코딩을 경험하시길 바랍니다. 저의 블로그(http://agapeuni.blog.me)로 오시면 "사물인터넷" 카테고리에 자바로 구현한 라즈베리 파이 자료들이 있습니다. 간단한 예제에 대한 소스코드와 사진 및 동영상이 있으니 교재와 함께 활용하시면 학습에 도움이 되실 것입니다.

본 서적의 번역의 기회를 주신 영진닷컴 관계자 분들과 이 책이 나오기까지 수고해 주신 모든 분들에게 감사의 말씀을 전합니다. 모든 삶의 순간마다 한 걸음씩 인도해 주시는 하나님 아버지께 감사와 영광을 돌려드립니다.

2019년 새로운 희망을 품고서

가치창조자 주한길

CONTENTS **목차**

:제 **1** 장 :
라즈베리 파이 + JAVA + 전자회로 공작으로 컴퓨터와 친해지자

1.1 라즈베리 파이와 Java와 BlueJ와 전자회로 공작
 (1) 컴퓨터에서 할 수 있는 일 ·· 14
 (2) 라즈베리 파이 ··· 15
  칼럼 1.1 라즈베리 파이와 윈도우 10 ·· 16

1.2 라즈베리 파이
 (1) 라즈베리 파이 구성 ··· 18
 (2) 라즈베리 파이를 다룰 때 주의사항 ·· 23

1.3 라즈베리 파이를 구동하는데 필요한 것
 (1) 모니터와 연결 케이블 ··· 25
 (2) 스피커 ··· 26
 (3) 키보드, 마우스 ··· 26
 (4) 네트워크 ·· 27
 (5) microSD 카드 ·· 27
 (6) 전원 및 USB−microB 케이블 ··· 28
  칼럼 1.2 블루투스에 대해서 ·· 31

:제 **2** 장 :
라즈비안(RASPBIAN)의 설치 및 사용법

2.1 라즈베리 파이에서 사용할 수 있는 운영체제
2.2 라즈비안 설치 방법
 (1) 설치 방법의 개요 ··· 36
  칼럼 2.1 이미지 파일이란 ·· 37

2.3 NOOBS/NOOBS Lite를 사용하여 라즈비안 설치
 (1) NOOBS/NOOBS 내려받기 ··· 39
 (2) 라즈비안 설치 ·· 41
  칼럼 2.2 복구 상태로 들어가는 방법 ··· 48

2.4 라즈비안만 내려받아 설치
(1) 라즈비안 이미지 파일 다운로드 49
(2) 이미지 파일을 microSD 카드에 설치하기 51
(3) 라즈비안 부팅하기 55
(4) MAC을 사용하는 경우 56

2.5 라즈비안의 기본 설정
(1) 무선 LAN 설정 58
    칼럼 2.3 무선 LAN의 MAC 주소 알아내기 61

(2) 라즈비안 업데이트
    칼럼 2.4 다중 사용자 구조 63
    칼럼 2.5 비슷한 명령 실행 시 편리한 방법 64
(3) 한글 입력 설치 65
(4) 라즈비안 설정 66
(5) 한글 입력 73
(6) 라즈베리 파이 종료 방법 75

2.6 microSD 카드 포맷
(1) SD 포매터 설치 76
(2) microSD 카드의 포맷 80

2.7 라즈비안의 기본적인 사용법
(1) 라즈비안 애플리케이션 83
(2) 라즈비안에서 사용할 수 있는 기본 명령어 87
(3) 라즈비안 디렉터리 구성 89

: 제 3 장 :
BLUEJ와 JAVA 사용법

3.1 Java
3.2 객체지향
(1) 객체 95
(2) 클래스 및 인스턴스 96
(3) 캡슐화 97

(4) 상속 ···································· 97

(5) 오버라이드 ···································· 98

(6) 다형성 ···································· 98

3.3 BlueJ를 사용해 보자

(1) Hello World 메시지 표시해 보기 ···································· 100

(2) "Hello World"라고 표시하는 프로그램을 만들어 보기 ···································· 103

(3) 작성한 코드를 컴파일하기 ···································· 104

(4) 완성한 프로그램(클래스) 실행하기 ···································· 105

칼럼 3.1 클래스의 인스턴스에 대해 ···································· 106

3.4 BlueJ의 편리한 기능을 사용해 보자

(1) 샘플 picture 프로젝트를 열고 객체 생성하기 ···································· 107

(2) 디버깅 기능 사용하기 ···································· 112

(3) 상속 기능 사용하기 ···································· 115

(4) 코드 패드 사용하기 ···································· 116

칼럼 3.2 BlueJ와 명령어라인 ···································· 118

3.5 BlueJ에서 단위 테스트를 해보자

(1) 테스트 유닛 도구 설정하기 ···································· 119

(2) 테스트 메소드를 작성하여 실행하기 ···································· 121

칼럼 3.3 안드로이드 프로그램 개발에 대해 ···································· 126

: 제 4 장 :
JAVA 복습

4.1 Java 문법의 기초

(1) 클래스와 메소드 ···································· 130

(2) 문자와 문자열 ···································· 131

(3) 데이터 타입 ···································· 132

(4) 연산자 ···································· 132

(5) 반복 처리 ···································· 134

(6) 조건 분기 ···································· 134

(7) 배열 ···································· 135

(8) String 클래스 ···································· 136

(9) 캐스트 연산자 ·· 137

(10) 래퍼 클래스 ··· 138

(11) 예외 처리 ··· 138

4.2 API 사용법

(1) API ··· 139

(2) Java API 살펴보기 ····································· 140

(3) Java의 구조 ··· 143

4.3 GUI 툴킷을 사용해 보자 – Swing의 기초

(1) Swing의 구성 ·· 148

(2) Swing에서 윈도우 프레임 만들기 ···················· 150

(3) Swing 컴포넌트 추가 ··································· 153

4.4 Swing의 응용

(1) JFrame 클래스 상속 ···································· 156

(2) JPanel 클래스 ··· 157

(3) Color 클래스 ·· 159

(4) JSlider 클래스 ··· 159

(5) JProgressBar 클래스 ·································· 161

(6) JLabel 클래스 ··· 163

(7) JTextField 클래스 ····································· 165

(8) JButton 클래스 ·· 166

(9) JCheckBox 클래스 ····································· 168

(10) 레이아웃 관리자 ·· 169

4.5 Java 애플릿을 사용해 보자

(1) Java 애플릿 ·· 171

(2) Java GUI ··· 172

(3) BlueJ의 샘플 코드 CaseConverter를 살펴보자 ······· 175

4.6 서버 사이드 Java

(1) 서버 사이드 Java ······································· 177

(2) 서버와 브라우저 ·· 178

(3) 서버 사이드 Java의 표준인 Java EE에서 추가된 기능(구조) ··· 180

칼럼 4.1 엔터프라이즈 Java의 실제 ················· 182

(4) Web 애플리케이션 실행하기 ·························· 183

제 **5** 장
JAVA와 전자회로 공작

5.1 전자 공작의 기초
(1) 아날로그 신호와 디지털 신호 ··· 188
(2) 옴의 법칙 ·· 189
(3) 전자 부품의 절대최대정격 ·· 191
(4) 라즈베리 파이에서 전자회로 제어하기 ····································· 191
(5) 회로도 기호 ·· 193
　　칼럼 5.1 GPIO 번호의 결번 ··· 194

5.2 준비물
(1) 필요한 준비물 ··· 195
(2) 브레드보드의 종류와 구성 ·· 196
(3) 점프선의 종류 ··· 198
(4) 있으면 편리한 공구 ·· 200
　　칼럼 5.2 납땜 작업 ··· 202
(5) Pi4J 업데이트 ·· 203

5.3 LED와 스위치
(1) LED ··· 206
(2) LED 연결하기 ·· 207
(3) LED 점멸 프로그램 ··· 210
　　칼럼 5.3 wiringPi 프로그램 ··· 216
(4) LED의 밝기 제어 ··· 217
　　칼럼 5.4 소프트웨어 PWM ·· 222
(5) 스위치 ··· 224
(6) 스위치 연결하기 ··· 224
(7) 스위치 입력 프로그램 ·· 226

5.4 IC 연결하기
(1) SPI 인터페이스 ··· 237
(2) SPI 인터페이스를 사용하기 위한 준비 ····································· 238
(3) SPI 인터페이스의 A/D 컨버터 IC ·· 239
(4) A/D 컨버터 연결하기 ·· 241
(5) A/D 컨버터 프로그램 ··· 242

⑹ I2C 인터페이스 **248**

⑺ I2C 인터페이스를 사용하기 위한 준비 **249**

⑻ IO 확장기 IC **251**

⑼ IO 확장기 IC 연결하기 **252**

⑽ IO 확장기 프로그램 **254**

⑾ PWM 출력 드라이버 IC 모듈 **262**

⑿ PWM 출력 드라이버 IC 모듈 연결하기 **263**

⒀ PWM 출력 드라이버 IC 모듈 프로그램 **265**

⒁ DRV8830 모터 드라이버 모듈 **271**

⒂ DRV8830 모터 드라이버 모듈 연결하기 **272**

⒃ DRV8830 모터 드라이버 모듈 프로그램 **274**

5.5 구슬 굴리기 게임을 만들자

⑴ 구슬 굴리기 게임의 구성 **280**

⑵ 3축 가속도 센서 모듈 **281**

⑶ 가속도 센서 모듈 연결하기 **282**

⑷ 가속도 센서 프로그램 **284**

⑸ 구슬 굴리기 게임 프로그램 **287**

5.6 Web 애플리케이션을 만들어 보자 – 온도 센서 만들기

Tips SD 카드 포맷 **296**

⑴ Tomcat 설치 **297**

Tips 미러 사이트에 대해 **300**

Tips 주소를 고정하는 방법 **304**

Tips 개발환경에 대해 **304**

Tips Tomcat의 권한에 대해 **305**

⑵ 간단한 Web 애플리케이션을 만들어 보자 **306**

Tips Java Beans란 **308**

Tips MVC 모델이란 **308**

⑶ 온도를 정기적으로 측정하고 표시하는 Web 애플리케이션 ... **314**

Tips 배열을 사용하여 정기적으로 데이터를 검색하는 방법 **316**

Tips CLASSPATH에 대해 **316**

Tips 컴파일 등에 대해 **317**

Tips Java 에러에 대한 견해 **317**

Tips 서블릿 라이브러리 **318**

Tips RDB (관계형 데이터베이스)와 SQL 문에 대해 **319**

Tips 업데이트에 대해 **320**

Tips 예외 처리에 대해 ·· 327

Tips 셀 사용 시작 ··· 327

Tips cron에서 주의할 점 ·· 329

Tips 로그 정보에 대해 ·· 330

Tips 테이블 삭제에 대해 ··· 331

Tips 브라우저 차트에 대해 ······································ 334

Tips 캐시에 대해 ··· 334

Tips CGI 스크립트에 대해 ······································ 339

Tips 한글 표시에 대해 ··· 342

칼럼 5.5 IoT와 클라우드 컴퓨팅 ································ 343

부록 A Nano 에디터 ··· 346

부록 B Pi4J 유틸리티 ·· 352

부록 C 라즈비안 추가기능 ·· 360

인덱스 ··· 371

라즈베리 파이 + JAVA + 전자회로 공작으로 컴퓨터와 친해지자

라즈베리 파이(Raspberry Pi)는 초소형 컴퓨터입니다.
제1장에서는 라즈베리 파이의 개요를 알아보고
라즈베리 파이와 본체 이외의 필요한 부품,
그리고 그 연결 방법에 대해 설명합니다.
연결하는 부품은 새롭게 구매할 필요가 없을 겁니다.
예를 들어 USB로 연결하여 PC에서 사용하던 키보드나
마우스라면 라즈베리 파이에서 그대로 사용할 수 있습니다.

초소형 컴퓨터 기판인 라즈베리 파이(Raspberry Pi). 이 라즈베리 파이에 프로그래밍 언어인 Java와 전자회로 공작을 조합하면 무엇을 할 수 있을까요? 이 조합은 전자회로 공작을 인터넷에 바로 연결할 수 있게 하는, 바로 IoT(Internet of Things)를 의미합니다. 그럼 어떻게 하면 IoT를 실현할 수 있을까요? 그것을 푸는 열쇠가 이 책에 있습니다. 끝까지 읽어가면서 컴퓨터와 더욱더 친해져 봅시다.

1.1 라즈베리 파이 + Java + BlueJ + 전자회로 공작

이 책은 전 세계에서 가장 많이 사용하는 프로그래밍 언어인 "Java"와 라즈베리 파이의 큰 특징 중 하나인 "자유롭게 사용하는 단자 GPIO(General Purpose Input / Output) 확장 커넥터"를 사용하여 전자회로를 제어하는 프로그램에 대해 설명합니다. 먼저, 컴퓨터로 할 수 있는 것을 생각해 봅시다.

1 컴퓨터로 할 수 있는 일

독자 여러분에게 친숙한 컴퓨터는 PC(Personal Computer)일 거라 생각합니다. 이 컴퓨터로 인터넷 검색이나 메일, 워드프로세서, 게임 등을 하고 있을 겁니다. 어쩌면 이미 어떤 프로그래밍 언어를 사용하여 프로그램을 제작하는 사람도 있을 겁니다. 하지만, 윈도우 또는 맥 등으로 만든 PC용 프로그램은 대부분 PC에서만 실행되는 것으로, LED나 모터를 제어할 수는 없습니다.

최근에는 소형의 마이크로컨트롤러 보드가 주목을 받고 있습니다. 그중에서도 특히 인기있는 것이 아두이노(Arduino)입니다. 컴퓨터에 내장되어있는 것과는 다르지만, 아두이노의 작은 기판 위에도 마이크로컴퓨터가 탑재되어 있어서 프로그램을 실행할 수 있습니다. PC와 비교하면 처리 능력이 낮으므로 GUI 프로그램 등을 실행할 수는 없지만, 그 대신 LED와 스위치, 센서 등을 제어하는 기능을 내장하고 있어, 전자회로 제어에 적합합니다. 실제로 아두이노와 같은 마이크로컨트롤러 보드에 탑재되는 마이크로컴퓨터는 다양한 전자 기기에 내장되어있습니다.

이러한 컴퓨터는 계산이나 정보처리뿐만 아니라 전기제품이나 로봇처럼 현실 세계에서 움직이는 물건의 제어에도 사용되고 있습니다. 컴퓨터의 응용 범위는 매우 넓고, 많은 일을 할 수 있습니다.

2 라즈베리 파이

2012년 영국에서 발매된 컴퓨터 보드인 라즈베리 파이는 금방 전 세계로 퍼져나갔고 한국에도 많이 알려졌습니다. 원래 아이들의 교육을 목적으로 개발되었지만 일반 컴퓨터로, 서버로, 기계 부품과 조합하는 CPU 보드 등의 다양한 용도로 사용할 수 있을 뿐만 아니라, 3만원에서 5만원 정도의 저렴한 가격과 여러 운영체제를 선택할 수 있는 유연성 덕분에 매우 높은 인기를 얻고 있습니다.

그림 1.1.1 7종류의 라즈베리 파이

라즈베리 파이는 운영체제를 설치한 SD 카드 또는 microSD 카드로 기동하여 컴퓨터처럼 작동합니다. 설치할 수 있는 운영체제는 여러 종류가 있지만, 표준으로 권장하는 것은 리눅스를 기반으로 한 라즈비안(Raspbian)입니다.

이 라즈비안에는 스크립트 언어인 파이썬(Python)뿐만 아니라 BlueJ(Java 개발환경)도 설치되어 있습니다. 원래 라즈베리 파이는 파이썬 프로그래밍 학습을 의식하여 만들어진 것이지만, 실용적인 프로그램 개발과 객체지향을 학습하기 위해 Java 기반의 개발환경인 BlueJ도 설치되어 있습니다. 독자 여러분도 아시다시피 Java는 인터넷에서 가장 우수한 객체지향 프로그래밍 언어 중 하나입니다.

이 책에는 다루지 않았지만, Windows 10 IoT Core를 라즈베리 파이에 설치할 수 있습니다. IoT를 위한 운영체제이기 때문에 윈도우 컴퓨터처럼 작동하진 않지만, 개발환경은 윈도우에서 사용할 수 있는 Visual Studio를 사용할 수 있습니다. 아래 "칼럼 1.1 라즈베리 파이와 윈도우 10"에 더 자세히 설명되어 있으므로 참조하시길 바랍니다.

또 라즈베리 파이는 디스플레이나 USB 장치를 연결하는 커넥터 외에도 전자회로를 직접 연결할 수 있는 GPIO 확장 커넥터가 준비되어 있으며, 이것을 Java 프로그램으로 제어할 수 있습니다. 즉, 라즈베리 파이에서 Java 프로그램을 만들 때 GPIO 커넥터를 이용한 전자회로의 제어나 GUI 인터페이스를 이용하는 본격적인 프로그래밍까지 할 수 있는 것입니다. 물론 전자회로를 제어하는 GUI 프로그램을 만들 수도 있습니다.

윈도우나 맥 등의 운영체제에서 컴퓨터 프로그램이 직접 전자회로를 제어하려면 전용 확장 보드 등을 준비했어야 합니다. 하지만 요즘은 마이크로컴퓨터를 사용하는 추세입니다. 아두이노 등의 마이크로컨트롤러 보드에서는 GUI 프로그램과 같은 큰 규모의 프로그램을 움직일 수 없습니다. 그러나 라즈베리 파이는 이 두 프로그램을, 또는 양쪽을 결합한 프로그램을 만들 수 있습니다. 게다가, 이러한 프로그램을 Java만으로 수행할 수 있습니다[1]. 라즈베리 파이는 이러한 프로그래밍 학습에 적합한 컴퓨터라고 말할 수 있습니다.

> ### 칼럼 1.1 라즈베리 파이와 윈도우 10
>
> 라즈베리 파이는 "Windows 10 IoT Core"라는 형태로 윈도우 10이 정식으로 지원하고 있습니다. 이름에 IoT가 붙어있는 만큼, PC환경처럼 멀티 윈도우가 되진 않고, 싱글 윈도우로 표시됩니다. 또 라즈베리 파이는 셸을 가지고 있지 않기 때문에 본체만으로 개발하는 것은 고려되지 않았고 윈도우 10 컴퓨터에서 파워셸(SSH와 같은 것)을 사용하여 원격으로 개발하는 구조입니다.

---

[1] 라즈베리 파이는 그대로 독립적인 컴퓨터이므로, 표준 스크립트 언어인 파이썬이나 자바뿐만 아니라 다양한 언어로 개발할 수 있습니다.

이 책에서 다루지는 않지만 라즈베리 파이의 가장 큰 특징은 윈도우 소프트웨어가 작동한다는 것입니다. 개발 환경을 Visual Studio로 할 수 있다는 것은 개발자에게는 큰 장점입니다. 다만 윈도우이기 때문에 라즈비안보다 많은 메모리 용량을 필요로 하고, 움직임도 무겁다는 것은 감안하셔야 합니다.

Visual Studio를 사용하는 사람은 알고 있겠지만, 이 개발 도구의 개발 언어는 C#입니다. C#은 객체지향 언어이며 Java와 유사한 구문을 사용하지만, Java와 같다고는 할 수 없습니다. 그렇다면 C#에 대해 익숙해져야 하겠죠.

윈도우 환경에 익숙한 사람은 IoT의 운영체제를 윈도우 10으로 하시면 편합니다. 클라우드(Windows Azure)도 위화감 없이 사용할 수 있습니다. 개발 방법에 대해서는 라즈베리 파이를 시작하면 간단한 예제가 소개되고 있으니 그것을 먼저 사용해 보는 것을 추천합니다.

조금 더 상세한 튜토리얼로 Windows Dev Center의 Windows 10 IoT Core 페이지에 샘플과 문서가 실려 있으니 참고하시길 바랍니다. 운영체제 설치에 대해서는 현재 버전의 NOOBS에는 라즈비안뿐만 아니라 윈도우 10도 선택할 수 있으므로, NOOBS 설치를 추천합니다.

다루고 있는 장치는 다르지만, 이 책에 나오는 온도 센서 Web 애플리케이션(5.6절 참조)에도 같은 샘플이 실려 있습니다. 그 샘플을 사용하면 바로 작동할 수 있지 않을까 하지만, 그렇지는 않습니다. 먼저 데이터베이스를 구축하고 정기적으로 온도 측정을 하고, 그것을 자동등록 할 수 있도록 해야 합니다.

또한, 서버 기능과 그래프 처리 기능을 넣고 네트워크에 게시할 수 있도록 해야 합니다. 여기까지 하게 되면 스마트 폰이나 PC에서 원격으로 원하는 데이터를 그림으로 꺼낼 수 있습니다. 즉 5.6절 온도 센서 Web 애플리케이션과 동일한 기능을 실현하기 위해서는 책에서 수행한 처리를 윈도우에서 구축한 뒤 다시 시도해야 합니다.

그러나 모든 처리를 C#으로만 고치는 것은 매우 힘들 수 있습니다. 그것보다 Windows Azure의 이용을 전제로 하는 개발이 더 합리적이므로 이 방법을 추천합니다.

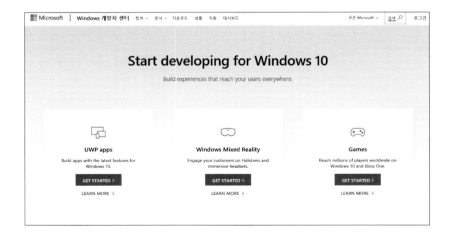

라즈베리 파이라고 해도 크게 1세대부터 3세대까지 세 종류가 존재합니다. 라즈베리 파이가 컴퓨터로도 기능한다고 앞에서 언급했지만, 본체만 구매하게 되면 케이스도 없이 기판만 하나 달랑 들어있습니다. 기판에는 다양한 반도체와 칩 부품 그리고 모니터, 마우스와 키보드를 연결하기 위한 커넥터가 있습니다.

1 라즈베리 파이 구성

아래 표와 같이, 라즈베리 파이는 크게 나누면 1세대에서 3세대까지 세 종류가 존재합니다. 제1세대인 라즈베리 파이 1에는 "모델 A", "모델 A+", "모델 B", "모델 B+"와 "라즈베리 파이 제로" 5개가, 제2세대의 라즈베리 파이 2와 제3세대 라즈베리 파이 3에는 "모델 B"가 있습니다.

제1세대 "Model B+"(이하 Model B+)와 제2세대(라즈베리 파이 2)와 제3세대(라즈베리 파이 3)의 "Model B"(이하 "Pi 2 Model B", "Pi 3 Model B")의 하드웨어 구성은 거의 같지만 탑재된 컴퓨터 칩과 메모리의 용량이 달라집니다. 이러한 차이는 다음과 같습니다.

표 1.2.1 모델별 라즈베리 파이 구성

모델명	라즈베리 파이 1(1세대)				라즈베리 파이 2(2세대)	라즈베리 파이 Zero(1세대)	라즈베리 파이 3(3세대)
	Model A	Model A+	Model B	Model B+	Model B	—	Model B
Soc	BCM2835				BCM2836	BCM2835	BCM2837
ARM 코어	ARM1176 JZF-S 프로세서 1코어 (700MHz)				ARM Cortex-A7 4코어 (900MHz)	Low Power ARM1176 JZ-F (1000MHz)	ARM Cortex-A53 4코어 (1.2GHz)
메모리 용량	256MB	256MB	512MB	512MB	1GB	512MB	1GB
네트워크 커넥터	없음	없음	1	1	1	없음	1. WiFi (2.4GHz 802.11n)

USB 커넥터	1	1	2	4	4	1(Micro USB OTG)	4
GPIO 확장 커넥터의 핀	26	40	40	40	40	40	40
SD 카드 커넥터	SD	microSD	SD	microSD	microSD	microSD	microSD
아날로그 오디오 비디오 출력	컴포지트 비디오 출력. 3.5mm 스테레오 미니 잭	3.5mm 4극 미니 잭	컴포지트 비디오 출력. 3.5mm 스테레오 미니 잭	3.5mm 4극 미니 잭	3.5mm 4극 미니 잭	컴포지트 비디오 출력. 2핀 헤더(커넥터 미구현)	3.5mm 4극 미니 잭

Pi 3 Model B는 Pi 2 Model B와 겉보기에는 거의 같은 구성을 하고 있지만, 스타일에 명시된 바와 같이, Pi 3 Model B는 ARM 코어가 32bit 쿼드(4코어)에서 64bit 쿼드(4코어)로 변경되어 처리 능력이 크게 향상됐습니다. 또한 와이파이(무선 LAN)와 블루투스 4.1, 저전력 블루투스(BLE, Bluetooth Low Energy)도 추가되었습니다.

예를 들어 동영상을 재생하는 경우 Pi 2 Model B는 끊김 현상이 발생할 수 있지만, Pi 3 Model B는 끊김 없이 부드럽게 재생할 수 있습니다. 그러나, 성능이 좋은 만큼 Pi 3 Model B는 소비 전력이 증가합니다(Pi 2 Model B는 약 9W, Pi 3 Model B는 12.5W). 기존의 Pi 2 Model B에 사용하고 있던 AC 어댑터로는 출력 전류가 부족할 수 있으므로 주의하십시오.

라즈베리 파이 재단의 Web 사이트(http://www.raspberrypiorg/)에서는 기기에 통합하여 사용하는 등의 작동을 위해 전력 소모를 최소화하고 싶은 경우는 "Model A+"나 "라즈베리 파이 Zero"를 추천하고, 학습용으로 사용할 경우는 "Pi 3 Model B"를 추천하고 있습니다. 이 책에서 설명하는 내용은 Pi 2 Model B도 Pi 3 Model B도 모두 적용이 가능합니다. 성능은 Pi 3 Model B가 좋지만, 반면에 Pi 2 Model B는 싸게 구매할 수 있을 것입니다. 이 책에서는 주로 Pi 3 Model B를 다루고 있습니다. 이후 이 책에서 "라즈베리 파이"로 표기하는 경우 특별한 언급이 없는 한 Pi 3 Model B를 의미합니다.

라즈베리 파이의 구성은 다음 2개의 그림과 같이 되어 있습니다.

그림 1.2.1 라즈베리 파이 구성 – 앞면

① 컴퓨터 칩(SoC)

⑧ GPIO 확장 커넥터(2.54mm 피치 20 × 2핀 커넥터)

⑨ 와이파이 및 블루투스 안테나

② USB 커넥터 (USB–A 커넥터 × 4개)

③ 네트워크 커넥터 (RJ45 커넥터)

⑦ 전원 커넥터 (microUSB 커넥터)

⑥ HDMI 커넥터

④ 3.5mm 4극 미니 잭

⑤ 라즈베리 파이 카메라 커넥터

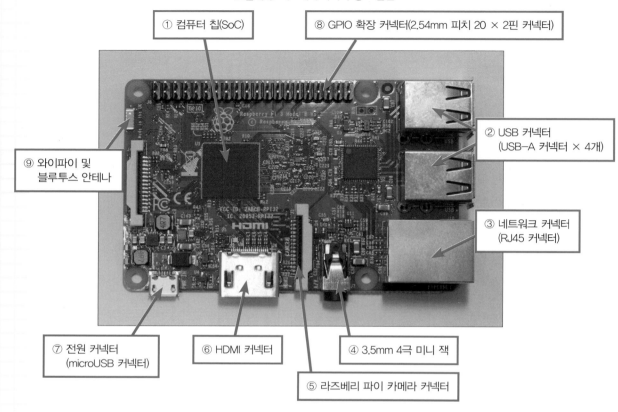

그림 1.2.2 라즈베리 파이 구성 – 뒷면

⑪ SDRAM

⑫ 와이파이와 블루투스 IC

⑩ microSD 카드 커넥터

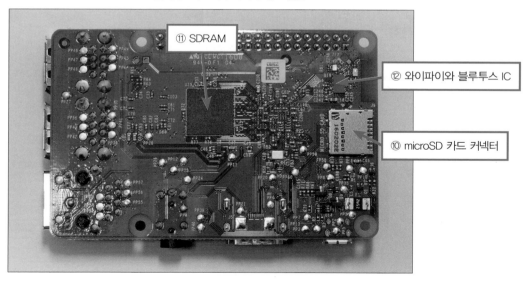

① 컴퓨터 칩 SoC(System On Chip)

라즈베리 파이의 심장부입니다. 이 칩에 ARM 코어 프로세서와 그래픽 기능(GPU), 각종
인터페이스 기능 등의 다양한 기능이 내장되어있습니다.

② USB 커넥터

USB-A 타입 커넥터를 4개 탑재하고 있습니다. USB 2.0을 지원합니다.

③ 네트워크 커넥터

LAN 케이블을 사용할 수 있는 RJ45 커넥터입니다. 10/100Mbps를 지원합니다.

④ 3.5mm 4극 미니 잭

4극 타입의 3.5mm 미니 잭에 컴포지트 비디오 신호와 아날로그 스테레오 오디오 신호를
출력하는 커넥터입니다. 컴포지트 비디오 신호를 입력할 수 있는 구형 브라운관 TV 등을
연결하려면 핀 플러그로 변환하는 케이블을 사용하는 것이 좋습니다. 만약 구형 TV를 가
지고 있는 사람은 시도해봐도 좋습니다.

그림 1.2.3 3.5mm 4극 미니 플러그-RCA 핀 플러그 변환케이블

이 잭에 연결하는 3.5mm 4극 미니 플러그의 각 단자의 신호는 다음 그림과 같이 할당해
야 합니다(그림 1.2.4).

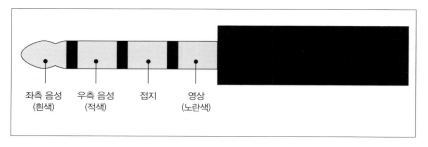

그림 1.2.4 라즈베리 파이에 연결하는 3.5mm 4극 미니 플러그의 신호 할당

좌측 음성
(흰색)
우측 음성
(적색)
접지
영상
(노란색)

국내 시장에서 일반적으로 볼 수 있는 3.5mm 4극 미니 플러그–RCA 핀 플러그 변환케이블은 다음 그림과 같이 신호가 할당된 것이 많습니다(그림 1.2.5).

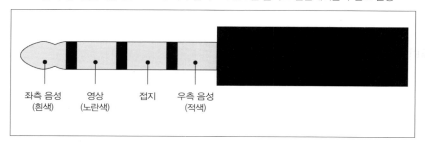

그림 1.2.5 일반적인 3.5mm 4극 미니 플러그–RCA 핀 플러그 변환케이블의 신호 할당

좌측 음성
(흰색)
영상
(노란색)
접지
우측 음성
(적색)

위 두 개의 그림을 비교해 보면 알 수 있듯이, 우측 음성(적색)과 영상(노란색)의 위치가 다릅니다. 이러한 3.5mm 4극 미니 플러그–RCA 핀 플러그 변환케이블을 라즈베리 파이에서 사용하려면 TV에 핀 플러그를 연결할 때 빨간색과 노란색 플러그를 교체해야 합니다. 그러나 그림 1.2.5 같은 유형의 케이블은 접지 단자의 위치가 그림 1.2.4 같으므로 핀 플러그를 바꾸면 사용할 수 있지만 접지 단자의 위치가 다른 변환케이블도 있으니 이러한 케이블은 핀 플러그를 바꿔 넣어도 라즈베리 파이에서 사용할 수 없으므로 주의하시길 바랍니다.

⑤ **라즈베리 파이 카메라 커넥터**

라즈베리 파이의 순정 옵션인 카메라 모듈을 연결하기 위한 전용 커넥터입니다. 일반 카메라 모듈 외에도 적외선 카메라 모듈인 "PiNoIRCamera"도 연결할 수 있습니다.

⑥ **HDMI 커넥터**

TV나 모니터를 연결하는 커넥터입니다. 음성신호도 출력되므로, TV 등 스피커가 내장된 모니터에 연결하면 됩니다.

⑦ 전원 커넥터

USB-microB 커넥터입니다. 전원으로는 DC 5V, 0.8 ~ 2.5A를 공급하는 AC 어댑터가 필요합니다. USB-microB와 USB-A 커넥터를 가진 USB 케이블을 사용하여 AC 어댑터와 연결합니다.

⑧ GPIO 확장 커넥터

프로세서(SoC)의 단자에 직접 연결된 핀 타입의 커넥터입니다. LED나 스위치 등 전자 부품을 연결할 수 있습니다.

⑨ 와이파이와 블루투스 안테나

와이파이와 블루투스용 안테나입니다. Pi 2 Model B의 LED가 있던 곳입니다.

⑩ microSD 카드 커넥터

운영체제를 복사한 microSD 카드를 삽입합니다. 라즈베리 파이에서는 이 microSD 카드가 컴퓨터에서 말하는 하드 디스크에 해당합니다.

⑪ SDRAM

1GB의 SDRAM입니다.

⑫ 와이파이와 블루투스 IC

와이파이와 블루투스용의 IC입니다.

2 라즈베리 파이를 다룰 때 주의사항

라즈베리 파이는 구입한 시점에서는 기판이 노출되어 있어 커피나 차를 쏟아 버리면 바로 고장이 납니다. SoC에 직접 연결되어있는 GPIO 확장 커넥터의 핀도 노출되어 있으므로 여기에 정전기 등의 과도한 전압이 전달되면 SoC가 손상될 수 있습니다.

필자는 노출된 상태로 사용하던 보드를 집으려다가 손가락이 microSD 카드에 걸려 슬롯에서 카드가 빠져버린 적이 있었습니다. 이런 경우 라즈베리 파이가 갑자기 microSD 카드에 접근할 수 없게 되므로 운영체제가 이상해지거나, 그 시점에 작성한 파일이 저장되지 않을 수 있습니다. 이러한 사고를 방지하기 위해 라즈베리 파이용 케이스가 별도로 판매되고 있습니다.

그림 1.2.6 라즈베리 파이 케이스

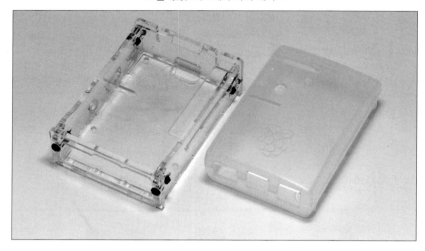

케이스에는 몇 가지 종류가 있으며, GPIO 확장 커넥터가 노출되는 것과 그렇지 않은 것이 있습니다.

이 책에서는 확장 커넥터에 전자회로를 연결하여 작동시키므로 확장 커넥터 부분이 열려 있는 타입의 케이스를 이용하면 좋습니다.

Pi 3 Model B와 Pi 2 Model B의 기판 크기는 같지만 구현되는 부품의 크기와 배치가 다르므로 케이스의 형태에 따라 공용으로 사용할 수 없는 경우가 있을 수 있습니다. 케이스를 구매할 때는 사용할 모델에 대한 구분이 확실히 기재되어있는 케이스를 구매하시길 바랍니다.

1.3 라즈베리 파이를 구동하는데 필요한 것

라즈베리 파이의 구성은 알았으니 이제는 라즈베리 파이를 컴퓨터로 작동시켜 봅시다. 여기에서는 라즈베리 파이를 컴퓨터로 작동시키는데 필요한 것을 소개합니다.

1 모니터 연결 케이블

HDMI 커넥터 또는 컴포지트 비디오 입력 단자가 달린 모니터가 필요합니다(그림 1.3.1). HDMI 커넥터는 디지털 지상파 방송에 대응하는 TV라면 대부분의 기종에 탑재되어 있습니다. 여기에 라즈베리 파이를 HDMI 케이블로 연결합니다(그림 1.3.2).

반대로 아날로그 방송에만 대응하는 브라운관 텔레비전이라면 대부분 컴포지트 비디오 입력 단자가 탑재되어 있을 겁니다. 이것을 라즈베리 파이의 3.5mm 4극 미니 잭에 연결합니다(앞에서 소개한 3.5mm 4극 미니 플러그–RCA 핀 플러그 변환케이블을 사용합니다). 사용하지 않는 오래된 TV가 있으면 파이의 모니터로 이용하는 것도 좋을 것입니다. 그러나 HDMI로 연결하는 경우와 비교하면 화질이 매우 나쁘니 주의하시길 바랍니다.

그림 1.3.1 모니터

그림 1.3.2 HDMI 케이블

PC 전용 모니터의 커넥터가 HDMI가 아니라 DVI(Digital Visual Interface)라면 HDMI–DVI 케이블과 HDMI–DVI 변환 커넥터를 사용하여 연결할 수 있습니다.

2 스피커

음성을 출력하는 기기는 스피커입니다. 3.5mm 4극 미니 잭을 스피커와 연결합니다. 이 단자에서는 출력되는 음성신호 레벨이 작아 큰 소리를 낼 수 없으므로 오디오 앰프를 연결하거나 앰프가 내장된 스피커를 연결하면 좋습니다.

모니터에 스피커가 내장되어 있고, HDMI로 연결된 경우에는 HDMI 커넥터가 음성신호도 공급하므로 따로 스피커를 준비할 필요는 없습니다.

3 키보드, 마우스

키보드와 마우스는 유선 타입의 USB 인터페이스 표준이라면 대부분 사용할 수 있습니다. 이 책에서는 유선 키보드를 사용합니다. PC에서 사용하던 것을 그대로 사용해도 좋습니다. 한글 키보드도 대응합니다.

그림 1.3.3 키보드, 마우스

4 네트워크

일반 트위스트 타입의 LAN 케이블을 연결합니다. 이 책에서는 운영체제 업데이트와 파이썬 라이브러리 다운로드 등을 진행하므로 인터넷에 연결된 환경이 필요합니다.

Pi 3에서는 필요하지 않지만, USB 타입의 무선 LAN 어댑터도 사용할 수 있습니다. 그러나 윈도우 PC처럼 해당 업체의 장치 드라이버가 제공되는 것은 아니므로 라즈비안에서 지원하는 어댑터만 작동합니다. 라즈베리 파이에서 사용이 가능한 어댑터인지 인터넷에서 확인한 후 사용하는 것이 좋습니다.

그림 1.3.4 무선 LAN 어댑터

5 microSD 카드

라즈베리 파이에서 사용하는 microSD 카드는 컴퓨터의 하드 디스크에 해당합니다. 여기에 운영체제를 설치하고 자신이 만든 프로그램이나 이미지, 일러스트도 저장합니다.

microSD 카드의 메모리 용량은 최소 4GB가 필요합니다. 하지만 운영체제 설치 방법에 따라 8GB 정도가 필요할 수도 있습니다. 이 책에서는 8GB 이상 사용하는 것을 권장합니다.(자세한 내용은 2장을 참조)

라즈베리 파이가 인식할 수 있는 microSD 카드의 최대 메모리 용량은 32GB입니다. 또 microSD 카드는 데이터를 읽고 쓰는 속도에 따라 Class 2, 4, 6, 10 등의 종류가 있습니다. 라즈베리 파이는 Class 4 이상을 필요로 합니다. 라즈베리 파이의 처리 속도가 Class 차이로 두드러지진 않지만, 가장 빠른 처리 속도를 원한다면 Class 10을 구매하는 것이 좋습니다.

그림 1.3.5 microSD 카드

6 전원 및 USB-microB 케이블

1.2 절에서도 언급한 바와 같이 Pi 3 Model B는 소비 전력이 증가하였습니다. 따라서 기존 Pi 2 Model B에서 사용하던 AC 어댑터로는 용량이 충분하지 않아 Pi 3 Model B를 작동시키기에 부족합니다. 라즈베리 파이의 전원 커넥터는 USB-microB 커넥터로 되어 있습니다. PC 등에서 데이터 통신에 사용하는 일반 microB USB 케이블은 전달할 수 있는 전류 용량이 그다지 크지 않습니다. 전원에 연결할 microB USB 케이블은 스마트 폰 등의 충전에 사용하는 "충전 전용" 케이블을 사용하십시오. 가능하면 Pi 3 Model B를 구매하면서 대용량 AC 어댑터 및 전류 용량이 큰 microB USB 케이블도 함께 구매하는 것을 추천합니다.

당연하게도 라즈베리 파이에 연결하는 기기의 수가 많아지면 소비 전류도 커집니다. 만약 소비 전류가 큰 기기를 연결할 것이라면 더 큰 전류를 흘릴 수 있는 AC 어댑터를 사용해야 합니다(그림 1.3.6). 참고로, 무선 LAN 어댑터는 500mA를 소비하는 것도 있습니다.

중요한 점은 라즈베리 파이에 흘릴 수 있는 전류가 최대 2.5A까지라는 겁니다. 2.5A 이상의 전류를 흘리면 보드의 자동 복귀형 퓨즈가 일시적으로 작동하지 않게 되므로 주의하십시오. 이 경우 AC 어댑터를 빼고 잠시 내버려 두면 퓨즈가 자동으로 복귀되어 다시 사용할 수 있게 됩니다.

그림 1.3.6 AC 어댑터

여기까지의 부품을 모두 연결하면 그림 1.3.7, 그림 1.3.8과 같이 됩니다.

그림 1.3.7 모두 연결한 예 – 라즈베리 파이 본체

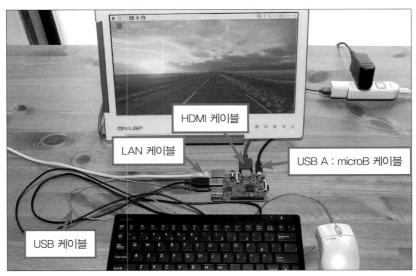

그림 1.3.8 모두 연결한 예 – 전체

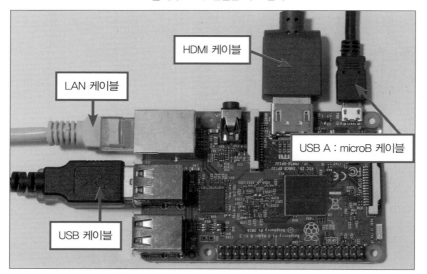

LAN 케이블

HDMI 케이블

USB A : microB 케이블

USB 케이블

칼럼 1.2 블루투스에 대해서

라즈베리 파이 3는 무선 LAN과 Bluetooth가 탑재되어 있고, 라즈비안에서 이를 지원합니다. 하지만 이 책은 Java를 기본 언어로 하는 도서이므로 Bluetooth 통신에 대해서는 다루지 않습니다. Bluetooth 통신을 Java로 구현할 수 있을 거라 생각하실 수도 있지만, 현재 이를 실현하기는 어려운 상황입니다. 왜냐하면, Bluetooth에 대한 API가 없기 때문입니다.

Bluetooth가 처음 세상에 나왔을 때는 저렴한 저전력 무선통신으로 큰 기대를 받았습니다. 모든 스마트 폰에도 탑재가 되어 있습니다. 그러나 와이파이(무선 LAN)의 폭발적 성장에 의해 기대 받던 Bluetooth의 데이터 통신 기능을 사용하는 일이 거의 없게 되었습니다. 현재는 키보드나 마우스 등의 PC와 주변기기를 연결하는 정도로 사용되고 있습니다.

Bluetooth의 프로토콜 스택인 BlueZ도 유지 보수가 이루어지지 않고 GNOME용 GUI 인터페이스를 가진 Blueman의 개발만 유지 보수가 이루어지고 있는 상황입니다. 따라서 Java나 C++로 접근하는 것은 고려되고 있지 않습니다. 그럼에도 진행을 해보려 해도 정보 부족으로 거의 불가능 같은 상태입니다.

라즈비안에서 dpkg l | grep blue 명령을 입력하면, BlueJ 이외에도 다음의 소프트웨어가 설치된 것을 알 수 있습니다.

- bluez 5.23−2+rpi1
- Bluetooth tools and daemons
- bluez−firmware 1.2−3+rpi1
- Firmware for Bluetooth devices
- libbluetooth3:armhf
- Library to use the BlueZ Linux Bluetooth stack
- pi−bluetooth
- Raspberry Pi 3 bluetooth
- pulseaudio−module−bluetooth.
- Bluetooth module for PulseAudio sound server

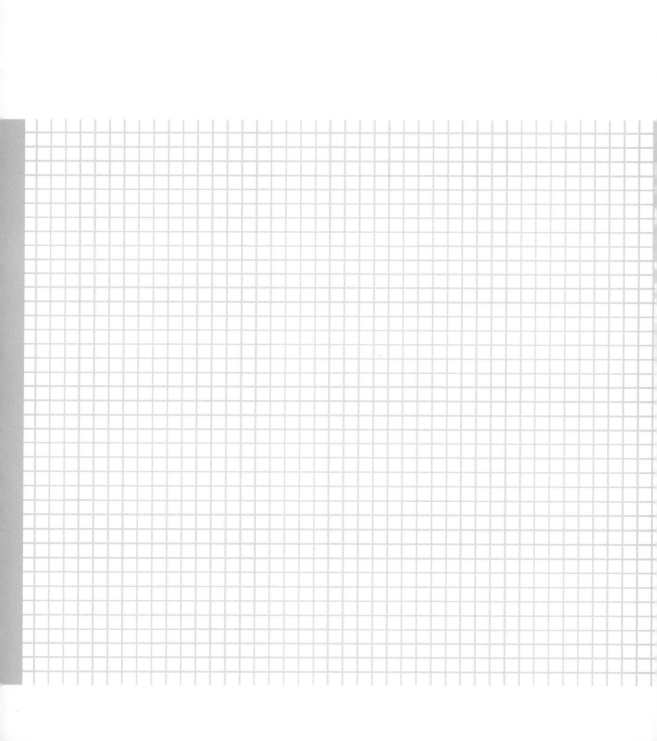

제 **2** 장

라즈비안(RASPBIAN)의 설치 및 사용법

라즈베리 파이와 각 부품의 연결은 익숙해지셨습니까?
다음 차례는 라즈베리 파이를 작동시키는 운영체제의 설치입니다.
이 운영체제는 라즈비안(Raspbian)이라고 하며,
리눅스 배포판의 하나입니다.

여기까지의 설명으로 필요한 것들이 대충 준비가 되었습니다. 다음은 드디어 라즈베리 파이를 즐기기 위한 기초가 되는 운영체제를 설치합니다. 이 장에서는 라즈베리 파이에서 공식으로 권장하는 운영체제 "라즈비안(Raspbian)"의 설치 방법과 기본적인 사용법에 대해 설명합니다.

2.1 라즈베리 파이에서 사용할 수 있는 운영체제

라즈베리 파이에는 다양한 리눅스 배포판을 설치하여 사용할 수 있습니다. 배포판 (Distribution)은 운영체제로서의 일정한 기능을 간단하게 설치할 수 있는 형태로 정리한 소프트웨어의 집합체를 말합니다. 심장부의 "커널"을 중심으로 하며 다양한 애플리케이션의 조합으로 되어 있습니다. 배포판은 여러 종류가 있으므로 용도에 맞게 선택하는 것이 중요합니다.

현재 라즈베리 파이에서 작동하는 운영체제로 공식 사이트에서 배포하고 있는 배포판에는 표 2.1.1과 같은 것이 있습니다. 기본적으로 모두 리눅스 계열의 운영체제이지만 Windows 10 IoT 코어와 RISC OS는 그렇지 않습니다. 이 책에서는 라즈베리 파이의 표준 배포판이며 프로그래밍 학습용 소프트웨어로 충실한 라즈비안(Raspbian)을 사용합니다.

표 2.1.1 배포판 프로그램과 개요(라즈베리 파이 공식사이트)

배포판 이름	배포판의 개요
Raspbian 라즈비안	데비안(Debian)이라는 리눅스 배포판이 바탕이 되고 있습니다. 라즈베리 파이를 프로그램 교육에 사용하기 위한 애플리케이션이 미리 준비되어 있습니다. 2015년 9월 25일 이후의 코드 네임은 JESSIE이고 2018년 6월 27일 이후는 STRETCH입니다. (코드 네임은 라즈비안 버전을 나타내고 있습니다)※1
Raspbian STRETCH Lite 라즈비안 스트레치 라이트	라즈비안을 최소한의 기능으로 맞춘 경량 버전으로 GUI 대신 명령 줄만으로 조작합니다.
PINET 파이넷	네트워크를 통해 라즈비안 환경을 제공하는 시스템. 우분투 운영체제 위에 서버를 구축하고 이용합니다. 네트워크에 연결된 각 라즈베리 파이는 서버와의 원격 액세스를 통해 라즈비안 환경을 실현합니다. 운영체제의 일괄 관리, 파일 공유 등이 쉬워 교육 현장 등에서 사용합니다.

Ubuntu MATE 우분투 마테	"누구나 사용하기 쉬운 최신의 안정적인 운영체제"를 목표로 하는 리눅스 배포판인 우분투(Ubuntu)입니다. 그 전통적인 룩앤필을 계승한 데스크톱 환경인 MATE를 채용한 것입니다.
Snappy Ubuntu Core 스나피 우분투 코어	IoT(Internet of Things)를 의식해서 나온 배포판. 우분투의 경량 코어. 이 배포판은 IoT를 의식한 만큼 클라우드 친화성이 있습니다.
LibreELEC 리브르 엘렉	XBMC※2 재단에서 개발된 공개 소스 미디어 플레이어 애플리케이션 "Kodi"를 위한 운영체제입니다. Kodi를 설치하여 네트워크상의 동영상/음악/게임 등을 즐길 수 있습니다. LibreELEC 9.0 이미지는 Kodi 자원을 하지 않습니다.
OSMC 오에스 엠씨	Open Source Media Center의 약어. OpenELEC 뿐만 아니라 XBMC※3를 가볍게 사용할 수 있도록 한 리눅스 배포판(RaspBMC의 후계 운영체제)입니다. 네트워크에서 다양한 디지털 콘텐츠에 액세스할 수 있습니다. 이탈리아 "vero"라는 스마트 TV에도 채용되고 있습니다.
RISC OS 리스크 오에스	에이콘 컴퓨터사의 ARM 아키텍처를 채택하여 회사 제품 컴퓨터용으로 개발된 RISC OS의 라즈베리 파이 버전. 리눅스 이외의 운영체제에 대해 배우고 싶은 사람을 위한 운영체제입니다.
Windows 10 IoT Core 윈도우 10 IoT 코어	윈도우 10의 임베디드 운영체제. 주로 원격 액세스로 사용합니다. 프로그래밍에는 별도의 개발용 Windows PC가 필요(크로스 개발)하지만 Visual Studio 등으로 프로그램의 개발이 가능합니다.
Weather Station 기상 스테이션	라즈베리 파이를 기상대 기지로 만드는 전용 운영체제입니다. GUI는 들어있지 않고 명령어에 의해 설정됩니다. 라즈베리 파이를 서버로 하여 연결한 센서의 정보를 발신합니다. Apache, MySQL을 설치하고 WordPress를 설치하면 바로 정보 발신 사이트도 구축할 수 있습니다. 추천 사이트에 필요한 부품과 설치 방법 등이 설명되어 있습니다. http://www.raspberryweather.com/

2

※ 1 라즈비안의 코드 이름은 데비안의 코드 이름이 그대로 사용되고 있습니다. 데비안의 코드 이름은 영화 「토이 스토리」 등장인물의 이름이 사용되고 있습니다.

※ 2 X–Box Media Center의 약자(현재는 Kodi입니다). 마이크로소프트사에서 개발한 Xbox를 위한 미디어 재생 애플리케이션으로 동영상이나 음악을 재생할 수 있습니다.

※ 3 NOOBS, NOOBS Lite 어느 것을 사용해도 라즈비안의 최신 버전을 설치할 수 있습니다. 2014년 9월부터 기본적으로 NOOBS에는 라즈비안만 설치됩니다. PINET, Ubuntu MATE, Snappy Ubuntu Core, RISC OS 등의 운영체제를 바로 설치할 수 없고 네트워크 연결로 설치할 수 있습니다.

2.2 라즈비안(Raspbian)의 설치 방법

라즈베리 파이는 앞에서 소개한 바와 같이 각종 운영체제(배포판)를 설치할 수 있지만, 여기서는 라즈베리 파이의 표준 배포판인 라즈비안의 설치 방법을 설명합니다.

1 설치 방법의 개요

라즈비안 설치 방법은 세 가지가 있습니다. 어떤 방법을 사용하더라도 우선은 라즈베리 파이 사이트에서 작업용 컴퓨터에 데이터를 내려받아야 합니다.

① NOOBS(Offline and Network Install)를 사용하는 방법
② NOOBS Lite(Network Install Only)를 사용하는 방법
③ 라즈비안만 내려받아 설치하는 방법

NOOBS는 라즈베리 파이에 운영체제를 설치하거나, 버전을 관리하기 위해 준비된 소프트웨어입니다. 라즈베리 파이에서 작동하는 복수의 운영체제 배포판 중에서 설치하고 싶은 운영체제를 선택하면 microSD 카드에 그 운영체제의 이미지 파일을 설치해줍니다.

NOOBS를 사용할 경우, 운영체제 설치 후 Shift 를 누른 상태로 라즈베리 파이를 시작하면, NOOBS가 시작되고 쉽게 운영체제를 재설치할 수 있습니다. 라즈비안 이외의 운영체제를 시도하거나, 라즈비안에서 여러 가지 시행착오를 겪어 운영체제의 상태가 이상해졌다면 쉽게 다시 설치할 수 있어 편리합니다. 그러나 운영체제를 다시 설치하면 이전에 설정한 값과 직접 설치한 애플리케이션이나 작성한 프로그램과 문서는 사라집니다. 중요한 파일 등은 USB 메모리에 미리 복사해 둡시다.

①의 NOOBS에는 라즈비안이 포함되어 있으므로 라즈비안을 설치하기 위해 라즈베리 파이를 네트워크에 연결할 필요가 없습니다. 파일 크기가 약 737MB이고, 작업 컴퓨터로 내려받는 시간이 걸리지만, 라즈베리 파이의 본체를 인터넷에 연결하지 않은 상태에서도 설치할 수 있다는 장점이 있습니다. 또 NOOBS로 다른 배포판을 설치할 수도 있습니다(라즈비안 이외의 OS를 설치하려면 네트워크에 연결해야 합니다). 이 방법은 "2.3 NOOBS/NOOBS Lite

를 사용하여 라즈비안 설치"에서 자세히 설명을 합니다.

②의 NOOBS Lite에는 운영체제가 포함되어 있지 않습니다. 작업 컴퓨터에서 NOOBS만 내려받은 뒤 라즈베리 파이에서 NOOBS를 실행합니다. 설치할 배포판을 선택하고 그 배포판을 인터넷으로 라즈베리 파이에 직접 내려받아 설치합니다.

그러나 이 방법을 사용하려면 라즈베리 파이가 인터넷에 연결되어 있어야 합니다. 다시 설치하는 방법은 "칼럼 2.2 복구 상태로 들어가는 방법"을 참조하십시오.

③은 설치 보조 소프트웨어인 NOOBS를 사용하지 않고 라즈비안을 microSD 카드에 설치하는 방법입니다. NOOBS 또는 NOOBS Lite보다 microSD 카드의 메모리가 절약됩니다. microSD 카드에 직접 설치하기 때문에 라즈베리 파이가 인터넷에 연결되어 있지 않은 상태에서도 설치할 수 있습니다. 그러나 작업 컴퓨터를 이용하여 라즈비안 이미지 파일을 microSD 카드에 설치하는 수고가 필요합니다.

책에서는 세 가지 방법을 모두 설명하지만 운영체제로 라즈비안만 사용할 것이 아니라면, ①의 방법을 추천합니다(그림 2.2.1).

참고로 설치 이외에도 라즈비안 업데이트 및 한글 입력 설정을 할 때 라즈베리 파이가 인터넷에 연결되어 있어야 합니다.

칼럼 2.1 이미지 파일이란

운영체제는 특수한 영역에 있는 부트 프로그램(컴퓨터의 전원을 켰을 때 처음 시작하는 프로그램)이랑 일반적으로 접근할 수 없는 영역의 데이터 등이 포함되어 있어서 일반적인 파일 작업으로는 이동/복사 등을 할 수 없습니다. 이미지 파일이란 이러한 데이터와 데이터의 구조 자체를 영역별로 그대로 베껴 파일로 옮겨 놓는 것을 말합니다. 따라서 이미지 파일을 복사하는 경우, 일반 파일 복사와는 달리 이미지 파일에 기록된 정보의 구조를 그대로 복사해야만 그 기능을 그대로 재현할 수 있습니다. 이 작업을 "설치한다"로 부릅니다. "2.4 라즈비안만 내려받아 설치하기"에서 소개하는 "Win32 Disk Imager"나 dd 명령어는 이 작업을 전문으로 하는 애플리케이션입니다.

그림 2.2.1 설치 방법의 차이점

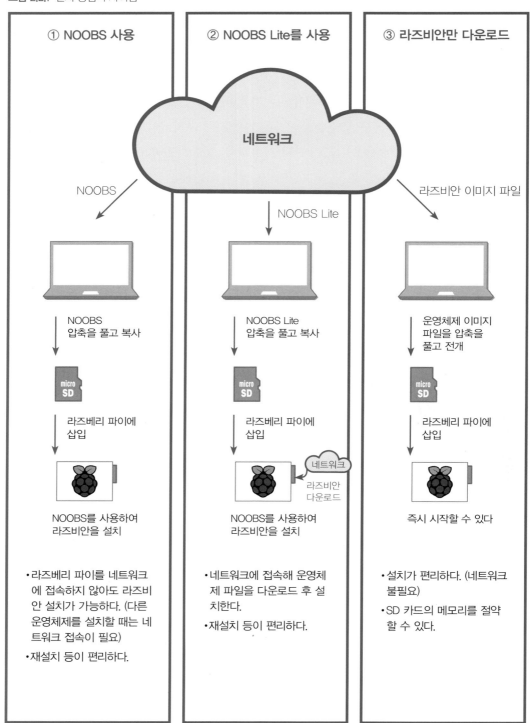

① NOOBS 사용   ② NOOBS Lite를 사용   ③ 라즈비안만 다운로드

네트워크

NOOBS   라즈비안 이미지 파일

NOOBS Lite

NOOBS
압축을 풀고 복사   NOOBS Lite
압축을 풀고 복사   운영체제 이미지
파일을 압축을
풀고 전개

micro SD   micro SD   micro SD

라즈베리 파이에
삽입   라즈베리 파이에
삽입   라즈베리 파이에
삽입

네트워크
라즈비안
다운로드

NOOBS를 사용하여
라즈비안을 설치   NOOBS를 사용하여
라즈비안을 설치   즉시 시작할 수 있다

• 라즈베리 파이를 네트워크
에 접속하지 않아도 라즈비
안 설치가 가능하다. (다른
운영체제를 설치할 때는 네
트워크 접속이 필요)

• 재설치 등이 편리하다.

• 네트워크에 접속해 운영체
제 파일을 다운로드 후 설
치한다.

• 재설치 등이 편리하다.

• 설치가 편리하다. (네트워크
불필요)

• SD 카드의 메모리를 절약
할 수 있다.

2.3 NOOBS / NOOBS Lite를 사용하여 라즈비안 설치

여기에서는 NOOBS, NOOBS Lite를 사용하여 라즈비안을 설치하는 방법을 소개합니다. 모든 절차는 같으나 NOOBS Lite는 운영체제 선택 후 라즈비안의 다운로드가 시작된다는 차이가 있습니다.

1 NOOBS/NOOBS Lite 내려받기

우선 NOOBS, NOOBS Lite를 내려받아 SD 카드에 설치합니다.

① 작업용 컴퓨터에서 라즈베리 파이의 공식 사이트(http://www.raspberrypi.org/)를 방문하여 다운로드 페이지로 이동합니다.

그림 2.3.1 라즈베리 파이의 공식 사이트 및 다운로드 페이지

② NOOBS를 사용하는 경우에는 그림 2.3.1의 ①을, NOOBS Lite를 사용하는 경우 ②를 클릭하여 작업 컴퓨터에 내려받아 원하는 위치에 저장하십시오. 다운로드에서 저장까지의 과정은 브라우저나 설정에 따라 다릅니다.

그림 2.3.2 NOOBS 다운로드 및 저장

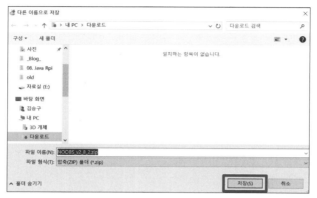

③ 내려받은 압축 파일을 해제합니다. 파일을 선택한 상태에서 오른쪽 클릭하고 메뉴에서 "압축 풀기"를 선택합니다. 압축을 해제할 폴더를 물어보는데, "찾아보기"를 클릭하여 폴더를 지정합니다.

그림 2.3.3 저장한 압축 파일 풀기

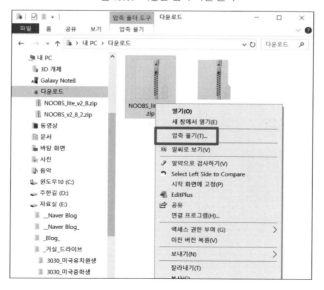

④ microSD 카드를 PC 카드 슬롯(또는 외장 카드)에 넣고 탐색기 등에서 microSD 카드
의 드라이브를 열어 방금 압축 해제한 파일을 복사합니다. 마우스 드래그로 복사할 수
있습니다.

그림 2.3.4 microSD 카드에 복사

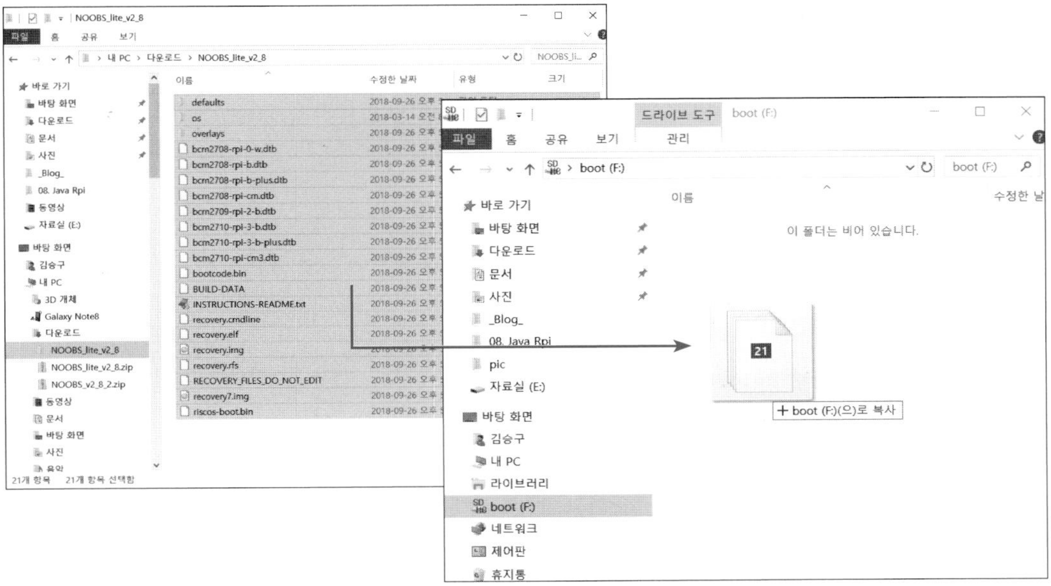

⑤ 언마운트 처리("하드웨어 안전하게 제거" 등)를 실시하여 microSD 카드를 컴퓨터에서
안전하게 분리합니다.

2 라즈비안 설치

다음으로 라즈베리 파이에서 NOOBS(또는 NOOBS Lite)로 라즈비안을 설치합니다.

① 방금 NOOBS(또는 NOOBS Lite)를 복사한 microSD 카드를 라즈베리 파이의 카드
슬롯에 삽입하고, 그 위에 모니터, 키보드, 마우스, LAN 케이블(유선 LAN을 사용할
경우)을 연결해 둡니다. NOOBS 및 NOOBS Lite에서 무선 LAN 연결 설정을 하면 무
선 LAN을 사용하여 라즈비안을 설치할 수 있습니다. 라즈베리 파이 2 이전 버전에서
무선 LAN 어댑터를 사용하는 경우에 NOOBS, NOOBS Lite에서 연결설정을 할 수

없으므로, 운영체제 설치 후 설정하십시오.("2.5 (1) 무선 LAN 설정"을 참조)

그림 2.3.5 라즈베리 파이의 카드 슬롯에 microSD 카드를 삽입

② 전원용 USB 케이블을 연결해 라즈베리 파이에 전원을 공급합니다. 빨간색 전원 LED
가 켜지면 곧이어 NOOBS가 실행됩니다.

그림 2.3.6 라즈베리 파이에 케이블을 연결

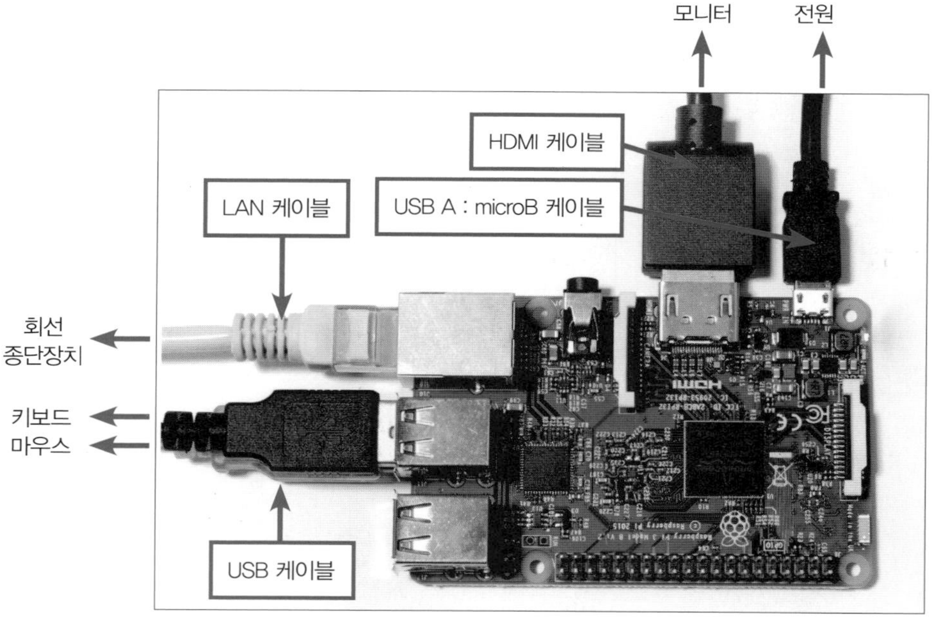

모니터   전원

HDMI 케이블

LAN 케이블

USB A : microB 케이블

회선
종단장치

키보드
마우스

USB 케이블

③ 테스트용의 무지개 그라데이션 화면이 표시된 후 라즈베리 파이 마크와 프로그레스바
가 표시됩니다. 잠시 그대로 기다립니다.

그림 2.3.7 전원 연결 직후의 테스트 화면

그림 2.3.8 라즈베리 파이 마크와 프로그레스바

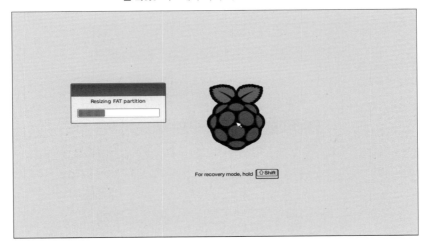

④ 그림 2.3.9과 같이 초기 화면이 표시됩니다. NOOBS Lite를 유선 LAN에 연결하지 않
은 상태에서 시작하는 경우는 그림 2.3.10과 같이 무선 LAN을 설정하라는 메시지가 표
시됩니다. "Close"를 클릭하면 무선 LAN 설정 화면(그림 2.3.11)이 됩니다.

　NOOBS에서도 네트워크 설정 아이콘을 클릭하면 무선 LAN 설정을 할 수 있습니
다.(NOOBS에는 이미 SD 카드에 라즈비안 이미지가 들어 있으므로, 네트워크 설정을
하지 않고 그대로 설치하는 경우 ⑥으로 이동합니다).

그림 2.3.9 초기 화면(NOOBS)

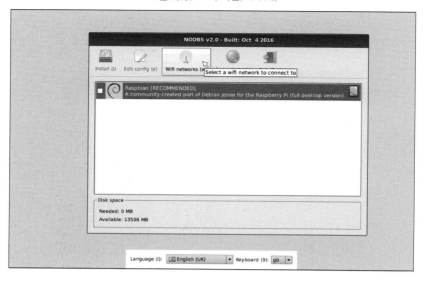

그림 2.3.10 초기 화면(NOOBS Lite)

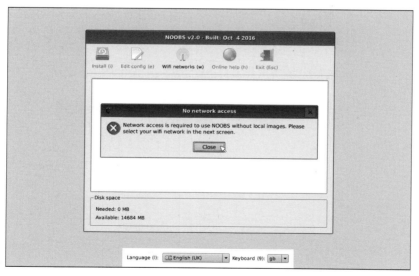

⑤ 무선 LAN 액세스 포인트를 선택하여 비밀번호(암호키)를 입력합니다. 사용중인 라우
터에 "WPS 버튼"(무선 LAN 기기끼리 암호를 설정하는 기능)이 있는 경우, "Pressing
the WPS button on my wifi router"를 클릭하고 라우터의 WPS 버튼을 누르면 자동
으로 암호가 설정됩니다. 이 상태에서 "OK"를 클릭하면 연결이 시작됩니다.

그림 2.3.11 액세스 포인트와 비밀번호 설정

그림 2.3.12 WiFi 접속 중

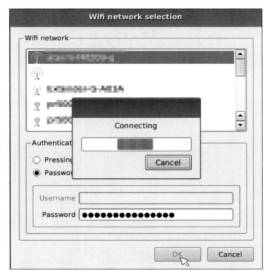

⑥ 네트워크에 연결하면, NOOBS, NOOBS Lite에 네트워크로 설치가 가능한 운영체제
가 나타납니다. 운영체제 이름 오른쪽의 아이콘이 SD 카드인 경우는 그 운영체제의 이
미지가 이미 SD 카드에 있다는 것을 표시하며, LAN 케이블 아이콘의 경우 네트워크
에 있다는 것을 표시합니다.

여기에서는 라즈비안을 설치하므로 제일 상단의 "Raspbian [RECOMMEND]" 왼쪽의
체크박스를 선택하고 왼쪽 상단의 "Install(i)" 버튼을 클릭합니다.

그림 2.3.13 배포판의 선택 – NOOBS
※ 네트워크에 연결되어 있지 않은 경우, 제일 상단의 라즈비안만 표시됩니다.

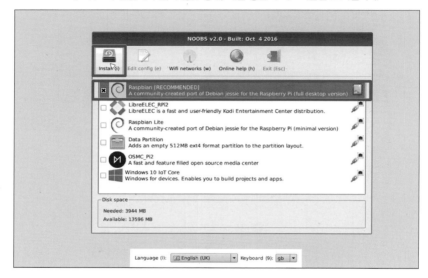

그림 2.3.14 배포판의 선택 – NOOBS Lite

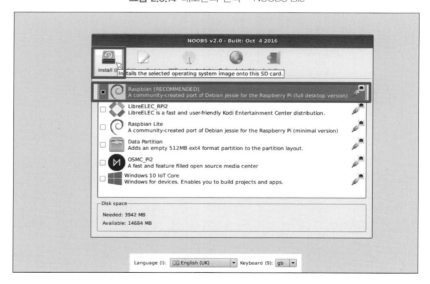

⑦ "SD 카드의 데이터를 덮어씁니다."라는 메시지가 표시되면 "Yes"를 클릭하십시오. 라즈
비안 설치가 시작됩니다.

그림 2.3.15 SD 카드에 대한 확인

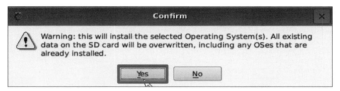

⑧ NOOBS Lite의 경우는 인터넷을 통해 Web 사이트에 접근하여 최신 라즈비안을 내려
받아 microSD 카드에 설치합니다.

그림 2.3.16 라즈비안 다운로드 – NOOBS Lite

⑨ 설치가 성공하면 다음 대화 상자가 표시됩니다. "OK"를 클릭하십시오.

그림 2.3.17 설치 완료

여기까지 작업이 끝나면 라즈비안을 시작합니다. 그림 2.3.18처럼 화면이 표시되면 설치는 성공입니다. 이어 "2.5 라즈비안의 기본 설정"으로 이동하여 각종 설정을 하십시오.

그림 2.3.18 라즈비안 초기 부팅 화면

```
[    2.251232] usb usb1: New USB device found, idVendor=1d6b, idProduct=0002
[    2.261178] usb usb1: New USB device strings: Mfr=3, Product=2, SerialNumber=1
[    2.271571] usb usb1: Product: DWC OTG Controller
[    2.279436] usb usb1: Manufacturer: Linux 3.18.11-v7+ dwc_otg_hcd
[    2.288715] usb usb1: SerialNumber: bcm2708_usb
[    2.297320] hub 1-0:1.0: USB hub found
[    2.304355] hub 1-0:1.0: 1 port detected
[    2.312341] usbcore: registered new interface driver usb-storage
[    2.321797] mousedev: PS/2 mouse device common for all mice
[    2.331127] bcm2835-cpufreq: min=600000 max=900000
[    2.339420] sdhci: Secure Digital Host Controller Interface driver
[    2.348809] sdhci: Copyright(c) Pierre Ossman
[    2.356600] DMA channels allocated for the MMC driver
[    2.397866] Load BCM2835 MMC driver
[    2.408127] sdhci-pltfm: SDHCI platform and OF driver helper
[    2.417645] ledtrig-cpu: registered to indicate activity on CPUs
[    2.427103] hidraw: raw HID events driver (C) Jiri Kosina
[    2.435504] mmc0: host does not support reading read-only switch, assuming write-enable
[    2.437661] mmc0: new high speed SDHC card at address 0007
[    2.438333] mmcblk0: mmc0:0007 SD16G 14.4 GiB
[    2.459274]  mmcblk0: p1 p2 < p5 p6 > p3
[    2.471010] usbcore: registered new interface driver usbhid
[    2.479880] usbhid: USB HID core driver
[    2.487253] TCP: cubic registered
[    2.493795] Initializing XFRM netlink socket
[    2.501305] NET: Registered protocol family 17
[    2.509092] Indeed it is in host mode hprt0 = 00021501
[    2.528005] Key type dns_resolver registered
[    2.535729] Registering SWP/SWPB emulation handler
[    2.558695] registered taskstats version 1
[    2.566129] vc-sm: Videocore shared memory driver
[    2.573993] [vc_sm_connected_init]: start
[    2.581862] [vc_sm_connected_init]: end - returning 0
[    2.601988] EXT4-fs (mmcblk0p6): mounted filesystem with ordered data mode. Opts: (null)
[    2.613411] VFS: Mounted root (ext4 filesystem) readonly on device 179:6.
[    2.633813] devtmpfs: mounted
[    2.640689] Freeing unused kernel memory: 384K (80754000 - 807b4000)
[    2.707996] usb 1-1: new high-speed USB device number 2 using dwc_otg
[    2.718013] Indeed it is in host mode hprt0 = 00001101
```

칼럼 2.2 **복구 상태로 들어가는 방법**

NOOBS, NOOBS Lite로 설치했다면, 시작하는 타이밍에 ⎡Shift⎤를 누르면 NOOBS의 초기 화면(복구 상태)으로 들어갈 수 있습니다. 여기에서 다시 라즈비안이나 다른 OS를 설치할 수 있습니다.

라즈베리 파이를 시작하고 몇 초 정도 후에 "For recovery mode, hold shift"라는 메시지(그림 2.3.16)가 나타나면 ⎡Shift⎤를 누르십시오. ⎡Shift⎤를 누르지 않고 있으면 즉시 다음 화면으로 이동하기 때문에 켤 때 화면을 주의 깊게 지켜보세요. 복구 상태에서 아무것도 하지 않고, 그대로 기존에 설치된 운영체제 부팅으로 전환하려면, 오른쪽 위의 "Exit" 아이콘을 클릭합니다(그림 2.3.9).

라즈비안만 내려받아 설치

작업 컴퓨터에 라즈비안 이미지 파일을 내려받아 microSD 카드에 전개하는 방법을 설명합니다. 이하의 설명은 윈도우를 기반으로 합니다. 맥을 사용하는 사람은 "(4) 맥을 사용하는 경우"도 함께 참조하십시오.

1 라즈비안 이미지 파일 다운로드

우선 다음과 같이 라즈비안 이미지 파일을 내려받으십시오.

① 작업 컴퓨터에서 라즈베리 파이의 공식 사이트에 접속하고 다운로드 페이지에서 라즈비안 이미지 파일의 링크를 클릭하여 내려받습니다.

그림 2.4.1 라즈베리 파이의 공식 사이트 및 다운로드 페이지 http://www.raspberrypi.org/

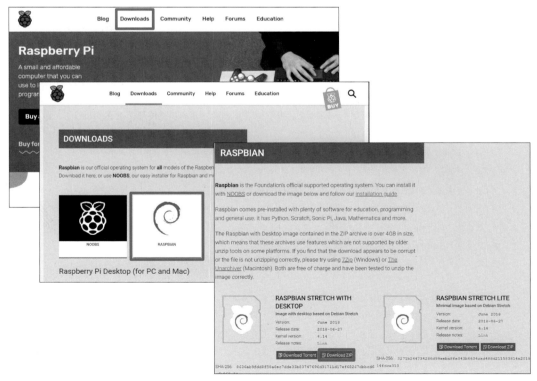

② 파일을 내려받아 원하는 위치에 저장하십시오. 다운로드에서 저장까지의 과정은 브라우저나 설정에 따라 다릅니다.

그림 2.4.2 라즈비안 OS 이미지 파일 다운로드

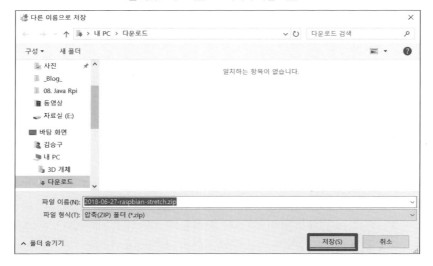

③ 내려받은 압축 파일을 해제합니다. 파일을 선택한 상태에서 오른쪽 클릭하고 메뉴에서 "압축 풀기"를 선택합니다. 압축을 해제할 폴더를 묻는데, 같은 폴더라도 좋다면 그대로 "압축 풀기"를 클릭하여 압축을 풉니다.

그림 2.4.3 저장한 zip 파일 압축 풀기

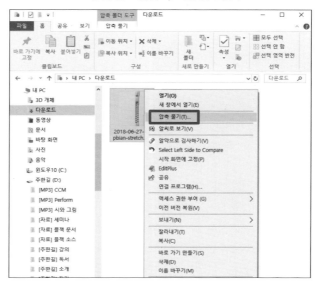

이미지 파일을 microSD 카드에 설치하기

방금 압축을 푼 폴더에는 라즈비안 이미지 파일이 포함되어 있습니다. 이 파일을 microSD 카드에 배포하는 전용 소프트웨어가 필요합니다. 여기에서는 "Win32 Disk Imager"라는 소프트웨어를 내려받아 사용합니다. 참고로 원고를 집필한 시점에서의 최신파일은 "2018-06-27-raspbian-stretch.img"입니다.

① "Win32 Disk Imager" 배포 사이트에 접속하여 설치 파일을 내려받습니다(그림 2.4.4). 참고로 원고를 집필 시점에서의 최신파일은 "win32diskimager-1.0.0-install.exe"입니다(그림 2.4.5). Win32 Disk Imager 배포 사이트 주소는 https://sourceforge.net/projects/win32diskimager/files/latest/download 입니다.

그림 2.4.4 Win32 Disk Imager 배포 사이트

그림 2.4.5 Win32 Disk Imager 다운로드

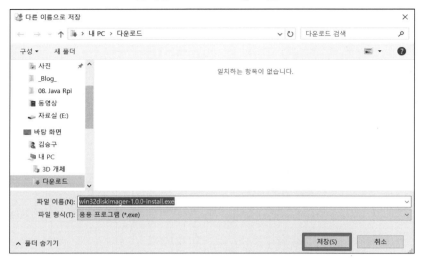

② 내려받은 "win32diskimager-1.0.0-install.exe"를 더블 클릭하여 설치합니다.

그림 2.4.6 Win32 Disk Imager 설치

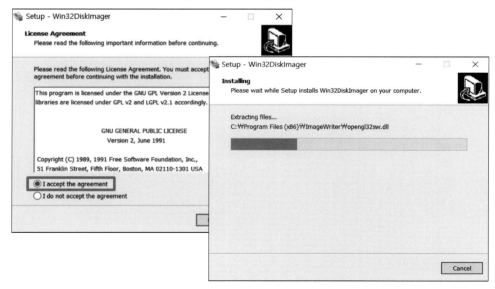

③ Win32 Disk Imager를 실행하면 그림 2.4.7과 같은 창이 표시됩니다. "Image File"에 라즈비안의 이미지 파일 "2018-06-27-raspbian-stretch.img"를 지정합니다.

그림 2.4.7 Win32 Disk Imager 화면

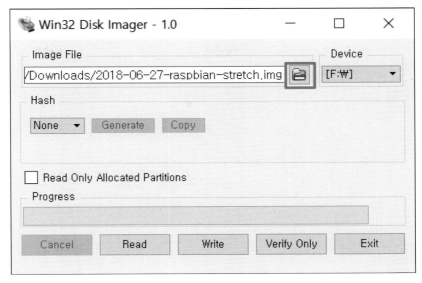

그림 2.4.8 이미지 파일 선택

④ "Device"의 대상으로 microSD 카드 드라이브(이 예에서는 "F:₩")를 지정합니다. SD
카드의 드라이브 명에 대해서는 사전에 "내 컴퓨터", "내 PC" 등으로 충분히 확인해 둡
니다. 지정 드라이브를 잘못 설정하면 작업 컴퓨터의 데이터가 손상될 수 있습니다.

⑤ 그림 2.4.7 하단에 있는 "Write" 버튼을 클릭하면 대상 드라이브를 확인하는 대화 상자가 열리므로(그림 2.4.9), 올바른 드라이브가 선택되어 있는지 확인하고 "Yes"를 클릭합니다.

그림 2.4.9 대상 드라이브의 확인

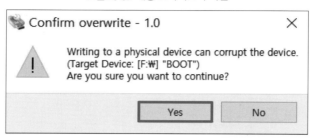

⑥ microSD 카드에 기록이 시작됩니다.

그림 2.4.10 이미지 파일 굽기

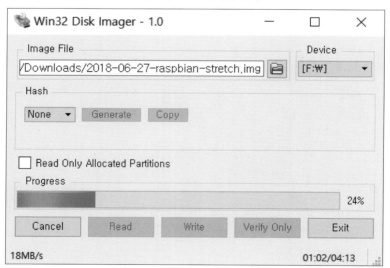

⑦ 쓰기가 성공하면 그림 2.4.11과 같은 대화 상자가 나옵니다. "OK"를 클릭합니다.

그림 2.4.11 쓰기 완료

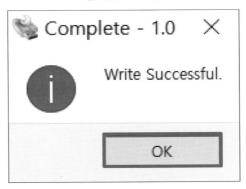

⑧ 언마운트 처리(하드웨어 및 장치를 안전하게 제거)를 하여 PC에서 microSD 카드를 분리합니다.

3 라즈비안 부팅하기

드디어 microSD 카드를 사용하여 라즈비안을 시작해봅시다.

① 앞에서 라즈비안을 설치한 microSD 카드를 라즈베리 파이의 카드 슬롯에 삽입합니다.
② 라즈베리 파이에 모니터, 키보드, 마우스, LAN 케이블(유선 LAN을 사용하는 경우)을 연결합니다.
③ 모든 케이블이 단단히 연결되어 있는지 확인한 후 전원용 USB 케이블을 연결해 라즈베리 파이에 전원을 공급합니다.

이상의 단계를 수행하면 라즈베리 파이의 빨간 전원 LED가 점등합니다. 곧 microSD 카드 안의 라즈비안이 시작됩니다. 이어서 "2.5 라즈비안의 기본 설정"을 진행하여 각종 설정을 해주십시오.

4 Mac을 사용하는 경우

맥을 사용하는 경우에는 라즈비안 이미지 파일을 microSD 카드에 전개할 때 dd라는 명령어를 사용합니다.

① "(1) 라즈비안 이미지 파일 다운로드"를 참고하여 라즈비안 이미지 파일을 내려받아 바탕화면에 압축 해제합니다.

② 카드 리더기를 컴퓨터에 연결하고 microSD 카드를 카드 리더기에 삽입합니다. 카드의 포맷이 필요한 경우 SD 포매터를 사용하여 포맷합니다. 자세한 내용은 "(2) microSD 카드의 포맷"을 참조하세요.

③ Apple 메뉴에서 "About This Mac"을 선택하고 표시된 대화상자의 "System Report…"를 클릭하여 시스템 정보를 표시합니다(그림 2.4.13). 표시된 시스템 정보에서 "하드웨어"—"USB"를 클릭하면 시스템 정보 창의 오른쪽 아랫부분에 SD 카드의 정보가 표시됩니다. 이 중 "BSD Name"을 확인하고 기록해 둡니다.

그림 2.4.13 시스템 정보

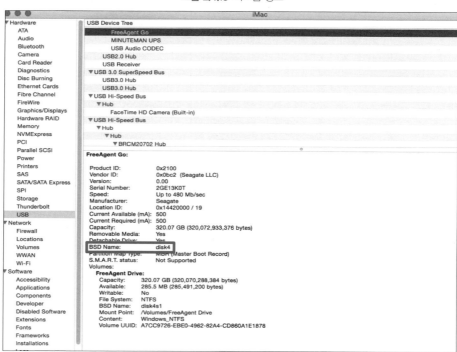

④ 디스크 유틸리티를 실행하고 SD 카드를 선택해 "Unmount" 버튼을 클릭하여 SD 카드를 분리합니다.

그림 2.4.14 디스크 유틸리티

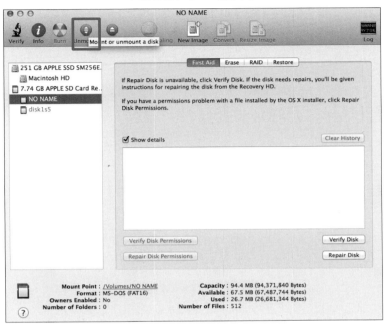

⑤ "애플리케이션"—"유틸리티"에 있는 터미널을 실행시켜 다음과 같이 명령어를 실행합니다. "username"에는 로그인한 사용자 이름을, "disk1"에는 시스템 정보에서 조사한 BSD Name을 지정합니다. dd 명령을 실행할 때 명령에 오류가 없는지 충분히 확인하십시오. 작업 중인 맥의 데이터가 손상될 수 있습니다.

```
sudo dd bs=1m if=/Users/username/Desktop/2018-06-27-raspbian-stretch.img of=/dev/disk1
```

명령어를 실행한 후 비밀번호를 입력하면 SD 카드에 쓰기가 시작됩니다. 쓰기에는 시간이 걸립니다. 필자 환경에서 1시간 정도 걸렸습니다. 쓰기가 완료되면 터미널에 메시지가 표시됩니다. 그대로 카드 리더기를 빼서 microSD 카드를 뽑습니다.

이제 microSD 카드 준비는 끝났습니다. "(3) 라즈비안의 시작"의 절차에 따라 라즈베리파이의 전원을 켜고 라즈비안을 시작하십시오.

2.5 라즈비안의 기본 설정

여기까지의 작업으로 무사히 라즈비안을 설치할 수 있었을 것입니다. 이 절에서는 라즈비안을 사용하기 위한 각종 기본 설정을 합니다. 라즈비안 최신 버전의 경우 첫 구동 시 몇몇의 설정들을 손쉽게 적용할 수 있는 창이 나타납니다. 하지만 이것으로 설정을 하게되면 BlueJ를 사용하기 위해 설정을 다시 변경해야 하는 번거로움이 있습니다. 그러니 구동 시 나타난 간편 설정 창을 닫고 이제부터 설명하는 방식대로 진행해 보시는 것이 좋습니다.

1 무선 LAN 설정

라즈비안은 운영체제 업데이트, 한글 설정 등의 기본 설정을 모두 네트워크를 이용합니다. 그러므로 무선 LAN을 사용한다면 먼저 네트워크 설정을 해둡니다. Pi 2 이전 모델에서 무선 LAN 어댑터를 사용하는 경우, 라즈베리 파이 작동 중에 장착하면 무선 LAN 어댑터가 제대로 작동하지 않는 경우가 있습니다. 그 경우는 일단 라즈베리 파이를 종료하고 무선 LAN 어댑터를 장착한 후 다시 시작하세요.

유선 LAN을 사용하거나 NOOBS 또는 NOOBS Lite의 초기 화면에서 이미 무선 LAN 설정을 완료한 경우는 "(2) 라즈비안 업데이트"로 이동합니다.

① 바탕화면 오른쪽 위에 있는 컴퓨터 아이콘을 클릭하면 액세스 포인트의 목록이 아래에 나타납니다.

그림 2.5.1 무선 LAN 설정

② 연결하려는 액세스 포인트를 클릭하면 암호키 입력 창이 열리는데 여기에 암호키를 입력하고 "OK" 버튼을 클릭하십시오. 통신이 시작되면 컴퓨터의 아이콘이 무선 모양으로 변합니다.

그림 2.5.2 무선 암호화 키 설정

그림 2.5.3 작업 표시줄에 표시되는 WiFi 아이콘

이상으로 무선 LAN 설정은 끝입니다. 무선 LAN은 한 번 설정해 두면 이후부터는 이전에 통신했던 액세스 포인트에 자동으로 연결됩니다.

DHCP 서버를 사용하지 않고, 고정 IP를 할당하고자 할 때는 다음과 같이 설정합니다.

① 바탕화면 오른쪽 위의 컴퓨터 아이콘을 오른쪽 클릭하면 메뉴가 표시됩니다. 여기서 "WiFi Networks(dhcpcdui) Settings"를 클릭합니다.

그림 2.5.4 Network Preferences 설정 화면 열기

② "Network Preferences" 창의 "Configure"—"interface" 옆의 채널을 "eth0"(유선 LAN)에서 "wlan0"(무선 LAN)으로 변경합니다.

그림 2.5.5 Network Preferences 무선

③ IP주소 등의 입력란이 활성화되기 때문에 이렇게 설정합니다.

그림 2.5.6 Network Preferences의 IP 주소 설정

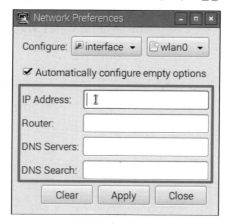

칼럼 2.3 무선 LAN의 MAC 주소 알아내기

라우터 측에서 MAC 주소에 의해 필터링을 설정하는 경우나, 무선 LAN 어댑터의 MAC 주소를 확인하고 싶은 경우는 "ifconfig"명령을 사용합니다. "Terminal(이하 터미널)"을 실행해서(시작방법은 "(2) 라즈비안 업데이트"의 "그림 2.5.8 update 명령 실행"을 참조) ifconfig를 입력하십시오. ifconfig를 실행하는데 관리자 권한 "sudo"는 필요하지 않기에 생략해도 됩니다. 참고로 Alt + Ctrl + T 를 동시에 누르면 터미널이 실행됩니다.

ifconfig를 실행하면 다음과 같이 표시됩니다. 화면의 "eth0"은 유선 이더넷, "lo"는 로컬 루프백, "wlan0"은 무선 LAN의 현재 연결 상태를 나타냅니다.

그림 2.5.7 ifconfig 실행결과

```
pi@raspberrypi: ~
File Edit Tabs Help
pi@raspberrypi:~ $ ifconfig
eth0: flags=4099<UP,BROADCAST,MULTICAST>  mtu 1500
        ether b8:27:eb:cb:6d:bb  txqueuelen 1000  (Ethernet)
        RX packets 840  bytes 84783 (82.7 KiB)
        RX errors 0  dropped 1  overruns 0  frame 0
        TX packets 83556  bytes 114654873 (109.3 MiB)
        TX errors 0  dropped 0 overruns 0  carrier 0  collisions 0

lo: flags=73<UP,LOOPBACK,RUNNING>  mtu 65536
        inet 127.0.0.1  netmask 255.0.0.0
        inet6 ::1  prefixlen 128  scopeid 0x10<host>
        loop  txqueuelen 1000  (Local Loopback)
        RX packets 55  bytes 4526 (4.4 KiB)
        RX errors 0  dropped 0  overruns 0  frame 0
        TX packets 55  bytes 4526 (4.4 KiB)
        TX errors 0  dropped 0 overruns 0  carrier 0  collisions 0

wlan0: flags=4163<UP,BROADCAST,RUNNING,MULTICAST>  mtu 1500
        inet 192.168.0.14  netmask 255.255.255.0  broadcast 192.168.0.255
        inet6 fe80::154:894e:1522:3a48  prefixlen 64  scopeid 0x20<link>
        ether b8:27:eb:9e:38:ee  txqueuelen 1000  (Ethernet)
        RX packets 51778  bytes 2457391 (2.3 MiB)
        RX errors 0  dropped 0  overruns 0  frame 0
        TX packets 25931  bytes 34941704 (33.3 MiB)
        TX errors 0  dropped 0 overruns 0  carrier 0  collisions 0

pi@raspberrypi:~ $
```

2　라즈비안 업데이트

라즈비안은 윈도우 및 맥, 운영체제를 가리지 않고 항상 업데이트되고 있으며, 이에 따라 설치된 다양한 소프트웨어(Python 등)를 최신 상태로 유지할 수 있습니다. 또한, 라즈베리 파이 펌웨어(하드웨어의 기본적인 제어를 위한 프로그램)도 자주 업데이트되고 있으며, 라즈비안에서 실행할 수도 있습니다. 라즈비안을 설치한 후에는 반드시 이러한 업데이트 작업을

수행하게 됩니다. 그 후에도 가끔 직접 업데이트를 실행하여 시스템을 항상 최신 상태로 유지할 것을 권장합니다.

업데이트는 네트워크를 통해 진행되므로 라즈베리 파이가 네트워크에 연결되어 있어야 합니다. 업데이트 작업은 명령어 입력 화면을 실행시킨 후 키보드로 명령어를 입력하여 진행합니다. 명령 입력 화면에서 명령어를 입력하고 [Enter↵]를 누르면 해당 명령이 실행됩니다.

① 작업 표시줄의 왼쪽에서 3번째에 있는 터미널(Terminal) 아이콘을 클릭하면 명령어 입력 화면이 나타납니다(그림 2.5.8).

② 다음 세 가지 명령어를 위에서부터 차례대로 하나씩 실행합니다. 명령어 입력은 대소문자를 구별하므로 주의하십시오. 각각의 명령어를 실행할 때마다 터미널에 업데이트 상황을 알리는 메시지가 표시됩니다. 이 명령은 관리자 권한으로 실행해야 하므로 sudo를 붙이고 있습니다. 관리자 사용자 sudo 명령에 대해서는 "칼럼 2.4 다중 사용자 구조"를 참조하십시오.

```
sudo apt-get update       – OS의 업데이트를 조사
sudo apt-get upgrade      – 업데이트 정보를 바탕으로 OS가 업데이트
sudo rpi-update           – Raspberry Pi 펌웨어 업데이트
```

그림 2.5.8 update 명령어 실행

표 2.5.1 각 명령의 자세한 설명

명령	설명	
sudo	관리자 권한으로 명령을 실행합니다. OS 업데이트 및 소프트웨어 설치 등의 명령을 실행할 때 명령 앞에 붙일 필요가 있습니다.	
apt-get	서버에 질의하여 각종 소프트웨어 패키지를 내려받고 설치합니다. 이 명령은 다음과 같은 옵션이 있습니다.	
	update	업데이트 정보를 확인한다.
	upgrade	update 명령으로 취득한 업데이트 정보에 따라 업그레이드한다.
	install 소프트웨어 이름	소프트웨어를 설치한다.
rpi-update	Raspberry Pi의 펌웨어를 업데이트한다.	

③ sudo apt-get upgrade를 실행하는 동안 업그레이드를 실행할지 묻는 메시지가 표시되면 키보드의 Y를 누르십시오.

칼럼 2.4 **다중 사용자 구조**

　라즈비안을 기반으로 하는 리눅스는 여러 사용자가 한 대의 PC를 사용하는 다중 사용자를 지원하는 운영체제입니다. 현재는 윈도우나 맥 운영체제도 다중 사용자를 지원하고 있습니다만, 이 운영체제들은 원래 단일 사용자를 전제로 했었습니다.

　리눅스는 사용자를 두 종류로 나누고 있습니다. "일반 사용자"와 "관리자"입니다. 일반 사용자는 할당된 공간 속에서만 파일 쓰기 등을 할 수 있는데 반해, 관리자("슈퍼 사용자", "root 권한" 또는 단순히 "root"라고도 함)는 특별한 권한이 부여되어 있어 시스템 설정을 변경거나 애플리케이션의 설치 등의 운영체제의 모든 기능에 액세스할 수 있습니다. 또한, 메모리 용량이 허락하는 한 일반 사용자 계정은 얼마든지 만들 수 있지만, 관리자 계정은 하나뿐입니다.

　이 책의 내용대로 라즈비안을 설치한 경우 라즈비안은 "pi"라는 일반 사용자가 로그인한 형태로 시작하게 됩니다. 이 상태에서는 애플리케이션을 설치하거나 시스템 설정을 구성할 수 없습니다. 관리자에게만 허용되는 작업을 일반 사용자가 실행하기 위해서는 일시적으로 관리자 권한을 가져야 합니다. 이럴 때 "sudo"라는 명령어를 사용합니다.

　라즈비안도 관리자 계정으로 시스템에 로그인할 수 있지만, 이 책은 라즈베리 파이에서 프로그래밍하는 것이 주된 목적이므로 일반 사용자로 로그인하는 것을 전제로 하고 있습니다. 참고로 관리자로 라즈비안에 로그인하는 방법은 다음과 같습니다.

① 관리자인 root 계정의 암호를 설정

관리자의 이름은 "root"라는 이름으로 고정되어 있으며 변경할 수 없습니다. root 암호를 설정하는 명령은 다음과 같습니다.

```
sudo passwd root
```

이 명령을 터미널에서 실행하면 새 암호를 입력하라는 메시지가 표시됩니다. 설정하고자 하는 암호를 입력하면 확인을 위해 다시 암호 입력을 요구합니다. (터미널에 대해서는 다음 절 이후에 자세히 설명합니다.)

② pi 사용자에서 관리자 사용자로 전환

터미널에서 다음과 같이 su 명령을 실행하면 암호를 입력하라는 메시지가 표시됩니다. ①에서 설정한 관리자 사용자의 암호를 입력합니다.

```
su
```

③ 관리자 사용자에서 pi 사용자로 돌아가기

터미널에서 다음과 같이 exit 명령을 실행합니다.

```
exit
```

칼럼 2.5 비슷한 명령 실행 시 편리한 방법

이전에 실행했던 명령과 비슷한 명령을 실행하는 경우 기록 기능을 사용하여 이전에 입력한 명령을 호출하거나, 그것을 수정하여 사용하면 명령을 입력하는 수고를 줄일 수 있습니다. 또한, 명령어와 경로, 파일 이름을 도중까지 입력하고 Tab ⇆ 를 누르면 나머지 내용이 보완됩니다.

표 2.5.2 명령어 기록·보관 기능

키	내용
↑ 또는 Ctrl + P	명령 기록을 거슬러 올라간다.
↓ 또는 Ctrl + N	명령 기록을 진행한다.
명령어, 경로, 파일의 처음부터 몇 문자 + Tab ⇆	먼저 입력된 몇 문자에서 명령어와 경로, 파일 이름을 예측하여 표시한다.

3 한글 입력 설치

이 책에서 소개하는 라즈비안 버전(Raspbian Stretch, Version : June 2016, Release date 2018-06-27)에는 한글 입력 소프트웨어가 미리 설치되어 있지 않습니다. 여기에서는 sudo apt-get install을 사용하여 한글 입력을 설치하기로 합니다.

라즈베리 파이에서 한글 환경으로의 설정은 프로그래밍 소프트웨어의 오류나 서버 구축의 오류를 일으킵니다. 따라서 한글 환경을 갖추는 것을 추천드리지 않습니다. 다만 설치하는 방법은 설명하도록 하겠습니다. 다시 한번 말씀드리지만, 언어 설정, 국가 설정은 영어/영어권으로 설정하시는 것을 추천드립니다.

① 작업 표시줄의 터미널 아이콘을 클릭하여 명령 입력 화면을 엽니다.

② 터미널에서 다음 명령을 입력하여 한글 입력 소프트웨어를 설치합니다.

```
sudo apt-get install ibus
sudo apt-get install ibus-hangul
sudo apt-get install fonts-unfonts-core
```

③ 위 명령을 실행하는 동안 설치를 실행할지를 묻는 메시지가 표시되면 키보드의 [Y]를 누릅니다.

그림 2.5.10 한글 입력 소프트웨어 설치

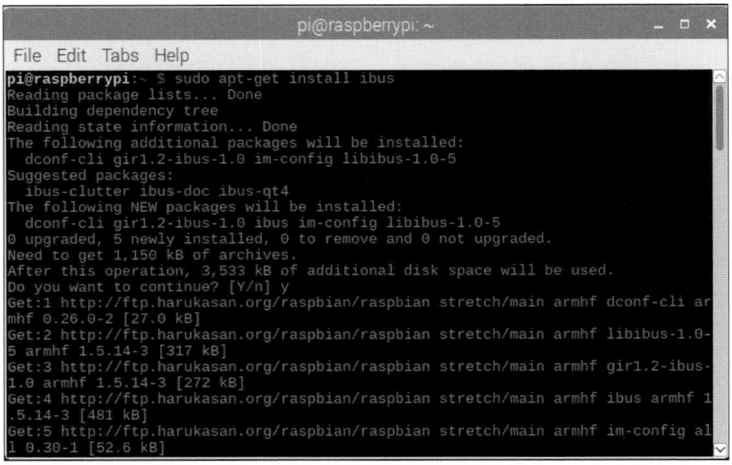

이상으로 한글 입력 소프트웨어의 설치가 완료됩니다.

4 라즈비안 설정

다음과 같은 설정을 합니다. 참고로 한글 설정이나 시각 동기화(로케일 설정/시각 설정) 등의 지역화는 변경하는 방법만 알아두도록 합시다. BlueJ는 프로그램 코드에 한글이 포함되면, 문자 깨짐 등의 원인으로 에러가 발생하기 때문입니다. 본 도서에서도 영어 설정으로 진행합니다. BlueJ 실행 시 문자가 깨지면, 언어 및 국가를 영어/영어권 국가로 재설정해주세요. 바탕화면 왼쪽 위의 "Menu"를 클릭하고 "Preferences"—"Raspberry Pi Configuration"을 클릭합니다.

- 암호 변경
- 로케일(언어 및 국가)
- 시각(시간대)
- 키보드 레이아웃
- 오버 스캔 대응

그림 2.5.11 라즈베리 파이 환경설정 시작

● 암호 변경

Linux는 여러 사용자가 사용할 수 있는 다중 사용자 운영체제입니다. 라즈비안을 이용할 때도 먼저 사용자 이름과 암호를 입력하여 로그인하는 구조로 되어있습니다.

라즈비안 설치 시 기본적으로 사용자 이름은 "pi", 암호는 "raspberry"로 계정이 설정됩니다. 보안을 위해 이 계정의 암호를 변경해 둡니다.

일반적으로 라즈비안을 시작할 때마다 사용자 이름과 암호를 입력해야 합니다. 또 로그아웃 후 다시 로그인할 때, 네트워크를 통해 라즈비안에 로그인할 때, 사용자 이름(변경하지 않았으면 "pi")과 암호 입력이 요구됩니다. 하지만 같은 설정 창에 있는 "Auto Login"에서 "Login as user pi"를 체크할 경우(기본 설정) "pi" 사용자로 로그인할 때는 암호를 입력할 필요가 없어집니다.

① "Password : "의 옆에 있는 "Change Password" 버튼을 클릭합니다.
② 새 암호를 입력하는 대화 상자가 열리면 두 개의 텍스트 상자에 암호를 입력하고 "OK" 를 클릭합니다.

그림 2.5.12 무선 암호키 설정

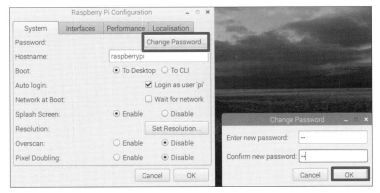

● 오버 스캔을 비활성화

일부 TV에는 화상의 가장자리 왜곡 등이 표시되지 않도록 하는 "오버 스캔"이라는 기능을 갖고 있습니다. 이 기능으로 라즈베리 파이에서 보낸 화상의 가장자리도 표시되지 않을 수 있습니다. 초기설정으로 모니터 크기보다 표시화면을 한 바퀴 작게 만들어 주는 "오버 스캔 대응" 기능이 있습니다. 그러나 오버 스캔 기능이 없는 모니터에서 이 기능을 활성화하면 화면 주변에 검은색 테두리가 표시되어 보기 불편한 경우가 있습니다. 이 책에서는 이를 무효화 해둡니다.

① "Overscan : "의 옆에 있는 "Disabled"를 선택합니다(그림 2.5.13).

그림 2.5.13 overscan 해제

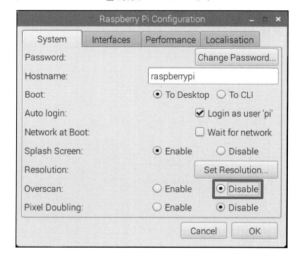

● 로케일(언어 및 국가)의 설정

다음은 국가 및 언어와 관련한 설정을 합니다. 참고로 라즈베리 파이로 서버를 구축한다면 언어 환경이 한글이라는 이유로 제대로 작동하지 않을 수 있습니다. 따라서 서버 구축의 목적이 있는 경우 언어 설정("Language" 항목)은 변경하지 마십시오.

먼저 "Raspberry Pi Configuration" 화면의 "Localization" 탭을 클릭하여 설정 화면을 전환해야 합니다.

그림 2.5.14 탭을 "Localization"으로 전환

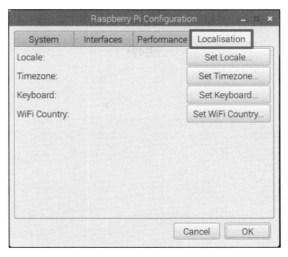

① "Set Locale" 버튼을 클릭합니다.

② 표시된 대화 상자의 "Language :"에서 "ko(Korean)"를 선택합니다. 선택의 항목이 많
지만, 알파벳순으로 되어 있으니 스크롤하여 찾아보세요.

③ "Language : " 아래의 "Country : "가 "KR(South Korea)"로 설정되었는지
"Character Set"이 "UTF-8"로 선택되어 있는지 확인하고 "OK"를 클릭합니다.

그림 2.5.15 로케일 설정

● 시간 설정

① "Set Timezone" 버튼을 클릭합니다.

② 표시된 대화 상자의 "Area"에서 "Asia"를 선택합니다.

③ "Location"은 "Seoul"을 선택하고 "OK"를 클릭합니다.

그림 2.5.16 시간 설정

● 키보드 레이아웃 설정

① "Set Keyboard" 버튼을 클릭합니다.

② 표시된 대화 상자에서 "Layout"을 "Korean"으로 선택하고 "OK"를 클릭합니다.

그림 2.5.17 키보드 레이아웃 설정

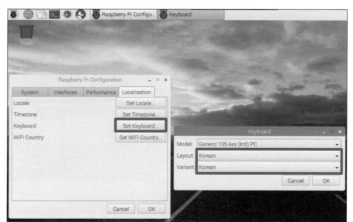

● WiFi를 사용하는 국가 설정

기본 설정 국가인 "Britain(UK)"에서도 작동은 문제가 없겠지만, WiFi는 국가에 따라 사용할 수 있는 채널이 다를 수 있으므로 해당하는 거주 국가를 설정해 둡니다. WiFi 기능을 표준으로 탑재하고 있는 라즈베리 파이 3에서만 필요한 설정입니다.

① "Set WiFi Country" 버튼을 클릭합니다.
② 표시된 대화 상자의 "Country"에서 "KR Korea(South)"를 선택하고 "OK"를 클릭합니다.

그림 2.5.18 와이파이를 사용하는 국가 설정

● 설정 종료

이상으로 라즈베리 파이의 한글 입력 환경 설정은 완료되었습니다.

① "Raspberry Pi Configuration" 창 하단의 "OK" 버튼을 클릭합니다.

그림 2.5.19 설정 종료

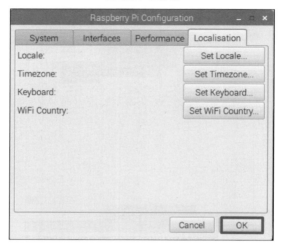

② 라즈비안의 재부팅 여부를 물어보는 것이므로 "Yes"를 클릭합니다.

그림 2.5.20 라즈비안을 재부팅

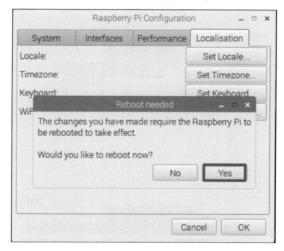

라즈비안은 시작할 때에 이 "Raspberry Pi Configuration"에서 설정한 내용을 적용하므로 중간에 설정을 변경한 경우 다시 시작하여 설정을 반영해야 합니다. 다음과 같이 각 메뉴가 한글로 표시되게 됩니다.

그림 2.5.21 한글 설정 후의 바탕화면

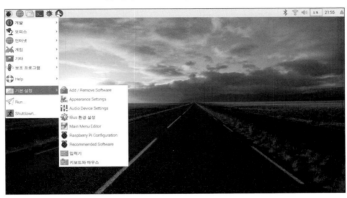

5 한글 입력

앞선 내용을 잘 따라오셨다면 이제부턴 한글 입력이 가능하게 되었습니다. 텍스트 편집기 "Text Editor"를 사용하여 한글 입력을 시도해봅시다. 참고로 한글 입력을 위해서는 앞에서 설명한 한글 입력 시스템 설치와 한글 폰트 그리고 라즈베리 파이 환경설정을 완료해야 합니다. 한글 입력기는 다양한 종류가 있으니 구글이나 네이버에 검색하여 자신에게 맞는 것을 설치하셔도 좋습니다.

① 바탕화면 왼쪽 위의 "Menu" 아이콘을 클릭합니다.
② "보조 프로그램(Accessories)"—"Text Editor"를 클릭하면 텍스트 편집기가 열립니다.
③ 바탕화면 오른쪽 위의 "입력 상태"를 나타내는 아이콘을 클릭하여 "한국어"을 선택합니다(그림 2.5.22).

그림 2.5.22 한글 입력기 설정

④ 키보드의 Ctrl + Space 를 누르면 영어 입력 상태나 한글 입력 상태로 전환됩니다.

그림 2.5.23 한글 입력 상태

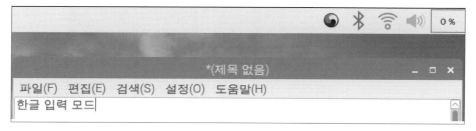

⑤ Text Editor에 한글을 입력해 봅시다.

그림 2.5.24 한글 입력

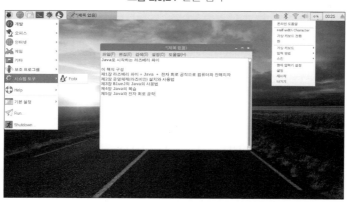

이 책에서는 파일의 내용을 확인하거나 라즈비안 설정을 수정할 때 주로 "Text Editor"를
사용합니다.

6 **라즈베리 파이 종료 방법**

라즈베리 파이를 종료할 때는 반드시 다음의 순서로 종료해주세요.

① 바탕화면 왼쪽 위의 "Menu"—"Shutdown"을 클릭하여 열린 창 "Shutdown" 버튼을
클릭합니다(그림 2.5.25).

② 라즈비안이 종료되고 라즈베리 파이 보드의 녹색 LED(ACT 글자 인쇄되어 있음)가 깜
박거리다가 꺼지면, AC 어댑터를 연결하는 USB 케이블을 분리합니다. 녹색 LED가
깜박이는 동안은 라즈비안이 microSD 카드에 데이터를 저장하는 것이므로 이 시간
동안에는 전원을 끄지 않도록 주의하십시오(그림 2.5.26).

그림 2.5.25 라즈비안의 Shutdown

그림 2.5.26 라즈베리 파이의 ACT LED

2.6 microSD 카드 포맷

라즈베리 파이가 microSD 카드를 인식하지 못하는 오류가 발생하거나, 한 번 라즈베리 파이에서 사용한 microSD 카드를 컴퓨터용으로 설정하고 라즈베리 파이에서 사용할 경우에는 윈도우의 표준 포맷 기능이 아니라 SD Association에서 내려받은 포맷용 소프트웨어로 포맷해야 합니다.

1 SD 포매터 설치

먼저 SD Association이 배포하는 "SD Formatter"(이하 SD 포매터)라고 하는 소프트웨어를 내려받아 설치해야 합니다. 그 절차는 다음과 같습니다.

① SD Association 사이트(https://www.sdcard.org/)에 방문하여 상단에 "Downloads" 메뉴를 클릭합니다. SD Association은 SD 카드에 관한 표준의 제정 등을 행하는 국제적인 단체입니다.

그림 2.6.1 SD Association 페이지

② 다운로드 페이지가 표시되면 좌측에 있는 "SD Memory Card Formatter for Windows Download" 메뉴를 클릭합니다.

그림 2.6.2 SD 포매터 다운로드 페이지

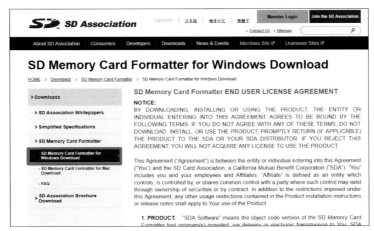

③ 사용권에 대한 페이지가 표시됩니다. 화면 하단의 "Accept"를 클릭하면 그림 2.6.4의 대화 상자가 표시됩니다. 임의 폴더에 파일을 저장합니다.

그림 2.6.3 SD 포매터 라이센스 페이지

그림 2.6.4 SD 포매터 저장

그림 2.6.4 SD 포매터 저장

④ 저장된 설치파일을 더블 클릭하여 실행합니다(그림 2.6.5). SD 포매터의 설치 화면이 표시되면 "Next"를 클릭합니다(그림 2.6.6).

그림 2.6.5 저장된 설치파일

그림 2.6.6 SD 포매터 설치

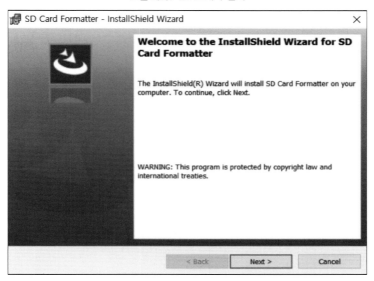

⑤ 프로그램을 설치할 "대상 폴더"를 물어 볼 수 있습니다. 필요한 경우 변경하여 "Next" 를 클릭하십시오.

그림 2.6.7 설치 폴더 선택

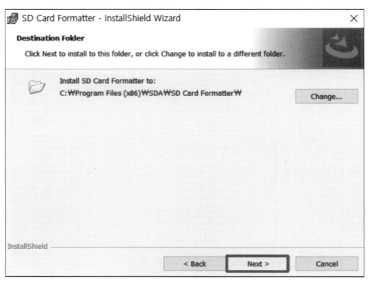

⑥ 다음 화면 "Install"을 클릭하면 설치가 시작됩니다.

그림 2.6.8 사용권 계약서

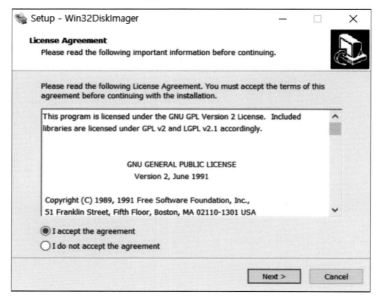

이상 SD 포매터의 설치 완료입니다.

2 microSD 카드 포맷

이어서 SD 포매터를 이용하여 microSD 카드의 포맷을 합니다.

① microSD 카드를 PC 카드 슬롯이나 카드 리더기에 삽입합니다.
② 바탕화면의 SD 포매터의 아이콘 또는 "시작" – "SD Card Formatter"를 클릭하여 SD
포매터를 실행합니다.

그림 2.6.9 SD 포매터 아이콘

③ 그림 2.6.10 창이 나타나면 "Select card"에 SD 카드를 삽입한 드라이브가 맞는지 확인합니다. "Refresh" 버튼을 클릭하면 SD 카드를 삽입한 드라이브 상태를 갱신합니다.

그림 2.6.10 SD 포매터 초기 화면

④ "Formatting options"이 "Quick format"으로 설정되어 있는지 확인합니다. 그리고 "Format" 버튼을 클릭합니다. 여기서는 "F:₩-boot"로 선택하였습니다.

그림 2.6.11 SD 포매터 옵션 설정

⑤ 그림 2.6.12처럼 확인 대화 상자가 표시되면, Y 를 클릭합니다.

그림 2.6.12 포맷에 관한 확인

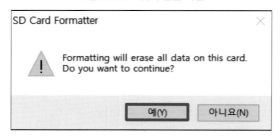

그림 2.6.13과 같은 대화 상자가 표시되며 포맷이 완료됩니다. "확인"을 클릭하여 상자를 닫습니다. 다음 작업을 위해 microSD 카드를 다시 장착하십시오.

그림 2.6.13 포맷의 종료

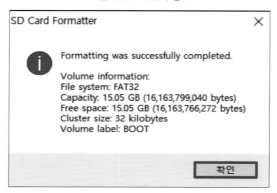

이것으로 운영체제 설치 및 초기 설정에 대한 설명이 끝났습니다. 다음 절에서는 라즈비안의 기본적인 사용법에 대해 설명합니다.

2.7 라즈비안의 기본적인 사용법

라즈비안의 기본적인 사용법을 설명합니다. 라즈비안에는 Python 이외에도 다양한 애플리케이션과 프로그래밍 도구가 미리 설치되어 있습니다. 여기에서는 이 책에서 사용하는 Java 프로그래밍을 수행하는데 필요한 최소 지식을 중심으로 다룹니다.

라즈비안 애플리케이션

여기까지의 설명대로 라즈비안을 설치하고 설정을 하면 라즈베리 파이를 시작할 때 자동으로 그림 2.7.1 바탕화면이 표시됩니다. 작업 표시줄이나 "Menu"를 클릭하면 표시되는 각 카테고리에는 라즈비안에 설치된 애플리케이션이 등록되어 있으며, 여기에서 각 애플리케이션을 시작할 수 있습니다. 다양한 프로그래밍 언어를 즉시 사용할 수 있는 것이 라즈비안의 특징입니다. 여기서는 프로그래밍 도구를 중심으로 주요 프로그램에 대해 간략하게 설명합니다.

그림 2.7.1 라즈비안의 바탕화면 – 메뉴 펼침

① Chromium(크롬)

라즈비안 표준 웹 브라우저입니다. Google사의 브라우저 Chrome의 공개 소스 버전입니다.

② File Manager(파일 관리자)

GUI에서 파일을 조작하는 애플리케이션입니다. 윈도우의 탐색기처럼 사용할 수 있습니다.

③ Terminal(터미널)

이 책에서 사용하는 터미널 애플리케이션입니다. 이 애플리케이션을 사용하여 각종 명령 애플리케이션을 실행합니다.

④ Mathematica(매스매티카)

수학, 수치 계산, 그래프 그리기 등 전문적이고 고급 기능을 가진 과학 기술 계산 애플리케이션입니다.

⑤ Wolfram(울프럼)

Mathematica의 인터페이스 언어로 유명합니다. 다양한 용도로 사용할 수 있는 멀티 패러다임 언어입니다.

⑥ BlueJ Java IDE(블루제이 Java 통합개발환경)

Java 개발 환경입니다. 클래스의 종속성을 그래픽으로 알기 쉽게 표시합니다. 이 책에서는 이 애플리케이션을 사용하여 프로그래밍합니다.

⑦ Geany(기니)

다양한 프로그래밍 언어를 지원하는 강력한 텍스트 편집기를 갖춘 개발 환경입니다.

⑧ Greenfoot Java IDE(그린풋 Java 통합개발환경)

Java의 스크래치와 같은 GUI 프로그래밍 환경입니다. 프로그래밍 첫 도전에 딱 좋습니다.

⑨ Node-RED(노드 레드)

하드웨어 및 API 온라인 서비스를 나타내는 노드를 연결하여 프로그램을 만드는 그래픽 개발 환경입니다. IoT(Internet of Things) 및 Web 서비스용으로 개발되었습니다.

⑩ Python 2

Python 2.7의 개발 환경을 실행합니다.

⑪ Python 3

Python 3.2의 개발 환경을 실행합니다. Python 버전 2.x계 및 3.x계와 일부 언어 사양이 다르므로 2.x계의 프로그램은 3.x계에서 작동하지 않을 수도 있습니다.

⑫ Scratch(스크래치)

경험이 없는 사람도 GUI에서 프로그램을 만들 수 있게 해주는 비주얼 프로그래밍 환경입니다.

⑬ Sense HAT Emulator(센스 HAT 에뮬레이터)

라즈베리 파이용 LED 매트릭스와 조이스틱, 각종 센서를 탑재하고 있습니다. HAT(위에 올려놓는 스타일의 확장 보드)의 에뮬레이터(프로그램의 정확성을 위해 실제 기판과 같은 작동을 GUI로 구현하여 평가하는 소프트웨어)입니다. Python 샘플 프로그램이 준비되어 있으며, 기본적인 제어를 즉시 시험할 수 있습니다.

⑭ Sonic Pi(소닉 파이)

음악을 만들면서 즐겁게 프로그래밍을 학습할 수 있습니다.

⑮ LibreOffice Base(리브레 오피스 베이스)

LibreOffice(리브레 오피스)는 무료 사무용 애플리케이션이며, LibreOffice Base는 데이터 관리 소프트웨어입니다.

⑯ LibreOffice Calc(리브레 오피스 계산)

스프레드시트입니다.

⑰ LibreOffice Draw(리브레 오피스 드로우)

드로잉(그림 그리기) 프로그램입니다.

⑱ LibreOffice Impress(리브레 오피스 임프레스)

프레젠테이션 소프트웨어입니다.

⑲ LibreOffice Math(리브레 오피스 매스)

수식 편집기입니다.

⑳ LibreOffice Writer(리브레 오피스 라이터)

워드 프로세서입니다.

㉑ Minecraft Pi(마인크래프트)

세계적으로 인기 있는 3D 그래픽 게임입니다. 재료를 모아 도구를 만들고, 집을 건설하거나 마을을 만들기도 합니다.

㉒ Python Games(파이썬 게임)

Python으로 만들어진 게임입니다. Python 2.x계로 만들어졌습니다. 소스 목록을 볼 수 있으므로 프로그래밍 학습에 도움이 됩니다.

매번 메뉴를 열고 애플리케이션을 시작하는 것이 귀찮다면 바탕화면에 아이콘을 생성하면 좋습니다. 메뉴에서 아이콘에 원하는 애플리케이션을 선택한 상태에서 오른쪽 클릭하고 "Add to desktop"을 클릭하면 바탕화면에 아이콘이 추가됩니다.

아이콘을 삭제하려면 휴지통으로 아이콘을 드래그합니다. "파일[애플리케이션 이름]을 휴지통으로 이동하시겠습니까?"라는 메시지가 표시되면 "Yes"를 클릭하십시오. 이 작업은 바탕화면의 아이콘이 삭제될 뿐 애플리케이션 자체가 삭제되는 것은 아닙니다.

그림 2.7.2 바탕화면에 BlueJ Java IDE 아이콘 추가

그림 2.7.3 바탕화면의 아이콘 삭제

2 라즈비안에서 사용할 수 있는 기본 명령어

라즈비안에는 GUI 애플리케이션뿐만 아니라 명령어 라인에 키보드로 입력해서 실행하는 유형의 애플리케이션도 다수 포함되어 있습니다. 오히려 이쪽이 많은 정도입니다. 이 애플리케이션들은 간단히 명령어라 부를 수도 있겠습니다. 이 책에서도 이미 "2.5 (2) 라즈비안 업데이트"에서 apt-get 등의 명령어를 사용했습니다.

라즈비안 데스크톱 환경에서 각종 명령을 실행하려면 앞서 사용했던 터미널을 사용합니다. 터미널은 작업 표시줄에 있는 아이콘을 클릭하면 실행됩니다. 혹은 Alt + Ctrl + T 를 동시에 눌러도 터미널이 실행됩니다.

그림 2.7.4 터미널 실행

화면에 다음과 같은 문자열이 표시되는데 이것은 프롬프트라는 것으로 명령어 입력을 대기하고 있다는 것을 표현합니다. 각종 명령을 실행할 때는 이 프롬프트의 오른쪽에 입력합니다.

```
pi@raspberrypi ~ $
```

이 책에서 사용하는 주요한 명령어를 표 2.7.1에 표시합니다.

표 2.7.1 주요 명령어

명령어	설명
ls	디렉터리 안의 파일 목록을 표시한다.
cd 디렉터리 이름	해당 리렉터리로 이동한다.
mv 파일 이름1 파일 이름2	파일 이름1에서 파일 이름2로 파일을 이동하거나 파일명을 변경한다.
cp 파일 이름1 파일 이름2	파일 이름1에서 파일 이름2로 파일을 복사한다.
cat 파일 이름	파일의 내용을 표시한다.
chown 옵션 파일 이름	파일의 소유자를 변경한다.
chgrp 옵션 파일 이름	파일 그룹을 변경한다.
chmod 옵션 파일 이름	파일의 권한을 변경한다.
sudo 명령	지정한 명령을 관리자 권한에서 실행한다.
apt-get update	소프트웨어 패키지의 업데이트 정보를 검색한다.
apt-get upgrade	소프트웨어 패키지의 업데이트 정보를 바탕으로 업데이트를 수행한다.
apt-get install 패키지 이름	지정한 패키지를 설치한다.
apt-get remove 패키지 이름	지정한 패키지를 제거한다.
apt-get autoclean	패키지의 캐시를 삭제한다.
rpi-update	라즈베리 파이의 펌웨어를 업데이트한다.
ifconfig	네트워크 인터페이스의 참조, 설정 등을 수행한다.
man 명령	명령의 사용법을 표시한다.

3 라즈비안 디렉터리 구성

라즈비안에서는 디렉터리의 최상위 계층을 root(루트)라 하고, 거기에 운영체제를 구성하는 각 디렉터리가 배치되어 있습니다.

그 중 "home(홈)" 디렉터리에는 라즈비안에 등록된 각 로그인 사용자별 디렉터리가 있고 기본적으로 여기에 pi 사용자만 등록되어 있습니다. pi 사용자로 로그인한 경우 이 home 디렉터리 안에 있는 pi 디렉터리는 자유롭게 사용할 수 있는 공간입니다.

이 디렉터리보다 상위 계층의 디렉터리와 파일을 조작(새로 만들기, 복사, 삭제, 이름 변경 등)하려면 관리자가 아니면 안 되기 때문에 명령 앞에 "sudo"를 입력해야 합니다. 관리자의 권한으로 명령을 실행할 때는 시스템에 필요한 파일을 지우지 않도록 조심합시다.

그림 2.7.5 pi 사용자가 자유롭게 사용할 수 있는 디렉터리

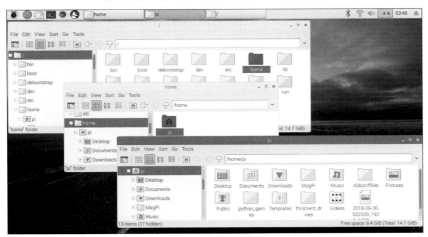

라즈비안의 기본적인 사용법은 여기까지입니다. 다음 장에서는 드디어 Java 프로그래밍에 대해 배웁니다.

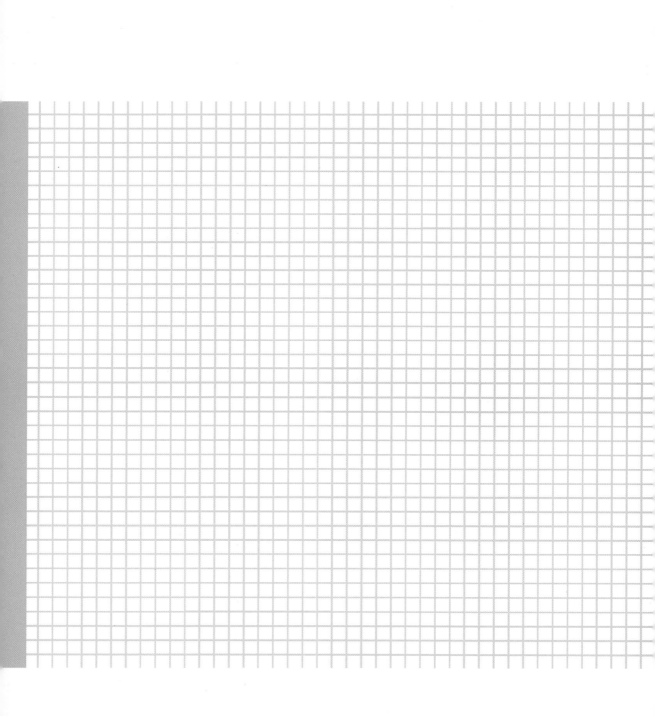

제 3 장

BLUEJ와 JAVA 사용법

라즈베리 파이에서 사용하는 프로그래밍 언어는 지금까지
파이썬(Python) 또는 스크래치(Scratch)가 일반적이었습니다.
그런데 최근에는 JavaScript 또는 Java로 작성한 코드도 작동시킬 수 있습니다.
이 책은 Java를 라즈베리 파이의 "BlueJ"라는 개발환경에서 다룹니다.
이 장에서는 먼저 도입에 대해 설명합니다.

BlueJ는 Java의 IDE(통합 개발환경)의 하나로, 다른 IDE와 비교했을 때 여러 가지 뛰어난 기능이 있습니다. 라즈비안에는 BlueJ가 기본적으로 설치되어있습니다. 설치가 필요한 경우에는 터미널에서 "sudo apt-get install bluej"를 실행하면 됩니다. 제3장에서는 BlueJ 개발 환경에서의 Java 프로그램 개발에 초점을 맞추고 설명합니다.

3.1 Java

BlueJ를 다루려면 먼저 Java에 대해 알고 있을 필요가 있습니다. BlueJ라는 개발 환경에서 Java 프로그램을 개발하는 것이므로 Java에 대해 알아봅니다.

Java 기술은 다음의 3가지 요소로 구성되어 있습니다.

① 프로그래밍 언어로서의 사양
② 프로그램을 개발하기 위한 개발 환경
③ 프로그램을 실행하기 위한 기술

- 컴파일러
- 프로그램을 실행하는 Java 가상머신(JVM : Java Virtual Machine)
- 자주 사용하는 작업을 미리 정리한 방대한 수의 라이브러리 군
  (API : Application Programming Interface)

일반적으로 이것들을 정리해서 "Java 플랫폼"이라고 부르고 있습니다. 그림 3.1.1에 그 구조를 나타냅니다.

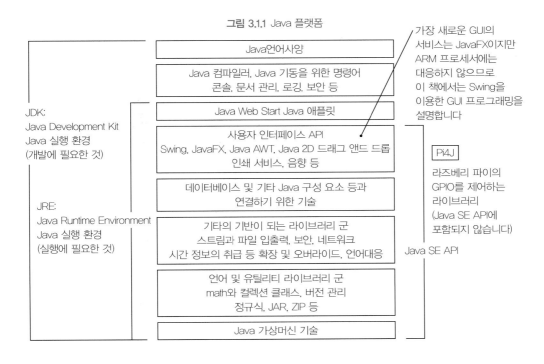

그림 3.1.1 Java 플랫폼

JDK:
Java Development Kit
Java 실행 환경
(개발에 필요한 것)

JRE:
Java Runtime Environment
Java 실행 환경
(실행에 필요한 것)

Java언어사양

Java 컴파일러, Java 기동을 위한 명령어
콘솔, 문서 관리, 로깅, 보안 등

Java Web Start Java 애플릿

사용자 인터페이스 API
Swing, JavaFX, Java AWT, Java 2D 드래그 앤드 드롭
인쇄 서비스, 음향 등

데이터베이스 및 기타 Java 구성 요소 등과
연결하기 위한 기술

기타의 기반이 되는 라이브러리 군
스트림과 파일 입출력, 보안, 네트워크
시간 정보의 취급 등 확장 및 오버라이드, 언어대응

언어 및 유틸리티 라이브러리 군
math와 컬렉션 클래스, 버전 관리
정규식, JAR, ZIP 등

Java 가상머신 기술

가장 새로운 GUI의
서비스는 JavaFX이지만
ARM 프로세서에는
대응하지 않으므로
이 책에서는 Swing을
이용한 GUI 프로그래밍을
설명합니다

Pi4J
라즈베리 파이의
GPIO를 제어하는
라이브러리
(Java SE API에
포함되지 않습니다)

Java SE API

Java 플랫폼에는 3가지 버전이 있습니다.

- Java SE(Standard Edition) – Java의 가장 기본적인 기능
- Java EE(Enterprise Edition) – 대규모 개발을 위한 기능
- Java ME(Micro Edition) – 휴대 기기, 모바일 기기 등의 임베디드 개발을 위한 기능

Java SE는 Java 언어로 개발하는 데 필수적인 기본 플랫폼이며, 라즈비안에는 이 Java SE의 최신 버전(문서 작성 시점 : 2018년 9월)인 Java SE 8이 설치되어있습니다.

그림 3.1.2 Java SE의 전체 이미지

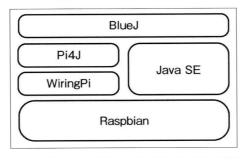

※ http://docs.oracle.com/javase/8/docs/의 그림을 단순화한 것입니다. 자세한 내용은 URL을 참조하십시오.

Java 프로그램의 실행은 컴파일러가 Java 소스 코드를 바이트 코드라는 중간언어로 변환하고 이를 Java 가상머신(JVM : Java Virtual Machine)으로 실행하는 구조입니다(그림 3.1.3).

JVM에는 "Machine(머신)"이라는 말이 붙어 있습니다만, 이것은 하드웨어 시스템이 아닌 명령을 실행하는 "머신"의 의미이며, 실제로는 운영체제상에서 움직이는 프로그램입니다. 이 가상 머신은 운영체제마다 준비되어 있습니다. 이는 다른 운영체제에서도 동일하게 작동하도록 보장되어 있습니다.

그림 3.1.3 Java 프로그램의 실행

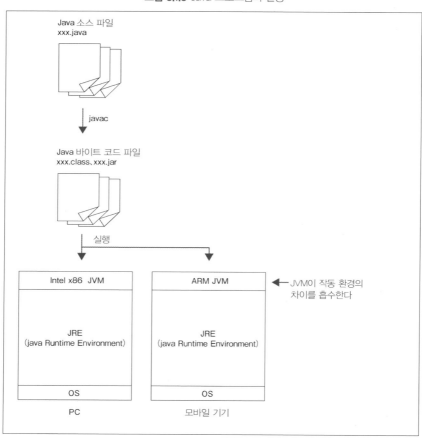

운영체제에 의존하지 않고 독립적인 형태로 작동된다는 것은 Java가 인터넷을 전제로 설계됐다는 것을 의미합니다. 인터넷 연결을 전제로 한다는 것은 특정한 운영체제에 의존하지 않고도 작동하는 것을 의미합니다.

3.2 객체지향

Java의 전체 구조를 살펴보았으니 이제 Java의 가장 큰 특징인 "객체지향"에 대해 살펴보겠습니다. 객체지향을 다시 복습하는 것은 BlueJ가 객체지향 프로그래밍을 학습하는데 우수한 교육용 도구이기 때문입니다.

 1 객체

"객체(object)"란 말은 실제로 프로그램의 설계를 해보지 않으면 이해하기 어려울 수 있습니다. 객체가 무엇인가 굳이 설명을 하자면 다음과 같습니다.

● "객체" = "데이터"와 "그 행동을 서술한 처리"를 모은 것

이 정의가 프로그래밍에 얼마나 도움이 되는지 모르겠지만, 쉽게 하나 예를 들어 본다면 "자동차 운전"입니다.

우리가 자동차를 움직일 때 액셀과 브레이크, 핸들 등을 조작하여 운전하지만, 엔진이나 바퀴를 직접 움직이는 것은 아닙니다.

또한, 자동차의 종류가 바뀌었다고 해서 운전 방법이 바뀌는 것도 아닙니다. 운전자는 자동차 및 각 부품이 어떤 구조로 움직이는지 알지 못해도 운전할 수 있습니다.

그리고 자동차가 운행될 때 세부 부품들의 '저것을 하면 다음은 이것을 한다.' 등의 흐름도로 표현되는 움직임은 운전자가 하는 것이 아닙니다.

핸들을 움직임으로 인한 모든 세부 부품들의 움직임까지도 '핸들의 움직임'으로 덩어리(하나의 객체)로 취급하고 있습니다. 액셀, 브레이크, 엔진 모두 마찬가지입니다. 즉, 하나의 물건(객체)으로 취급하고 있는 것입니다.

객체지향의 개념으로 생각하는 법은 프로그램 개발에서 대상을 이처럼 처리하자는 것입니다. 어쨌든 "하나의 물건"으로 취급하자는 것입니다.

2 클래스 및 인스턴스

Java에서는 객체지향 프로그래밍을 실현하기 위해서 "클래스(class)"라는 개념을 도입하고 있습니다. 클래스는 물건을 만들어 내기 위한 설계도입니다.

● 클래스 = 물건을 만들어 내기 위한 설계도

이것도 처음에는 이해하기 어려울 수 있겠지만, 클래스는 설계도이기 때문에 그 자체로 무엇인가 행동할 수는 없습니다. 그 때문에 실체를 별도로 생성해야 할 필요가 있습니다. 설계도에 의해 완성된 실체, 그것을 "인스턴스(instance)"라고 합니다.

● 인스턴스 = 클래스(설계도)에 따라 완성된 실체

그러면 Java의 경우 클래스가 어떻게 표현되고 있는지를 살펴봅시다. 다음 〈클래스 형식〉에 나열된 Java 형식에서 알 수 있듯이 Java의 클래스는 "필드(field)"와 "메소드(method)"로 구성되어 있습니다. 필드는 데이터이고 메소드는 기능입니다.

● Java 클래스는 필드와 메소드로 구성되어 있습니다.

〈클래스 형식〉

```
1   class 클래스 이름 {
2       필드1
3       필드2
4
5       메소드1
6       메소드2
7
8   }
9
10  필드의 서식
11  [한정자] 데이터형 변수 이름;
12
13  메소드 서식
14  [한정자] 반환 데이터 형식 메소드 이름(인수 1, 인수 2, ) {
15
16  }
```

※ 참고 : 이 책에는 설명을 위해 행 번호를 표시했습니다. 프로그램상의 의미는 없습니다.

Java의 형식은 데이터와 기능(조작)이 클래스라는 형태로 정리되고 있습니다. 즉, 하나의 모든 움직임을 덩어리로 취급하여 프로그래밍할 수 있는 것입니다.

C++도 Java처럼, 클래스로 객체지향을 실현하고 있습니다. 무엇보다 Java는 C++를 참고로 탄생한 프로그래밍 언어이기 때문에 서로 유사한 면이 있습니다.

그럼 클래스를 실제 프로그램으로 실행하기 위해 어떻게 해야 하는가 하면, 구체적인 이름을 붙여서 "객체(오브젝트)"로 만들어야 합니다. Java에서는 "new" 명령어로 "새로운" 객체를 만들 수 있습니다. 이처럼 클래스를 구체화한 그 실체가 인스턴스입니다. 바꾸어서 말을 하면, "클래스에 이름을 붙여 인스턴스화(구체화)해서 객체를 생성한다."라고 말하는 편이 실제 취급상 알기 쉬울 수 있습니다.

3 캡슐화

Java에서는 클래스가 필드와 메소드에 의해 "캡슐화(encapsulation)"되어 있지만, 이것만으로는 안전한 캡슐이라고 말할 수 없습니다. 누군가가 실수로 사용하고 싶지 않은 필드나 메소드를 사용할 가능성이 있기 때문입니다. 따라서 각각 어떻게 취급할 수 있는지를 미리 선언할 수 있습니다. public private protected가 이를 위한 키워드입니다. 자세한 것은 이후에 설명합니다.

4 상속

클래스의 기능으로서 "상속(inheritance)"이 있습니다. Java에서는 미리 만들어져있는 클래스의 기능을 상속할 수 있습니다. 프로그램은 다음과 같이 표현됩니다.

class A extends class B – 클래스A에 클래스B를 상속한다.(=기능을 갖게 한다)

여기에서 클래스B는 슈퍼 클래스, 클래스A는 서브 클래스라고 합니다.

5 오버라이드

서브 클래스를 만들 때, 슈퍼 클래스에 있던 메소드와 이름은 같으면서, 다른 기능을 하는 메소드를 만들 수 있습니다. 이것을 "오버라이드(override)"라고 말합니다. 이것은 소위 "덮어쓰기"라고 생각해도 좋습니다.

6 다형성

"다형성(polymorphism)"은 같은 메소드 이름이면서 객체의 종류에 따라 구분하여 사용할 수 있는 성질을 말합니다. 같은 메소드의 이름으로 여러 가지 기능을 수행 할 수 있는 장점이 있습니다. 예들 들면 같은 작업을 하는데 데이터의 형태가 다른 경우에도 그 형식에 맞추어서 처리 명을 달리 사용할 필요 없이 같은 이름으로 다룰 수 있으므로 단순한 설계를 하는 데 도움이 됩니다.

이러한 객체지향의 구조는 글의 설명만으로는 이해하기 어렵습니다. 이 책에서 채용한 BlueJ는 여기에 설명된 객체지향의 구조를 알기 쉽고, 실제로 프로그램을 설계할 수 있는 개발 환경입니다.

3.3 BlueJ를 사용해 보자

객체지향의 기본적인 개요를 알아보았으니 다음은 BlueJ의 기본적인 사용법 학습을 통해 Java의 특징에 대해 알아보겠습니다. BlueJ는 제2장에서 이미 설치되어 있을 것이기 때문에, 여기에서는 라즈비안의 메뉴에서 "BlueJ Java IDE"를 클릭하여 실행합니다.

그림 3.3.1 BlueJ 실행

BlueJ를 처음 실행하면 소프트웨어 향상을 위한 정보 제공에 대한 메시지가 표시됩니다. 취지를 이해한 후 허가를 하는 경우 "I agree..."를 클릭하고 허가를 하지 않으면 "No thanks"를 클릭하십시오. 어느 쪽을 선택해도 BlueJ는 실행됩니다.

그림 3.3.2 BlueJ 향상을 위한 정보 제공 메시지

● 새 프로젝트를 만들기

메뉴의 "Project"—"New Project"를 클릭하여 프로젝트를 만듭니다. 프로젝트를 만들 위치는 "pi"(사용자 이름) 디렉터리 아래이면 어디에도 괜찮습니다. 먼저 pi 디렉터리에 "BlueJ"라는 디렉터리를 만들어 두고 프로젝트를 거기에 만들겠습니다. 이번 프로젝트 이름은 "MyProjects"로 했습니다. "Create"를 클릭하면 프로젝트 이름의 디렉터리가 생성되며 기타 소스 파일 등도 거기에 포함됩니다.

그림 3.3.3 신규 프로젝트

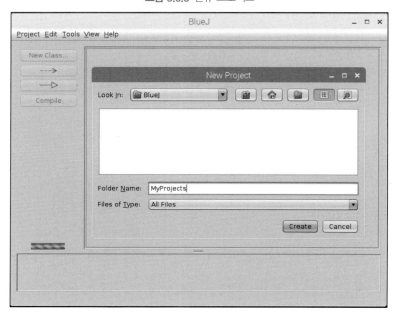

1 Hello World 메시지 표시해 보기

그러면 모든 프로그래밍의 첫걸음이라고도 할 수 있는 첫 번째 예제 "Hello World" 메시지를 표시해 봅시다.

● 새 클래스를 만들기

먼저 클래스를 만듭니다. "New Class" 버튼을 클릭하면 이름을 물어보는데 여기에는 "Hello"라고 합시다(그림 3.3.4).

그림 3.3.4 신규 클래스 작성

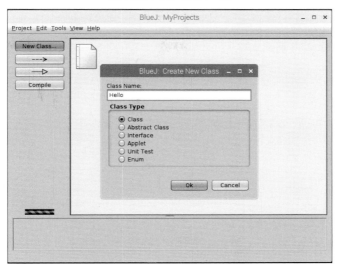

화면을 보면 노트와 같은 아이콘이 표시됩니다. 이것은 "readme.txt"라는 텍스트 파일로 여기에 프로그램의 이름과 저자, 내용을 적어 둡니다. 다른 사람에게 공개할 때나 자신의 메모와 같은 용도로 사용할 수 있습니다.

프로젝트는 서로 독립적인 클래스를 넣어도 상관없지만, 프로젝트라는 성격상 서로 관계하는 클래스를 넣게 됩니다.

화면의 "readme.txt" 아이콘의 오른쪽에 사선이 들어간 사각형 "Hello" 클래스가 표시됩니다.

그림 3.3.5 Hello 클래스

그러면 사각형 "Hello" 클래스 아이콘을 더블 클릭하여 내용을 엽니다. 열린 화면(그림 3.3.6)을 보면 신규 생성된 클래스 파일은 클래스의 스켈레톤(템플릿)이 준비된 것을 알 수 있습니다. 이 스켈레톤에 따라 코드를 작성해 가면 됩니다.

살펴보면 이 스켈레톤에는 인스턴스 변수, 생성자, 메소드의 예가 기록되어 있습니다.

그림 3.3.6 클래스의 스켈레톤(템플릿)

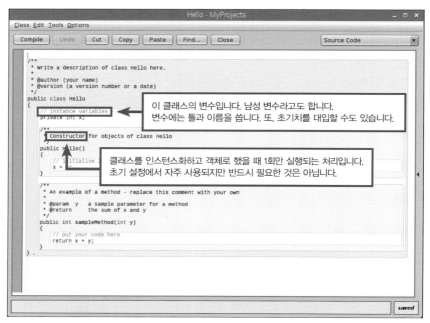

처음 BlueJ를 사용하는 사람이 주의해야할 것은, 다른 IDE의 스켈레톤과 달리, BlueJ의 스켈레톤에는 입문자를 위한 예제가 들어 있다는 것입니다. 게다가, 스켈레톤의 종류를 선택하지 못한다거나, 무엇을 하고 싶은지에 관계없이 같은 스켈레톤이 생성되어 버립니다. 이 예제는 구체적으로 "인스턴스 변수를 생성자에서 0으로 초기화하고 메소드에 값을 설정하면, x + y의 값을 반환 값으로 돌려준다."라는 내용으로 되어 있습니다.

스켈레톤의 코멘트는 "코드에 맞춰 설명을 다시 해주세요.", "메소드와 코멘트도 다시 작성해주세요."라고 쓰여 있어 무언가 필요한 것이 아닐까 생각할지도 모르지만 이러한 코드와 주석은 모두 필요하지 않습니다. 전부 삭제해도 괜찮습니다.

2 | ## "Hello World"라고 표시하는 프로그램을 만들어 보기

그러면 "Hello World"라고 표시하는 프로그램을 만들어 봅시다.

BlueJ의 스켈레톤을 사용하여 프로그램을 만들기 전에 앞에서 기술한 바와 같이 필요 없는 코드나 코멘트가 있으므로 스켈레톤의 첫 번째 코멘트

```
1    /**
2     * Write a description of class Hello here.
3     *
4     * @author(your name)
5     * @version(a version number or a date)
6     */
```

를 두고 "public class Hello" 아래의 줄을 프로그램 코드로 다시 작성하면 됩니다.

"Hello World"의 코드는 다음과 같습니다.

```
1    public class Hello
2    {
3      public void go()
4      {
5          System.out.println("Hello, World");
6      }
7
8      public static void main(String[] args)
9      {
10         Hello hi = new Hello();
11         hi.go();
12     }
13   }
```

그림 3.3.7은 갱신한 후의 화면입니다

그림 3.3.7 스켈레톤을 사용하여 코드를 다시 작성

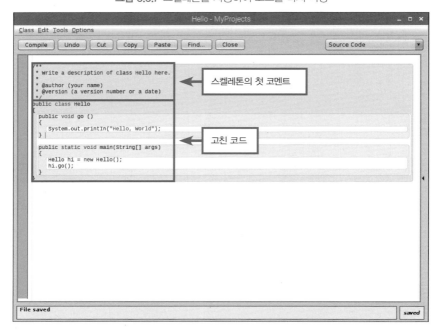

BlueJ의 경우는 스켈레톤에서 생성한 코드를 기반으로 클래스 파일을 이렇게 만들 수도 있다는 예로 작성해 보았습니다.

3 작성한 코드를 컴파일하기

코드가 작성이 되면 왼쪽에 있는 "Compile"이라 적혀있는 버튼을 클릭하십시오. 아래의 텍스트 상자에 "Class compiled – no syntax errors"라고 표시되면 컴파일 완료입니다.

만약 에러가 나온 경우는 해당 코드를 수정하십시오. 에러가 나온 부분은 빨간색으로 표시됩니다. 에러에 대한 코멘트도 출력되므로 수정은 쉽게 할 수 있을 것입니다.

코드를 보면 알 수 있지만, BlueJ의 편집기는 소스 코드에 색을 구분함으로써 어떤 괄호가 어떻게 둘러싸여 있는지 구조를 한눈에 알 수 있게 되어있습니다. 때문에 괄호가 떨어져 있거나 하는 흔히 행하는 실수 등을 초기 단계에 막아줍니다. 물론 원래의 위치가 아닌 곳에 처리가 들어가 있어도 바로 알 수 있습니다. 컴파일이 끝나면 파일을 저장합니다.

4 완성한 프로그램(클래스) 실행하기

자 그러면 완성한 프로그램을 실행해봅시다. 실행 방법은 실행하려는 클래스의 상자에 커서를 놓고 마우스 오른쪽을 클릭해서 수행합니다. 이번에는 "Hello" 클래스밖에 없으므로, "Hello"를 오른쪽 클릭합니다.

그림 3.3.8 실행하려는 클래스를 오른쪽 클릭하여 실행

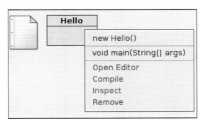

오른쪽 클릭하면 나타나는 실행 메뉴는 다음 2가지 입니다.

- new Hello0
- void main(String [] args)

① new Hello()
메뉴에 new Hello()가 있다는 것은 오른쪽 클릭으로 객체를 생성할 수 있음을 의미합니다. 클래스는 설계도이므로 개체 없이는 작동시킬 수 없음을 기억하십시오.
그러면 new Hello()를 선택하십시오. 왼쪽 아래에 빨간색 상자가 생깁니다. 다시 거기서 마우스 오른쪽 단추로 void go()를 선택하십시오. 같은 결과가 나타날 것입니다(그림 3.3.9). 이 방법에 대해서는 좀 더 나중에 설명합니다.

② void main(String [] args)
void main(String [] args)을 선택해봅시다. 터미널 창에 "Hello, World"라고 표시되면 작업 완료입니다.

여기에서 만든 샘플은 BlueJ 프로젝트에 있는 Hello 프로젝트와 정확히 같은 것입니다. 맨땅에서부터 작성하는 것으로 이 예제를 사용해 보았는데 잘 이해되셨습니까?

그림 3.3.9 실행결과

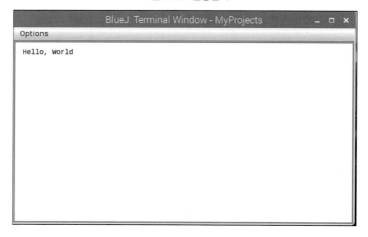

● **main 메소드란**

여기서는 main 메소드에 대해 보충 설명합니다.

main 메소드는 메소드 안에서 특별한 존재입니다. 모든 프로그램은 main 메소드의 실행과 함께 시작된다고 약속되어 있습니다.

```
1 │ public static void main(String[] args)
2 │ {
3 │     처리를 쓴다.
4 │ }
```

main 메소드는 그 이름이 자주 등장합니다. 제일 우선이 되는 메소드임을 기억해둡시다.

칼럼 3.1 **클래스의 인스턴스에 대해**

통상 Java 프로그램은 프로그램에서 다루는 다양한 것(예를 들어 제4장에서 다루는 GUI나 GPIO, LED, 센서 등)의 특징과 행동을 클래스로 정의해두고, 실제로 취급할 때 고유의 이름으로 인스턴스화 (구체화)합니다. 하나의 클래스에서 여러 개체를 생성할 수 있습니다.

그러나 라즈베리 파이의 라이브러리에서 GPIO는 핀 번호마다 클래스가 준비되어 있으며, 하나의 클래스에 하나의 인스턴스밖에 생성할 수 없도록 되어있습니다. 이러한 구조를 "싱글톤(Singleton) 패턴"이라고 하는데 이는 프로그래밍에서 자주 사용되는 "디자인 패턴" 중 하나입니다.

3.4 BlueJ의 편리한 기능을 사용해 보자

BlueJ 사용법은 대체로 알았으니, BlueJ를 더욱 편리하게 사용하는 방법을 소개합니다. BlueJ는 Java에 의한 객체지향 프로그래밍을 하는 데 있어, 여러 가지 방법을 결합합니다. 바로 전의 예제를 통해 어느 정도 알 수 있으셨지 않을까 합니다.

BlueJ 개발자 측의 설명에 따르면 교육용으로 사용할 수 있지만, 개발용으로도 설계되어 있다고 합니다. 필자의 생각입니다만, 개발용으로는 대규모 설계에는 적합하지 않고, 소규모 설계용이나 다른 소프트웨어와 연계하는 설계에 적합하다는 인상을 받습니다. 반면에 교육용으로 생각한다면, 상당히 우수하다고 말할 수 있습니다.

고기능의 도구는 많은 기능을 갖고 있지만 좀처럼 숙련되기까지 어렵다는 단점이 있는데, BlueJ는 기능은 적지만 당장 시작할 수 있으므로 객체지향 자체를 이해하는 부분에 있어서는 아주 좋은 장점을 갖고 있다고 할 수 있습니다.

BlueJ는 BlueJ Projects에 샘플이 몇 가지 미리 준비되어 있어서 각 기능을 바로 확인할 수 있습니다. 물론 Java를 통해 객체지향의 이해를 돕도록 사용할 수도 있습니다.

또한, 제공되는 샘플 코드에 영어로 코멘트가 적혀있습니다. 다소 수고스럽겠지만, 영어 코멘트도 한번 읽어보세요.

1 샘플 picture 프로젝트를 열고 객체 생성하기

그러면 BlueJ에서 샘플로 제공해준 것을 이용하여 편리한 사용법을 학습해 보겠습니다. 우선 picture 프로젝트를 여십시오(그림 3.4.1). 모든 샘플은 부록 자료를 다운로드하여 이용하세요. MicroSD 카드를 이용할 시 오류가 날 수 있으므로, 메일을 통한 전송을 추천드립니다. 저장 위치는 편한대로 설정하세요.

처음 picture 프로젝트를 사용하는 경우에는 "컴파일" 버튼을 클릭하여 컴파일해 주세요. 클래스의 아이콘에 사선이 걸려있는 것은 컴파일되지 않았다는 표시입니다. 컴파일하면 사선이 사라지므로 바로 확인할 수 있습니다.

이 picture 프로젝트의 Picture 클래스는 Circle(동그라미) 클래스, Square(사각형) 클래스, Triangle(삼각형) 클래스 총 3개의 클래스를 준비해 그림을 그리는 기능을 합니다.

BlueJ 화면의 점선은 소유 관계를 나타내는 것이므로, Picture 클래스가 각각의 클래스를 사용하고 있는 것으로 이해해도 괜찮습니다.

그림 3.4.1 picture 프로젝트

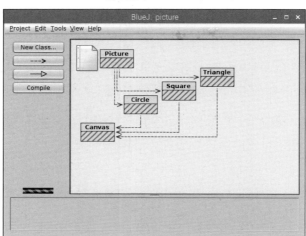

잠시 시간을 내어서 Picture 클래스의 코멘트만 한번 보겠습니다.

```
1   /**
2    * This class represents a simple picture. You can draw the picture using
3    * the draw method. But wait, there 's more : being an electronic picture, it
4    * can be changed. You can set it to black-and-white display and back to
5    * colors(only after it 's been drawn, of course)
6    *
7    * This class was written as an early example for teaching Java with BlueJ.
8    *
9    * @author Michael Köllingand David J. Barnes
10   * @version 1.1(24 May 2001)
11   */
```

코멘트를 보면 이 샘플이 draw 메소드를 사용하여 그리는 것으로 기술되어 있습니다. 그러나 무엇보다 재미있는 것은, 이 샘플이 흑백 디스플레이도 가정하고 있는 것입니다. 실제로 코드도 컬러와 흑백을 선택할 수 있게 되어있습니다. 저자의 날짜를 보면 2001년, 즉, 그만큼 옛날에 만든 샘플이라는 것입니다.

● 개체의 생성 및 실행

그럼 작동시켜 봅시다. Picture 클래스를 마우스 오른쪽 클릭하고 new Picture()를 선택하여 객체를 생성합니다. 그리고 생성된 객체를 마우스 오른쪽 클릭하여 void draw() 메소드를 선택하십시오.

그림 3.4.2와 같이 "BlueJ Shapes Demo"라는 창이 표시되고, 거기에 그림이 그려져 있을 것입니다. 코드를 보면 알 수 있지만 이런 그림을 그리기 위해 각 클래스가 존재하는 것입니다.

그림 3.4.2 picture 실행결과

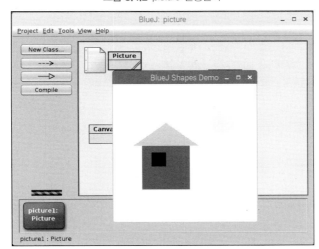

● 인스펙트

그러면 이 프로그램을 예제로 사용하여 인스펙트(inspect)를 시도해 보겠습니다. 우선 앞면에 그려져 있는 정보를 한 번 삭제합니다. "Tools"—"Reset java Virtual Machine"을 수행하십시오. Picture 클래스 정보는 객체를 지워도 남아 있기 때문입니다. BlueJ를 종료하고 다시 시작해도 괜찮습니다.

그리고 Circle 클래스, Square 클래스, Triangle 클래스의 객체를 각각 생성합니다.

그림 3.4.3 각 클래스의 객체 생성

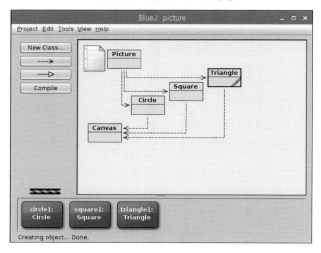

기본적으로 객체를 생성해도 눈에 보이지 않는 형태로 되어있습니다. 따라서 눈에 보이도록 void makeVisible() 메소드를 실행해주세요. 하단에 생성된 각각의 객체에서 마우스 오른쪽 클릭하고 "void makeVisible()"을 선택합니다.

그림 3.4.4 메소드의 실행

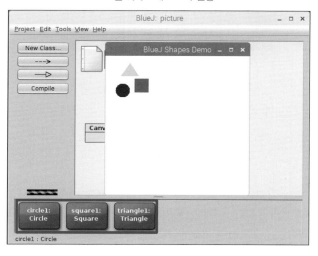

그림 3.4.4의 상태가 기본 위치입니다.

예를 들어 Square 개체만 void moveRight() 메소드를 3회 실행시켜 봅니다.

그림 3.4.5 moveRight 메소드의 실행

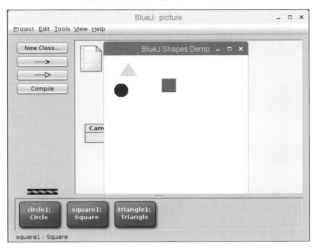

실행하면 사각형만 이동한 것을 알 수 있습니다. 여기에 어떤 값이 들어있는지 확인하려면 Square 개체를 마우스 오른쪽 클릭하고 팝업 메뉴에서 인스펙트를 선택해서 열어주세요 (그림 3.4.6, 그림 3.4.7).

그림 3.4.6 Square 객체의 팝업 메뉴

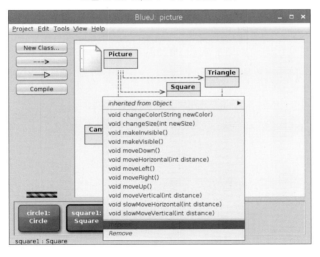

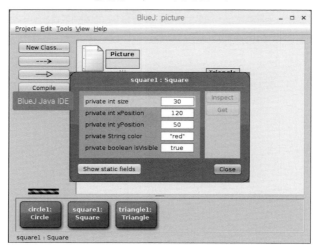

그림 3.4.7 Square 객체의 인스펙트

Square 객체의 현재 설정된 정보가 창에 표시됩니다. 이렇게 하여 설계자가 예상한 값이 들어있는지를 인스펙트 기능으로 확인할 수 있습니다.

2 디버깅 기능 사용하기

위와 같이 복잡한 프로그램이 아닌 한 객체를 생성하고 인스펙트를 사용하는 것만으로도 상당한 것을 할 수 있습니다. 그러나 이것만으로는 오류의 원인을 추적할 수 없는 경우도 있습니다. 그때 사용할 수 있는 것이 디버깅 기능입니다.

BlueJ의 디버깅 기능은 다음과 같이 준비되어 있습니다.

1. 브레이크 포인터 설정
2. 단계 실행
3. 변수 인스펙트

그러면 디버깅을 해 봅시다. 디버깅용 샘플도 준비되어 있으므로 이를 사용합니다. 그럼 debugdemo 프로젝트를 열고 컴파일을 합니다.

그림 3.4.8 debugdemo 프로젝트

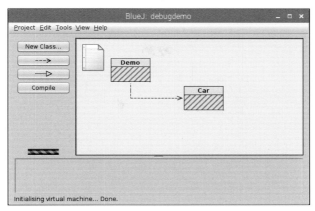

Demo 클래스를 두 번 클릭하여 편집기를 열고 "Compile"한 뒤 소스 코드 행의 맨 왼쪽 위치에서 클릭하면 STOP이라는 아이콘으로 중단행이 표시됩니다. 여기에서는 Demo 클래스의 loop 메소드에 있는 sum = sum + i 행에 브레이크 포인트가 놓여 있습니다.

그림 3.4.9 브레이크 포인트

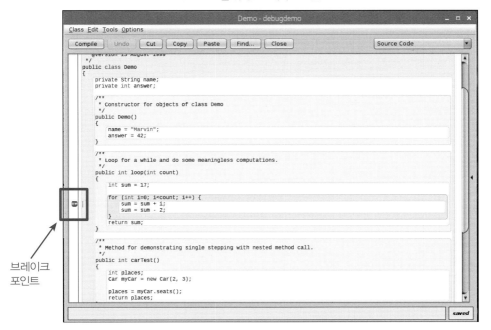

브레이크
포인트

그러면 이제 실행해 봅시다. Demo 클래스의 객체를 생성하고 메소드 int loop(int count)를 호출하여 "10"을 설정합니다(그림 3.4.10). 이 설정은 loop 메소드의 count가 10이 되면 중단합니다. "확인" 버튼을 누르면 브레이크 화면에 디버거 창이 나타납니다(그림 3.4.11).

그림 3.4.10 브레이크 설정 화면

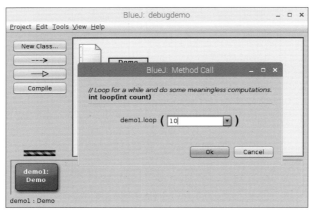

그림 3.4.11 브레이크 화면

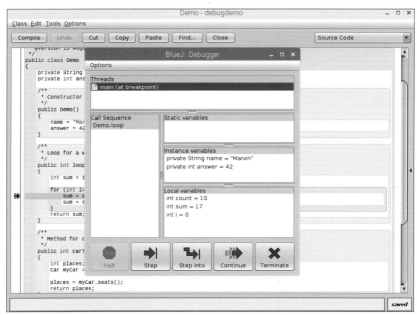

브레이크 화면에는 브레이크가 걸렸을 때의 상태가 표시되어 있습니다. 브레이크가 걸린 행에 화살표가 표시되고 라인이 강조되는 것을 확인할 수 있습니다.

이 메소드는 반복하기 때문에 다음 단계 실행(Step)을 해봅시다. 단계 실행 버튼을 여러 번 눌러보세요. 단계 실행은 브레이크 포인터와 관계없이 한 행마다 중단하는 것이기 때문에, 화살표가 한 줄씩 반복하여 sum의 값도 변화하고 있는 것을 디버그 터미널 화면을 통해 확인할 수 있습니다. 또한, 변수 인스펙트도 자동으로 할 수 있는 것을 알 수 있습니다.

그림 3.4.12 스탭 실행

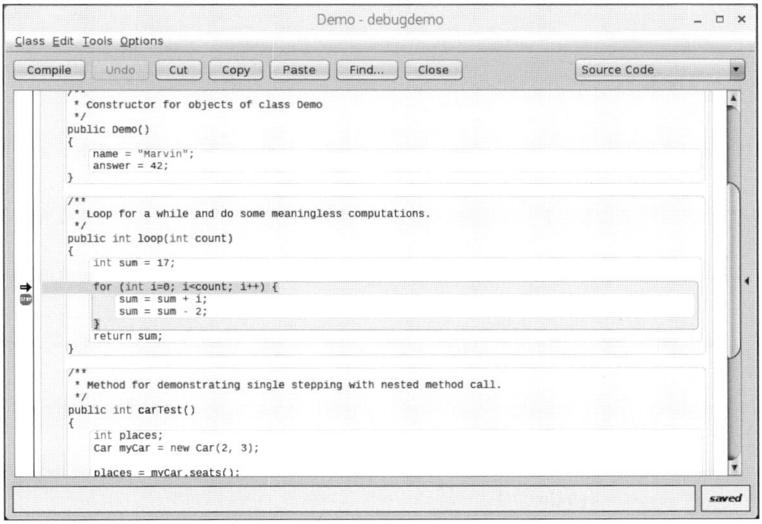

3 상속 기능 사용하기

BlueJ와 다른 IDE(통합 개발환경)를 비교하여 BlueJ가 압도적으로 우수하다고 생각하는 점은 객체지향의 상속 관계 및 종속성을 시각화할 수 있다는 것입니다. 이 기능은 프로그램 코드뿐만 아니라 객체지향을 의식한 형태로 쉽게 파악할 수 있습니다. 이것이 BlueJ가 교육용으로도 뛰어난 이유 중 하나라고 할 수 있습니다.

상속된 클래스를 만드는 경우 extends와 implements 같은 키워드를 사용하지만, BlueJ는 그림을 사용하여 상속 관계를 명시함으로써 코드 변경을 할 수 있습니다.

그럼 다시 picture 프로젝트를 엽니다. 이 예제는 굳이 상속 관계를 만들 필요가 없습니다만 여기에서는 학습의 목적으로 Picture를 상속하는 "SubPicture"라는 클래스를 새롭게 만들어 보겠습니다.

새 클래스를 만든 후 실선 화살표를 클릭하여 SubPicuture 클래스와 Picture 클래스를 실선 화살표로 연결하십시오(그림 3.4.13).

그림 3.4.13 상속 관계

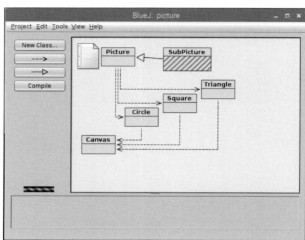

그리고 나서 코드를 살펴봅시다. SubPicture 클래스를 두 번 클릭하여 보면

```
public class SubPicture extends Picture
```

라는 코드로 변경되어 있을 것입니다.

코드 패드 사용하기

BlueJ의 기본 창에 표시되지 않지만, 코드 패드라는 편리한 기능이 있습니다. "View" 메뉴에서 "Show Code Pad"를 선택하십시오. 화면 오른쪽 아래에 코드 패드가 표시됩니다(그림 3.4.14).

코드 패드 사용방법은 이름 그대로 코드를 이 화면에서 직접 적용해 볼 수 있는 기능입니다. 시험으로 Picture의 예제를 사용해 보도록 합시다. Circle 클래스의 객체를 생성하고, 보일 수 있도록 void makevisible() 메소드를 실행합시다.

파란 동그라미가 기본 위치에 나와 있습니다. 이 동그라미를 오른쪽으로 이동하려면 객체를 오른쪽 클릭하여 void moveRight() 메소드를 선택했었습니다.

실제 코드에서는 어떻게 구현해야 할까요? 그렇습니다. 개체이름을 사용하여 "circle1.moveRight();"를 적용하면 됩니다. 이 코드를 코드 패드에 붙여 넣고서 리턴을 해주세요(그림 3.4.15). 화면에 보이는 원이 오른쪽으로 이동한 것을 알 수 있습니다.

그림 3.4.14 코드 패드 보기

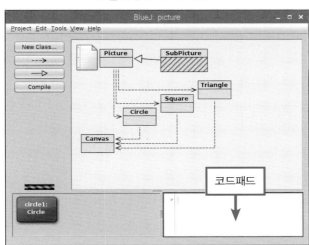

그림 3.4.15 코드 패드를 사용

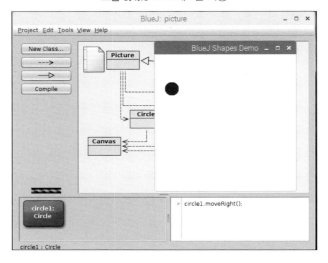

Java 코드 자체를 코드 패드에서 적용해 볼 수 있으며, 여기에서 예로 사용해 본 것 같이 객체를 생성하고 코드를 작동시킬 수도 있습니다. 코드 패드는 BlueJ 특유의 편리한 기능 중 하나입니다.

칼럼 3.2 BlueJ와 명령어 라인

BlueJ는 객체지향 프로그래밍을 시각적으로 실행할 수 있게 되어있습니다. 기능뿐만 아니라 디버깅도 객체 단위, 메소드 단위로 확인할 수 있어서 매우 편리하고 친절합니다.

대규모 프로그램, 특히 임베디드 프로그램에서는 방대하고 복잡한 움직임에 대응하기 위해 모델링 도구를 도입하고 있습니다. 이 모델링 도구는 모든 것을 모델링하여 클래스 다이어그램뿐만 아니라 모델 다이어그램 등 UML(Unified Modeling Language) 표준으로 설계할 수 있도록 만들어져있습니다. 이 도구를 사용하면 BlueJ처럼 시각적으로 설계할 수 있습니다. 하지만 BlueJ가 모델링도구와 다른 점은 코드가 자동으로 생성되는 것이지요.

그런 의미에서, BlueJ는 모든 명령어 라인 편집기로 설계하는 기존의 방식과 모델링 도구를 사용하는 방식의 중간에 위치하는 것으로 간주합니다.

이 책의 후반부에서는 Web 서버 기술을 도입하고 있습니다. BlueJ의 사용법을 배웠지만 유감스럽게도 Web 애플리케이션을 만들기에 충분한 도구는 아닙니다.

예를 들어 제5장에 등장하는 Web 컨테이너인 Tomcat 등은 정해진 폴더에 각각의 프로그램을 넣고, 작동할 수 있도록 설정 파일 몇 개를 다시 작성하거나 추가할 필요가 있습니다. import 하는 라이브러리도 표준적인 것이 아니므로 실제로 올바른 라이브러리를 로드할 수 있을지 없을지도 확인할 필요가 있습니다.

제5장 TIPS에 써두었습니다만, CLASSPATH의 번거로운 점은 시스템을 디버깅해 보면 바로 느낄 수 있습니다. 예를 들어, 다음 컴파일

```
javac -classpath .:classes:/opt/pi4j/lib/pi4j-device.jar TempSql.java
```

에서는 CLASSPATH가 올바르게 설정되어 있는지가 컴파일의 전제로 되어있습니다. 그런데 javac 명령어로 컴파일할 수 있는 것은 여기에 명시하지 않은 CLASSPATH의 설정 파일이 올바를 때뿐입니다. 이런 경우 사용하는 라이브러리를 바르게 설정하여 컴파일해야 합니다. BlueJ에는 이러한 번거로움이 없을 때만 제대로 작동하므로 복잡한 라이브러리가 포함된 프로그래밍 구현에는 적합하지 않습니다.

3.5 BlueJ로 유닛 테스트를 해보자

"유닛 테스트(Unit Test)"가 무엇이다 라고 단번에 설명하기는 어렵습니다. C에서의 단위 테스트와 유사하지만 다른 점이 있습니다. 클래스 단위에서의 테스트인 것은 같지만, 테스트 그 자체를 클래스로 코드에 포함하여 코드로서 각 클래스의 움직임을 보장하려는 것입니다.

BlueJ는 JUnit이라는 Java 유닛 테스트와 같은 테스트 유닛 도구가 있습니다. 기본적으로 이 도구는 무효로 되어있으므로 먼저 유닛 테스트를 사용할 수 있도록 설정하고 예제로 people 프로젝트를 열고 Student 클래스에 대한 유닛 테스트를 해보겠습니다. 모든 샘플은 부록 자료를 다운로드하여 이용하세요. MicroSD 카드를 이용할 시 오류가 날 수 있으므로, 메일을 통한 전송을 추천드립니다. 저장 위치는 편한대로 설정하세요.

1 테스트 유닛 도구 설정하기

먼저 "Tools"—"Preference" 메뉴를 선택하고 "interface" 탭으로 이동해 "Show unit testing tools" 옵션에 체크를 하고 "OK" 버튼을 클릭하십시오.

그림 3.5.1 테스트 유닛 도구 설정

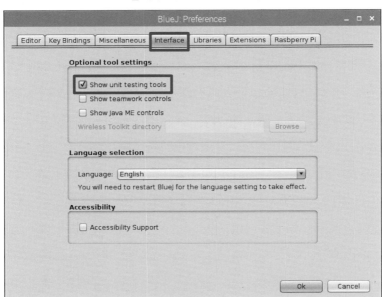

"Run Tests" 버튼과 "recording" 등의 기능이 표시됩니다(그림 3.5.2). 다음은 Student 클래스를 오른쪽 클릭하여 "Create Test Class"를 선택하십시오(그림 3.5.3). 그러면 Student 클래스 뒤에 색이 다른 아이콘으로 새로운 클래스가 생깁니다.

그림 3.5.2 테스트 유닛 도구 표시

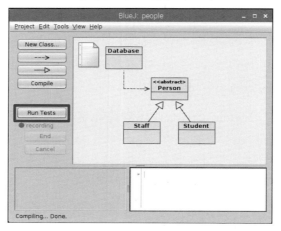

그림 3.5.3 테스트 클래스 작성

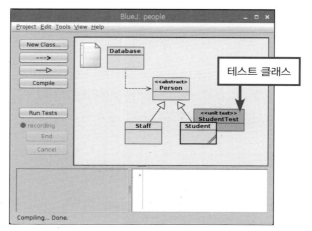

2　테스트 메소드 작성하여 실행하기

자 준비됐습니다. 그럼 테스트 패턴을 만들어 봅시다. StudentTest 클래스를 마우스 오른쪽 클릭해 "Create Test Method…"를 선택합니다(그림 3.5.4).

그림 3.5.4 새로운 테스트 메소드

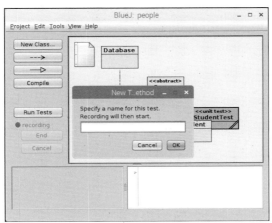

테스트 메소드 이름을 입력하라는 메시지창이 뜨면 Test라고 입력해 둡니다. 그러면 "recodring"이라는 곳이 빨간색으로 표시됩니다.

그림 3.5.5 기록

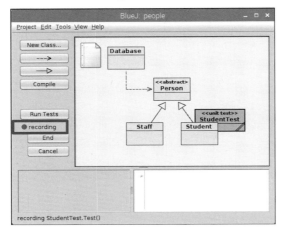

이제부터 테스트 패턴을 다양하게 입력해 나갈 것입니다. 종료 버튼을 누르지 않는 한 입력한 모든 것들이 기록됩니다.

그럼 테스트 패턴을 넣어 보겠습니다. Student 객체를 생성합니다. 개체에서 "inherited from Person"—"voidsetName"을 선택하고 "bluej"라고 이름을 설정합니다.

그대로 문자를 입력하는 것이 아니라, 큰따옴표를 붙이지 않으면 문자열로 인식해 주지 않으므로 주의가 필요합니다.

그림 3.5.6 setName 메소드 값 설정

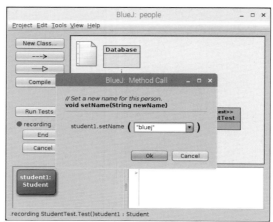

다음은 "inherited from Person"—"StringgetName"을 선택하십시오. 메소드 반환 값 대화 상자가 열립니다.

그림 3.5.7 getName 메소드 반환 값

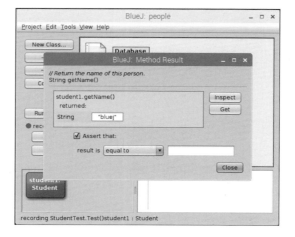

getName()의 반환 값이 "bluej"로 되어있는 것을 알 수 있습니다. 여기에서 Assert로 같은 값 "bluej"를 설정합니다.

그림 3.5.8 Assert 설정

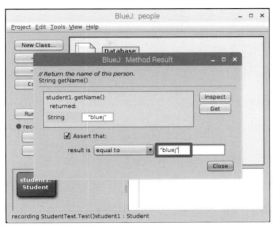

setName에 "bluej"를 설정하고 getName을 호출했을 때 "bluej"가 돌아오면 옳다는 Assert를 기록하고 있는 것입니다. 이것은 확실히 올바른 설정이므로, 하는 김에 여기에서는 일부러 오류가 나는 Assert도 설정해 봅시다. 다시 한 번 getName를 호출하고 일부러 잘못된 기댓값으로 "redj"를 설정합니다(그림 3.5.9).

그림 3.5.9 오류가 나오는 Assert 설정

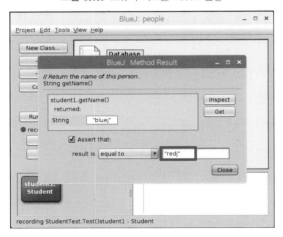

recoding에서 "End" 버튼을 클릭해 기록을 종료합니다. 기록을 종료하면 테스트 클래스의 컴파일이 이루어집니다. 그리고 "Run Test" 버튼을 클릭하십시오. 테스트 결과 창이 열립니다.

그림 3.5.10 테스트 결과

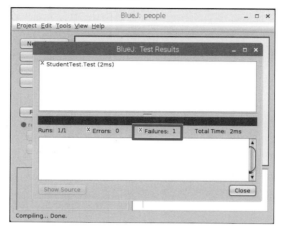

결과를 보면, 무엇인가 실패(Failures)하고 있는 것 같습니다. StudentTest.Test를 클릭하면 아래에 실패 내용이 자세히 표시됩니다.

그림 3.5.11 테스트 결과 내용

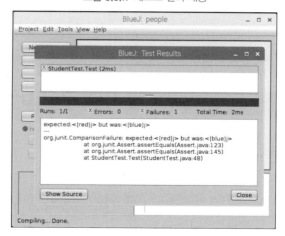

테스트 결과의 내용을 보면 "expected:⟨[redj]⟩ but was:⟨[bluej]⟩"라고 되어있습니다. [redj]라는 이름을 기대했지만, 결과는 [bluej]였다는 내용입니다. 일부러 에러가 나오는 Assert를 설정했으니 당연한 결과입니다.

지금까지 한 것은 Assert 기록을 하고, 그것을 종료하고 실행하는 진행이었습니다. 이제 테스트 유닛 소스를 살펴봅시다. 테스트 결과 창의 "Show Source"를 클릭합니다. 소스 코드는 다음과 같이 되어있습니다.

```
1    public void Test()
2    {
3        Student student1 = new Student();
4        student1.setName("bluej");
5        assertEquals("bluej", student1.getName());
6        assertEquals("redj", student1.getName());
7    }
```

방금 기록한 내용이 그대로 코드로 대체되어 있는 것을 알 수 있습니다. 이렇게 테스트 클래스를 작성하고 실행시킴으로써 기대 값을 보장하는 것입니다.

이것을 회귀 테스트라고 하는데 코드 변경을 하더라도 그 영향이 그 클래스의 결과에 나와 있는지를 클래스마다 확인하려고 하는 것입니다.

여기에서의 테스트 메소드는 테스트 코드를 그대로 내부에 포함시킵니다. 그리고 오류 (Failure)가 일어난 줄에 화살표와 색으로 표시가 되어있습니다(그림 3.5.12). 이렇게 하여 오류를 일으키는 행을 바로 찾아 갈 수 있습니다.

그림 3.5.12 오류 행

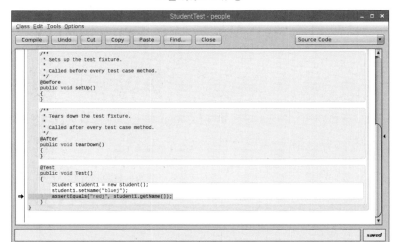

칼럼 3.3 안드로이드 프로그램 개발에 대해

Java 환경에서의 임베디드 소프트웨어 개발이라고 하면 J2ME(Java2 Micro Edition)가 대세였지만, 현재 임베디드 개발에서는 J2ME이 아닌 안드로이드(Android)가 스마트 폰을 비롯해 주류를 이루고 있습니다.

안드로이드를 스마트 폰 운영체제라는 이미지로 알고 있는 사람이 많습니다만, 실은 그림 1과 같은 구조를 모두 안드로이드라고 합니다. 이해하기 어려운 단어가 나열돼있을 수 있지만 스마트 폰에 특화한 것은 애플리케이션 일부에 지나지 않습니다.

안드로이드는 먼저 휴대 전화에서 사용하는 것을 의식해 설계되었다는 점도 있지만, 휴대 전화 시장에서 인정받아 왔기 때문에 휴대 전화 운영체제로 간주해왔던 것입니다. 휴대 전화(피처폰)의 개발 비용은 막대한데도 그 개발 투자를 회수하지 못하면서 그만큼의 숫자도 팔리지 않았기 때문에 결국 피처폰 회사는 많이 철수하고 말았습니다.

후속 스마트 폰에 대해서도 같은 점으로 피처폰 이상의 개발 비용이 소요됩니다. 거기에 안드로이드의 존재 가치가 있습니다. 안드로이드는 모두 공개되어 있으며, 기본적으로는 무료로 제공되고 있기 때문에 업체들은 스마트 폰의 사용자 인터페이스 등의 외형 개발에 주력할 수가 있습니다.

그런데, 여기에서 안드로이드의 이야기를 하는 데는 이유가 있습니다. 그것은 이 계층화 되어있는 사용자 인터페이스 등의 애플리케이션 부분은 지금까지 얻은 Java의 지식으로 만들 수 있기 때문입니다. 안드로이드를 기획 설계한 구글은 Java를 기획 설계한 오라클사의 인증을 받지 않았기 때문에 Java라는 말을 별로 사용하지 않지만, 개발자 관점에서 보면 Java 그 자체입니다.

그림 1 안드로이드 아키텍처

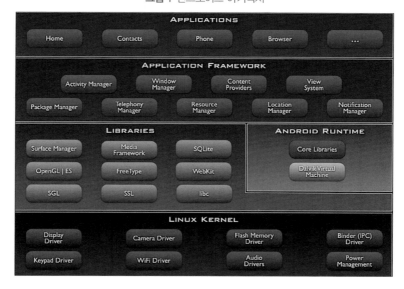

안드로이드 애플리케이션은 Java 그 자체라고 이야기를 했었는데, 안드로이드 개발환경도 Java와 같은 환경으로 갖추어져 있습니다. 통합 개발환경(IDE)에서 유명한 Eclipse에서의 개발도 가능하게 되어있습니다. 최근에는 구글 제공의 통합 개발환경인 안드로이드 스튜디오 IDE를 사용하는 편이 많아지고 있습니다.

그림 2 안드로이드 스튜디오 IDE

이 책에서는 지금까지 Java 프로그램의 기초를 배우기 위해 Java에 대해서 설명을 해 왔습니다. 그러나 이러한 안드로이드 스튜디오 IDE 같은 개발 도구를 사용하면 지능형 편집기를 사용할 수 있습니다. 이것을 사용하여 무엇을 하고 싶은지 설정하면, 순식간에 클래스 파일의 소스 코드가 자동으로 표시됩니다.

또한, 구문이 틀리거나 어떤 클래스를 추가할 수 있는지 등의 후보까지도 알려줍니다. API를 일부러 찾는 대신 어떤 종류가 있는지 친절하게 도움말까지 보여줍니다.

소프트웨어는 작성하는 것보다 디버깅이 더 힘든 것이 일반적입니다. 안드로이드 개발에서는 스마트 폰에 구현하는 것도 그렇지만, 일일이 메모리에 굽는 것도 힘들고 어디에 이상이 있는지도 좀처럼 알기가 어려웠습니다. 실제로 개발 현장에서는 개발자 모두가 양산 이전의 비싼 프로토타입 기계를 대여하는 등 전혀 현실적이지 않습니다.

이러한 비효율성, 비현실적인 것을 피하고자 안드로이드에서 에뮬레이터라는 가상의 안드로이드 시스템을 사용할 수 있게 개발되었습니다. 이러한 도구를 사용하면 지식이 없어도 안드로이드를 어느 정도 작동시킬 수 있습니다.

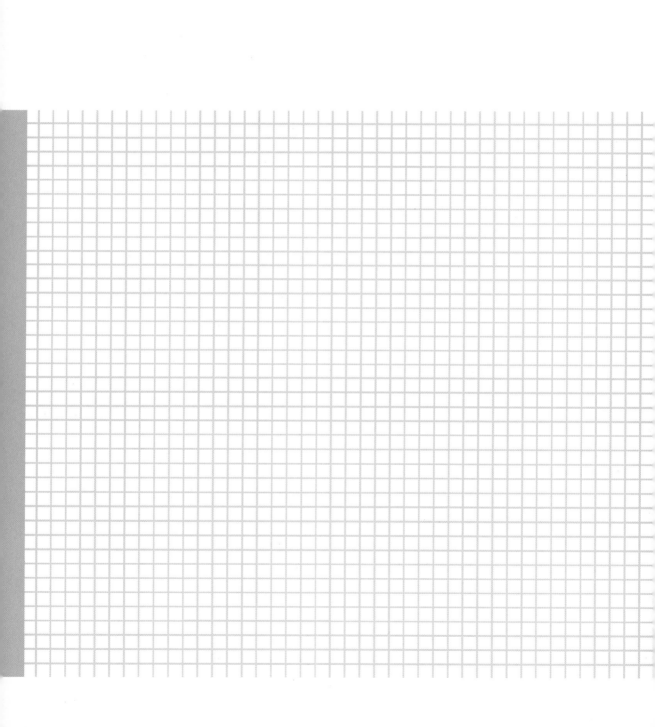

제 **4** 장

JAVA 복습

제3장에서 "Hello World"를 무사히 표시하였습니까?
이 장에서는 Java 문법을 복습하고,
GUI 키트인 Swing의 사용법도 설명합니다.
"Java 정도는 문제없지! 이제 기본 문법은 불필요해"라는 사람도,
Swing을 모른다면 한번 읽어 볼 가치는 있습니다.

독자 여러분은 BlueJ를 이미 사용했으므로, Java에 대한 지식을 이미 어느 정도 지닌 것입니다. 그러면서도 아직 익숙하지 않은 독자를 위해 이 장에서는 Java 자체에 대해 좀 더 자세히 살펴보도록 합니다.

이 책은 필요하다고 생각되는 지식을 중점적으로 설명하고 있으므로, Java의 모든 것을 담고 있지는 않습니다. Java에 대해서 자세한 것을 알고 싶은 독자는 다른 Java 프로그램 입문서를 참조하십시오.

4.1 Java 문법의 기초

여기에서는 Java 문법의 기초에 대해 정리했으니 재확인해둡시다.

1 클래스와 메소드

클래스는 비유해 말하면 설계도에 해당합니다. 클래스는 필드와 메소드로 구성되어 있습니다. 필드는 데이터이며, 메소드는 기능입니다. 다음으로 클래스, 필드, 메소드의 형식을 확인해 봅시다.

● 클래스 형식

```
class 클래스 이름 {
    필드1
    필드2

    메소드1
    메소드2
}
```

- 필드의 서식

[한정자] 데이터타입 변수 이름;

- 메소드의 형식

[한정자] 반환 데이터타입 메서드 이름(인수 1, 인수 2,) {

}

- main 메소드

main 메소드는 가장 처음에 실행되는 것으로 약속되어있는 메소드입니다.

```
public static void main(String args[]) {

}
```

2 문자와 문자열

Java에서는 문자와 문자열을 다른 것으로 간주합니다. 다음 형식으로 표현됩니다.

- 문자리터럴　'a'(싱글 따옴표)
- 문자열　　　"Hello"(더블 따옴표)
- 문자코드　　'a' = 0x8061(16진수 표시)

3 데이터 타입

데이터는 비트 수와 종류마다 "타입"으로 구분됩니다. 변수를 사용할 때는 그 변수에 어떤 데이터를 대입하거나 타입을 결정합니다.

이름	크기	내용	표현할 수 있는 범위
boolean	1비트	논리값	true나 false 두 값
byte	8비트	부호 있는 정수	−127 ~ 128
short	16비트	부호 있는 정수	−32,768 ~ 32,767
int	32비트	부호 있는 정수	−2,147,483,648 ~ 2,147,483,647
long	64비트	부호 있는 정수	−263 ~ 263−1
char	16비트	Unicode의 문자	\u0000 ~ \uFFFF
float	32비트	부동 소수점	IEEE754에 따른 가전
double	64비트	부동 소수점	IEEE754에 따른 가전

※ \u는 그 뒤에 오는 숫자가 16진수임을 나타냅니다.

변수는 사용하기 전에 형태와 그 이름을 선언합니다. 선언 시에 초기값을 대입하는 것이 가능합니다. long 형의 경우는 숫자 뒤에 'l(소문자 L)', 또는 'L'을 붙일 필요가 있습니다. 또 Java에서는 한번 결정한 타입에 다른 데이터를 다시 대입할 수 없습니다.

4 연산자

● 산술연산자

산술연산자는 사칙 연산에 사용하는 기호입니다.

+	a + b	덧셈
−	a − b	뺄셈
*	a * b	곱셈
/	a / b	나눗셈
%	a % b	나머지

● 논리연산자

논리연산의 결과는 boolean 타입의 true나 false 중 하나입니다.

&&	a && b	논리곱
||	a || b	논리합
!	!a	논리 부정

● 비트연산자

&	a & 0xFF	a와 0xFF와 비트 AND
|	a | 0xFF	a와 0xFF와 비트 OR
^	a ^ 0xFF	a와 0xFF와 비트 XOR
~	~a	a의 비트 반전
≪	a ≪ 3	a를 왼쪽 3비트 시프트
≫	a ≫ 3	a를 오른쪽 3비트 시프트(부호 있음)
≫≫	a ≫≫ 3	a를 오른쪽 3비트 시프트(부호 없음)

● 대입연산자

+=	a += b	a = a + b
-=	a -= b	a = a - b

● 관계연산자

⟨	a ⟨ b	a가 b보다 작은
⟨=	a ⟨= b	a는 b 이하
⟩	a ⟩ b	a는 b보다 큰
⟩=	a ⟩= b	a는 b 이상
==	a == b	a와 b는 같은
!=	a != b	a와 b는 같지 않음

● 조건연산자

조건식 ? 식1 : 식2

조건식이 true이면 식1을 처리합니다. 조건식이 false이면 식2를 처리합니다.

5 반복 처리

● for 문

```
for(초기화; 조건식; 증감식)
    실행문;
```

● while 문

```
while(조건식) {
  실행문 1;
  실행문 2;
}
```

● do while 문

```
do {
    실행문 1;
    실행문 2;
} while(조건식);
```

do while 문은 while 문과 달리 반드시 한 번 실행하고 조건을 판단합니다.

6 조건 분기

● if 문

```
if(조건식) {
    실행문 1;
    실행문 2;
}
```

• if else 문

```
if(조건식) {
   // True일 때
   실행문 1;
   실행문 2;
} else {
   // False일 때
   실행문 1;
   실행문 2;
}
```

• switch 문

```
switch(식) {
     case 상수 1 :
      실행문 1;
      실행문 2;
      . . .
         break;
     case 상수 2 :
      실행문 1;
      실행문 2;
      . . .
         break;
      . . .
}
```

7 배열

• 배열 선언과 확보

```
타입 이름 변수 이름[ ];
변수 이름 = new 타입 이름 [요소 개수];
```

예))

```
1 int a[ ];
2 a = new int[10];
```

또는 int a [] = new int[10];

● 다차원 배열의 선언과 확보

```
타입 이름 변수 이름[ ][ ];
변수 이름 = new 타입 이름 [요소 수][ ];
```

예))
```
1 int a[ ][ ];
2 a = new int[10][ ];
```

● 배열의 초기화

```
타입 이름 변수 이름[ ] = {값 1, 값 2, ···};
```

● 다차원 배열의 초기화

```
타입 이름 변수 이름1[ ] = {값 1, 값 2, ···};
타입 이름 변수 이름2[ ] = {값 1, 값 2, ···};
타입 이름 변수 이름3[ ] = {값 1, 값 2, ···};
   ·
   ·
```

8   String 클래스

String 클래스는 Java 표준 클래스에서 문자열을 취급합니다. C언어의 표준 라이브러리처럼 import 하지 않고 사용할 수 있습니다. 클래스이므로 객체를 생성하고 다음과 같이 사용합니다.

```
String str;
str = "문자열";
```

● String 클래스의 메소드

String 클래스에는 다음과 같은 메소드가 있습니다.

• length	문자열의 길이를 구합니다.
• substring	문자열의 일부를 가져옵니다.
• toUpperCase toLowerCase	문자열을 대문자, 소문자로 변환합니다.
• trim	처음이나 마지막 공백을 제외합니다.
• split	문자열을 나눕니다.
• replaceFirst	처음으로 일치하는 문자열을 대체합니다.
• replaceALL	일치하는 문자열을 모두 대체합니다.

9 캐스트 연산자

캐스트 연산자의 사용법은 다음 형식을 사용합니다.

```
(데이터 타입) 식
```

int 변수를 float 형으로 할 때는 다음과 같이 합니다.

```
float f =(float) i;
```

10 래퍼 클래스

래퍼 클래스는 기본 데이터 타입을 가질 수 있는 클래스입니다. 취급하는 기본 데이터형은 그 이름과 같습니다. "③ 데이터 타입" 항목을 참조하십시오.

- Boolean
- Character
- Byte
- Short
- Integer
- Long
- Float
- Double

11 예외 처리

런타임 에러 등 예기치 않은 사태가 일어났을 경우의 처리는 다음과 같은 기술을 하여 예외 처리를 실행합니다.

```
try {
    예외의 발생을 조사하고 싶은 실행문 1;
    예외의 발생을 조사하고 싶은 실행문 2;
}
catch(예외 클래스1 변수 이름1) {
    예외1이 발생할 때 수행 할 작업;
}
catch(예외 클래스2 변수 이름2) {
    예외2가 발생할 때 수행 할 작업;
}
finally {
    예외가 발생하든 말든 실행하는 문장;
}
```

4.2 API 사용법

여기에서는 프로그래밍을 하는데 매우 중요한 API에 대해 살펴보겠습니다.

1 API

API Application Programming Interface의 약자입니다. 좀 더 알기 쉽게 풀어보면

"애플리케이션을 프로그래밍하는데 필요한 인터페이스"가 됩니다.

API를 이해하고 있는 사람들에게는 이 뜻만으로도 충분하지만 이해하기 어렵게 느끼는 독자도 있을 것입니다. 그래서 보다 알기 쉽게 바꿔 말하면

"프로그래밍하면서 다른 사람이 만든 프로그램을 사용하는 방법"이라고 할 수 있습니다.

독자 누구나 알고 있는 것처럼, 컴퓨터를 바이오스(BIOS)에서 시작하여 단계별로 운영체제도 만들면서 시스템을 처음부터 새롭게 만든다는 것은 매우 어렵습니다. 어떻게 해도 다른 사람이 작성한 프로그램을 사용하게 되어 있습니다. 윈도우나 리눅스라는 운영체제를 사용한 시점에서 이미 다른 사람이 만든 프로그램을 사용하고 있는 것입니다.

다른 사람이 만든 프로그램이란 자신이 스스로 만들지 않았다는 의미입니다만, 실제에 맞게 말하자면, 이미 있는 프로그램이나 이미 준비되어있는 프로그램이라는 것입니다.

PC의 이야기를 계속하면, 예를 들어 "키보드의 Ⓐ를 누르면 A라는 문자를 화면에 표시한다."라는 구조를 처음부터 설명해 주었다고 해도 그것을 저수준에서부터 구현하는 것은 매우 어려운 일이라고 생각합니다. 프로그램을 작성하는 데 있어서 많은 부분은 이미 구현되어 있는 것을 사용할 수밖에 없습니다. 이렇게 프로그래밍을 하는 데 있어서 미리 준비되어있는 소프트웨어의 인터페이스 군이 바로 API입니다.

공급자가 어떤 형태로 표시해 설명하는지는 API를 제공하는 측의 자유입니다. 매우 친절한 문서로 제공해주는 사람도 있고, 요점만 간단히 쓰여 있는 경우도 있습니다.

2 Java API 살펴보기

그러면 실제로 API가 어떻게 제공되고 있는지를 살펴봅시다. 다음은 Java 8의 API입니다.

그림 4.2.1 Java 8 API

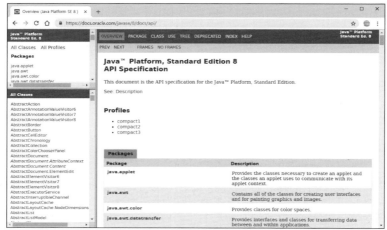

Java 8의 사이트에서 API의 사양을 상세히 설명하고 있습니다. 그러나 Java 입문자가 이 것을 볼 때 어디를 어떻게 보면 좋은 것인지조차 전혀 짐작이 가지 않습니다.

또한, 약간의 경험자들도 API가 준비되어있다고 해도, 그 API를 잘 다루는 수준에 도 달하지 않으면 이들로부터 필요하고 충분한 정보를 찾아 다룰 수 없습니다. 그러므로 Java API의 사양을 읽어나가 보겠습니다.

● BlueJ 애플릿 데모 CaseConverter를 보자

Java API를 완벽하게 다룰 수 있게 되기 위해서는 많은 노력과 시간이 필요합니다. 그러 나 필요한 것만을 이해하고 사용하는 것은 그리 어려운 일이 아닙니다.

애플릿 데모 CaseConverter를 보기로 하겠습니다. 부록 자료 내 BlueJ_Example 폴더 에서 appletdemo 프로젝트를 열어 CaseConverter 클래스를 두 번 클릭하여 소스를 열어 봅시다. 코멘트가 모두 영어로 되어 있으니 번역을 포함해 설명합니다.

이 프로그램은 BlueJ 작성의 애플릿 애플리케이션을 데모하기 위해 만들어진 대소문자를 서로 변환하는 문자변환(CaseConverter) 프로그램입니다. 그러면 소스의 포인트가 되는 부 분을 확인하고 갑시다.

```
 1    import java.awt.*;
 2    import java.awt.event.*;
 3    import javax.swing.*;
 4
 5    /**
 6     * Class CaseConverter - A simple applet that takes input from a text field
 7     * and converts to upper or lower case in response to user button selection.
 8     * Works well with a width of 300 and height of 120.
 9
10  • 사용자 버튼을 통하여 대소문자를 변환할 수 있는 간단한 애플릿입니다.
11    폭 300 높이 120으로 작동하도록 하고 있습니다.
12  == 중략 ==
13     */
14    public class CaseConverter extends JApplet
15        implements ActionListener
16    {
17        private JTextField inputField;
18        private final String UPPERCASE "UPPERCASE";
19        private final String LOWERCASE "lowercase";
20        private final String CLEAR = "Clear";
21
22        /**
23         * Called by the browser or applet viewer to inform this JApplet that it
24         * has been loaded into the system. It is always called before the first
25         * time that the start method is called
26
27  • 이 JApplet에 대응하는 시스템에 로드한 것을 알리기 위해 브라우저가 애플릿 뷰어에 의해
      호출됩니다. 시작 메소드가 처음 호출하기 전에 반드시 호출됩니다.
28
29         */
30        public void init()
31        {
32            // GUI elements are added to the applet's content pane, so get it for us.
33
34  • GUI 요소가 애플릿 표시 영역에 추가되어 사용할 수 있게 됩니다.
35
36            Container contentPane = getContentPane();
37
38            // set a layout with some spacing
39
40  • 일부 공간을 레이아웃으로 설정됩니다.
41
42            contentPane.setLayout(new BorderLayout(12,12));
43
```

```
44          // add the title label
45
46     • 제목 라벨을 추가합니다.
47
48          JLabel title = new JLabel("Case Converter-A BlueJ demo applet");
49          contentPane.add(title, BorderLayout.NORTH);
50
51     == 이하 생략 ==
```

애플릿은 Java 언어 개발에 있어서 인터넷 세계에서의 역할을 완수할 수 있도록 만들어진 사양 중 하나입니다. Java만으로 간단하게 만들 수 있는 창입니다.

이 소스에서 우선 주목할 점은 import java.awt.* 등 최초에 적혀있는 3개의 import 문입니다. 이것은 프로그램을 실행하면서 import 다음에 쓰여 있는 라이브러리를 사용한다는 선언입니다.

이 프로그램에서 가장 처음에 나오는 클래스 선언은

```
14   public class CaseConverter extends JApplet
15      implements ActionListener
```

입니다. 이것은 JApplet라는 그 구조 안에 있는 ActionListener 인터페이스를 사용한다고 하는 선언입니다. 이것도 기존의 방식을 사용하는 것이기 때문에 API라고 말할 수 있을지도 모릅니다.

다음으로, 변수 등의 선언 다음에 나오는 public void init() 메소드를 살펴봅시다.

```
36   Container contentPane = getContentPane();
```

이것은 Container 클래스의 객체를 getContentPane() 메소드를 사용해 꺼내고, 그것을 contentPane라는 객체에 저장한다는 내용입니다.

이게 무슨 뜻일까요? 프로그램을 아무리 봐도 알기 어렵습니다. 그렇습니다, 이것은 라이브러리를 사용하고 있으므로, 이 프로그램을 보는 것만으로는 사용 방법과 무엇을 하려고 하는지 전혀 알 수가 없습니다. 그렇다고 하면 이를 이해하기 위해서는 어디를 보면 좋을까요. 결국, Java API 문서를 확인해야 되는 것입니다.

이처럼 API는 매우 중요한 요소입니다. 하지만 Java API를 보고 알 수 있을지는 단어 자체만으로는 바로 알 수 없습니다. 그 의미를 다른 문서를 통해 확인하거나 조사해야할 수도 있습니다. 누군가에게 물어가며 배우는 것도 좋습니다.

getContentPane()을 Java API에서 살펴보면 다음과 같은 설명이 되어 있습니다.

```
getContentPane
    Container getContentPane()
    Returns the contentPane.
    Returns
        the value of the contentPane property.
    See Also :
        setContentPane(java.awt.Container)
```

이것을 보고, 이해할 수 있는 사람은 이미 상당한 실력을 갖추고 있는 독자겠지요. Java 입문자는 이 API라는 것이 중요하다는 것을 알지만 문서만으로 알 수 있게 되는 것은 상당히 어려울 것 같다고 직관적으로 느낄 것입니다. 하지만 Java에서는 API를 사용하지 않고 프로그램을 할 수 없습니다. 그래서 사용법의 기초를 다음 절에서 조금 설명하기로 합니다.

3 Java의 구조

● Java 언어 개발의 경위

Java가 어떤 의도로 설계된 언어이며, 어떻게 발전해 왔는지, 여기서 잠시 되돌아보기로 하겠습니다.

Java 개발은 원래 객체지향 언어로서 메이저 지위를 확립해 있던 C++를 재검토하는 것에서 시작되었습니다. C++는 너무 지나치게 다양한 것이 가능해서, 오히려 프로그래머가 실수를 범하기 쉬운 언어입니다. 예를 들어, 하드웨어에 직접 손댈 생각은 없겠지만, 코드 실수 등으로 인해 메모리에 상주하는 프로그램 등을 파괴하는 일도 벌어집니다.

Java(당시는 OAK이라는 이름)는 그러한 위험을 제거하기 위한 여러 가지 방법을 제공하고 있습니다. Java는 이러한 임베디드 소프트웨어에 특화되고 개발되어 온 언어입니다.

"임베디드"라고 해도 당시 생각하고 있는 임베디드는 현재 자동차에 탑재되는 ECU(엔진 컨트롤 유닛) 등의 엄청난 공수를 들여 개발하는 종류의 것이 아니었습니다. 오히려 백색가

전이라고 하는 세탁기나 냉장고 같은 소규모의 것입니다.

소규모여도 라인업이 많을 때, 라인업마다 개발을 각각하는 것은 비효율적이고 어려운 일입니다. Java는 가능한 한 소프트웨어를 컴포넌트화해서 재사용(Reuse)하기 쉽게 하려는 의도로 설계되었습니다.

Java는 임베디드 소프트웨어 개발의 방침을 크게 전환합니다. 그 전환점은 말할 필요도 없이 인터넷입니다. 당시 인터넷이라고 하는 것은 아주 일부 밖에 사용하지 않았지만, 다가올 시대의 주역은 인터넷이 틀림없다고 생각한 사람들이 기획해 다시 설계한 것이 현재의 Java 언어입니다.

Java는 그렇게 다가올 인터넷 세계를 겨냥하여 설계가 됐으므로 객체지향 언어인 동시에 독자적인 장치를 갖고 있습니다. 또한, Java 언어는 운영체제에 의존하지 않는 "Write once, run anyway" 한 번(프로그램을) 쓰면,(운영체제에 상관없이) 어디에서라도 실행할 수 있다는 이념으로 설계되어 있습니다.

Java에서는 C에서 당연한 포인터라는 것을 구현하지 않고, 참조라고 하는 형태로 그것을 보충하고 있습니다. 포인터는 하드웨어에 직접 작동할 수 있으므로 편리하지만, 반대로 말하면 누구나 하드웨어에 액세스할 수 있는 것을 의미하는데 그것은 안전하다고는 말할 수 없습니다.

● **객체지향 재고**

Java를 이해하려면 객체지향 언어에 대한 이해가 필수입니다. 제2장에서 간략하게 설명했습니다만, 좀처럼 이해가 쉽지 않은 독자도 있을 겁니다. 다시 복습을 위해서 객체지향에 대해 설명해보겠습니다.

"객체"라는 말 자체가 매우 어렵다고 느껴지지만 객체는 그냥 "사물"입니다. 자신의 주위에 있는 "사물"(TV, 자동차 등 뭔가 기능이 있는 것)과 같게 보이는 방법 및 파악하는 방법을 제공하므로 객체지향이라는 이름이 붙어 있습니다.

무엇이 사물과 같은가 하면 제2장 자동차의 예로 말하면, 운전자에게 있어서 운전에 필요한 것은 액셀, 브레이크, 핸들 등과 같은 "부품=사물"입니다.

프로그램도 운전에서의 액셀, 핸들이나 브레이크처럼 "부품=사물"을 컴포넌트로 이루어 다른 프로그램에서 손대면 좋지 않은 곳은 보이지 않게 하는 동시에 그 "부품=사물"이 독립적으로 움직일 수 있도록 하는 것입니다.

이를 "캡슐화, 데이터의 은폐"라고 합니다. 이것들이 어떤 형태로 나오는지 그림 4.2.2를 한 번 보겠습니다. 실제로 API를 사용하는 데 있어서 여러 가지 변수나 움직임의 자세한 내용은 감추어져 있습니다. 즉 캡슐 안의 모든 것을 알아 둘 필요는 없고, API에서는 "인터페이스만 사용할 수 있다"라는 것입니다.

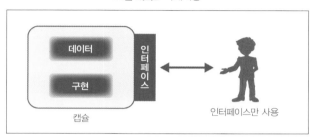

그림 4.2.2 객체지향

API에서는 제공되는 기능에 대한 최소한의 인터페이스 설정을 해주면, 그것만으로 상당한 것을 해줍니다. 사용하는 측면에서 보면 매우 부담이 없는 편한 형태로 객체지향의 혜택을 받을 수 있게 됩니다. API만 잘 다룰 수 있으면, 상당한 일을 할 수 있다는 것입니다.

● 실제로 API를 사용하려면

객체지향은 어느 정도 알게 된 것 같은데 실제로 API를 사용하려면 어떻게 하면 좋은 것일까요. 이 단계가 되면, Java 언어 사양의 지식이 필요하게 됩니다. 이전에 보았던 BlueJ 애플릿 데모 코드를 보면서 좀 더 설명을 계속합시다.

애플릿 그 자체에 대해서는 나중에 좀 더 자세히 설명하기 때문에, 애플릿이 무엇인지 여기에서 이해할 필요는 없습니다. 클래스에 대해서는 이미 나왔습니다만, 이 클래스라는 것을 알 수 있으면, Java 등의 객체지향 언어의 본질은 잡을 수 있습니다.

객체지향에서는 클래스, 오브젝트, 인스턴스라고 하는 말이 빈번히 나옵니다. 이러한 주요한 개념을 제대로 구별하고 기억해 둘 필요가 있습니다. 이전에 이야기한 것처럼, 클래스는 설계도에 지나지 않습니다. 설계도만으로 프로그램은 작동하지 않습니다.

이 설계도에 따라 클래스에 실제 형태를 부여한 것을 인스턴스라고 부르며 메모리 상에서 실제로 작동합니다. 클래스의 관점에서 말할 때는 인스턴스도 오브젝트와 같은 의미로 사용되지만 실제 형태를 부여한 것을 인스턴스라고 부르고 있습니다. 클래스와 인스턴스가 세트로 사용된다고 기억해 주세요.

클래스는 설계도이기 때문에 전체의 움직임을 크게 지배합니다. 설계도의 좋고 나쁜 것이 전체의 좋고 나쁜 것도 정해 버립니다. 클래스의 설계는 꽤 경험이 필요한 세계입니다. 그러나 클래스를 사용하는 측에는 그런 어려움이 없습니다. 사용법이 어려워서는 객체지향의 의미가 없습니다.

그럼, 클래스 선언을 봐 주세요.

```
public class CaseConverter extends JApplet
    implements ActionListener
```

전에 이야기한 바와 같이, 클래스의 중요한 기능으로 상속이 있습니다. 코드를 잘 읽으면 그 부모와 자식 관계를 알 수 있게 되어 있습니다. 부모에게 속한 필드와 기능이 제공되고 있어 사용하는 측에서는 그것을 이용해 자신에게 편리한 형태로 설계할 수 있습니다.

그럼 이 선언의 의미를 살펴보면,

● CaseConverter라는 이름의 클래스를 구현합니다.
● 이것은 JApplet을 상속한 것으로 ActionListener라고 하는 Interface형의 클래스 구현입니다.

라는 것이 됩니다. 지금까지 Interface는 별로 설명하지 않았지만, 간단히 설명하면 이것은 서로 확실한 인터페이스(단면)만을 결정해 두고 어떻게 움직일지는 결정하지 않기 때문에, 각자가 만들어 주세요(구현하세요)라는 의미를 담고 있습니다. 실제 클래스가 없어도 다른 클래스를 작성하는데 도움을 줄 수 있습니다.

내용 없는 클래스(추상 클래스)가 미리 선언되고 있고, 그 내용의 코드를 써서 상속하는 구조입니다. 이 구조가 무엇이 뛰어난가 하면, 내용을 세세한 부분까지 자세히 몰라도 이 인터페이스만으로 어떻게 되어 있는지 전체를 볼 수 있는 것입니다.

또 하나 예를 살펴봅시다. 다음의 코드는 BlueJ의 LED-button 프로젝트의 일부입니다.

〈LED 클래스 소스 코드 발췌〉

```
1    import com.pi4j.io.gpio. *;
2    import com.pi4j.io.gpio.event. *;
3    public class LED implements GpioPinListenerDigital
4    {
5        // The LED gpio
6        LED의 GPIO
7        private GpioPinDigitalOutput ledPin;
8        /**
9         * Constructor for objects of class LED
10        */
11     • LED 클래스 객체의 생성자입니다.
12
13       public LED()
14       {
15           GpioController gpio = GpioFactory.getInstance();
16               ledPin = gp10.provisionDigitaloutputPin(RaspiPin.GP10_06, "LED",
     PinState.LOW);
17           }
18
19       = 이하 생략 =
```

조금 전의 예와 같이, 처음에는 import 선언을 봅시다.

〈1행〉

```
import com.pi4j.io.gpio. *;
```

로 되어 있습니다. 이것은 GPIO의 API를 사용한다고 하는 선언입니다.

〈3행〉

```
public class LED implements GpioPinListenerDigital
```

이것도 조금 전과 같습니다. interface 클래스의 GpioPinListenerDigital을 구현한다는 의미입니다. API의 사용법이 어딘지 모르게 조금은 보이고 있지 않습니까?

4.3 GUI 툴킷을 사용해 보자 – Swing의 기초

Java 세계에 있어서 GUI(그래픽 사용자 인터페이스)의 대표는 Swing이라고 하는 툴킷입니다. 본서에서도 Swing을 이용합니다. 여기에서는 Swing에 대해 살펴보겠습니다.

1 Swing의 구성

Swing이라고 하는 GUI 툴킷은 윈도우를 만들기 위한 다양한 컴포넌트(부품)의 모임입니다. 이 API를 사용하면, 누구라도 곧바로 Windows와 같은 OS를 만들 수 있습니다.

Java에서는 처음엔 AWT(Abstract Windowing Toolkit)라고 하는 툴킷을 사용했습니다만, AWT의 재검토가 진행되며 확장판으로써 제공된 것이 Swing입니다. Swing은 Java 프로그램상에서 작동(그리기)시키기에는 더욱 유연한 구현이 가능한 경량 컴포넌트 세트를 제공하고 있습니다.

무엇이 중량 컴포넌트이고 무엇이 경량 컴포넌트냐는 것은 그렇게 중요한 것이 아닙니다. 기능만으로 생각해도 Swing이 보다 사용하기 쉽습니다.

Swing의 가장 큰 특징은 룩앤필(look&feel)입니다. 룩앤필이라는 말은 쉽게 설명하면 외형이나 사용에 있어 하드웨어나 운영체제에 의존하지 않고 어떤 환경이라도 인터페이스가 모두 같은 GUI 설계를 할 수가 있다는 것입니다.

여기에서는 "AWT보다 Swing을 사용하는 편이 Java의 GUI 설계에서는 틀림없이 좋은 것 같다" 정도로 이해하면 좋겠습니다.

● 컨테이너와 컴포넌트

Java에서는 컨테이너와 컴포넌트라는 단어가 자주 사용됩니다. 컴포넌트는 부품의 의미이며 윈도우로 말하면 버튼이나 라벨 등이 있습니다.

이러한 컴포넌트(부품)를 올릴 수 있는 "부품배치대"를 컨테이너라고 부르고 있습니다. 다르게 말하면, 컨테이너에 버튼이나 라벨과 같은 컴포넌트를 싣는다고 합니다.

● 레이아웃 관리자

다음은 레이아웃입니다. 버튼이나 라벨이라 해도, 어느 위치에 어떤 크기로 만들 것인지에 대한 지시가 필요합니다. 예를 들어, 200×200픽셀의 윈도우에 아래에서 10, 왼쪽에서 20 픽셀의 위치에 30×50 픽셀의 버튼을 배치합니다.

이것으로 아무것도 문제없는 것처럼 보입니다만, 만약 윈도우의 크기를 변화시키면 어떻게 될까요. 처음의 배치를 바탕으로 하여, 버튼의 배치와 크기를 모두 계산하지 않으면 안 됩니다. 만약 버튼이 2개라면, 배치만으로도 매우 귀찮은 작업이 됩니다. Swing에서는 이러한 일을 처리해 주는 레이아웃 관리자가 존재합니다. 이 레이아웃 관리자를 여러 개 사용하여, 복잡한 레이아웃도 자동으로 생성할 수 있게 됩니다.

레이아웃 관리자를 사용하는 일도 Swing에서는 중요한 일입니다. 이 레이아웃 관리자를 잘 사용하게 되면 버튼이나 라벨이 예쁘게 배치된 윈도우를 손쉽게 작성할 수 있습니다.

● 이벤트

레이아웃 관리자로 외형을 작업할 수 있었지만, 그렇다고 해서 그것만으로 프로그램은 아무것도 할 수 없으므로 무언가를 처리하는 기능, 즉 클래스를 구현할 필요가 있습니다.

그 기능에 대한 처리를 하는 데 필요한 것이 이벤트입니다. 예를 들어, 버튼을 누를 때 눌린다는 이벤트가 발생지만 이벤트가 발생한 것만으로는 의미가 없습니다. 그 이벤트의 핸들러(수신처)가 필요합니다. 이 특정한 핸들러가 버튼이 눌렸다고 하는 이벤트에 대응하는 처리를 할 수 있습니다.

이 흐름을 도식으로 나타내면 다음과 같습니다.

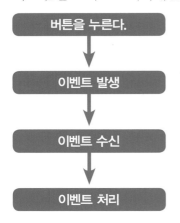

윈도우를 생성한 후에는 이러한 처리에 의해 각 컴포넌트가 각각의 처리를 담당합니다.

2 Swing에서 윈도우 프레임 만들기

윈도우의 기본 작동에 대해 설명했으므로, 다음은 Swing의 실제 사용법을 설명합니다.

Java에는 AWT(Abstract Window Toolkit)가 처음부터 있었고 Swing은 처음부터 존재했던 것이 아닙니다. Swing의 역사를 알아두는 것도 좋지만 여기서는 Swing이 AWT의 확장판이라는 것만 잘 기억해 두면 앞으로 상속 관계를 이해하는 데 많은 도움이 됩니다.

클래스의 상속 관계는 직접 사용해 보지 않으면 좀처럼 기억하기 쉽지 않습니다. 그렇다고 명세서를 일일이 보는 것도 어렵습니다. 명세서는 어디를 봐야 하는지, 그리고 내용만으로는 이해가 쉽지 않아 당황스러운 부분이 많은 문서이기 때문에, 처음에는 샘플 프로그램을 참고하여 알아가는 게 좋습니다.

● JFrame()에서 윈도우 프레임을 만들기

윈도우 프레임을 만들기 위한 기본 클래스, JFrame()을 살펴보도록 합시다.

Frame이라는 이름에서 알 수 있듯이, 이 클래스는 윈도우의 프레임을 만드는 클래스입니다. 생성자와 메소드로 구성되어 있습니다.

생성자는 이름대로 그 구조를 만든다는 것입니다. 명세서에는 다음과 같이 적혀 있습니다.

```
JFrame()
      초기 상태가 보이지 않는, 새로운 프레임을 구축합니다.
JFrame(GraphicsConfiguration gc)
      화면 디바이스의 지정된 GraphicsConfiguration에 타이틀 없이 Frame을 만듭니다.
JFrame(String title)
      지정된 타이틀을 사용해, 초기 상태로 보이지는 않은 새로운 Frame을 만듭니다.
JFrame(String title, GraphicsConfiguration gc)
      지정된 타이틀과 화면 장치의 지정된 GraphicsConfiguration로, JFrame을 작성합니다.
```

보통 많이 사용되는 것은 JFrame() 또는 JFrame(String title)입니다. 이 두 개는 윈도우의 제목을 처음에 붙여 두거나 나중에 넣거나 하는 차이입니다. 여기에서는 JFrame(String title)을 사용하므로, 그 안을 좀 더 살펴봅시다.

```
JFrame

public JFrame(String title)
        throws HeadlessException
  지정된 타이틀을 사용해, 초기 상태로 보이지는 않은 새로운 Frame을 만듭니다.
  이 생성자는 컴퍼넌트의 로컬 프로퍼티를 JComponent.getDefaultLocale에 의해 반환된 값으로
  설정합니다.

  파라미터 :
    title – 프레임의 제목
  예외 :
    HeadlessException – GraphicsEnvironment.isHeadless()가 true를 돌려주었을 경우.
```

여기서 주목해야 할 것은 생성자가 프레임을 만들어도 보이지 않는다는 것입니다. 따라서 생성자로 프레임을 만든 뒤 보이게 하는 메소드를 작동시킬 필요가 있습니다. setVisible이 그 메소드입니다.

그러면 바로 프레임을 생성해 보겠습니다. BlueJ를 시작하고 프로젝트 이름은 Swing으로 클래스 이름은 SampleFrame으로 해둡니다. 그리고 타이틀은 Hello World로 합니다.

그러면 다음 두 개의 코드

```
import javax.swing.JFrame;
```

과

```
public static void main(String args[]) {
    JFrame frame = new JFrame("Hello World");
    frame.setVisible(true);
}
```

를 BlueJ의 스켈레톤에 포함해 주세요. 그리고 컴파일이 완료되면, main 메소드를 오른쪽 클릭으로 실행하십시오. 그림 4.3.1은 그 실행 결과입니다.

그림 4.3.1 SampleFrame

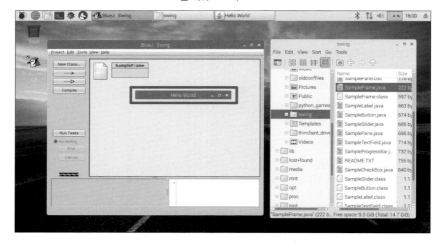

윈도우는 크기 지정을 하고 있지 않기 때문에 그림과 같이 작은 상태로 나타납니다. 이것을 마우스로 넓혀보세요. HelloWorld라고 하는 타이틀의 윈도우가 표시 되는 것을 알 수 있습니다. 프레임을 만들기만 하면 처음에는 이러한 상태입니다.

다음으로는 이 JFrame 컨테이너에 컴포넌트(메소드)를 추가해 봅시다. 이번에는 Sampleframe에 크기를 지정해 보겠습니다. 크기 지정에는 setSize 메소드가 있습니다만, 위치 지정도 할 수 있는 setBounds 메소드가 있으므로, 이것을 사용해 보겠습니다.

```
public void setBounds(int x, int y, int width, int height)
   파라미터 :
      x : 이 컴포넌트의 새로운 x 좌표
      y : 이 컴포넌트의 새로운 y 좌표
      width : 이 컴포넌트의 새로운 width
      height : 이 컴포넌트의 새로운 height
```

옛날부터 화면의 왼쪽 위를 원점(0, 0)으로 하는 규칙이 있습니다. 가로축과 세로축입니다. 수학에서 다루는 그래프와는 조금 다릅니다만, 이는 과거에 설계된 이미지 메모리 배치 때문입니다. 좀 더 자세히 말하면, 액정이 아니라 과거의 디스플레이의 주류인 음극선관(CRT)은 왼쪽 위에서 빔이 시작하여 오른쪽으로 이동하고 다음 행으로 옮겨 또 스캔하는 방법으로 전체를 스캔해 나가는 흐름이었기 때문에 원점(0, 0)이 좌측 위였습니다.

디스플레이의 해상도에 따라 다르지만, 다음과 같은 설정을 클래스에 추가하면 거의 화면의 중앙에 나타날 것입니다. 그림 4.3.2는 실행 결과입니다.

```
frame.setBounds(550, 350, 300, 200);
```

그림 4.3.1과 비교해서, 컴포넌트 setBounds 메소드의 설정으로, 프레임의 위치나 크기가 어떻게 바뀌는지를 확인해 두세요.

그림 4.3.2 프레임

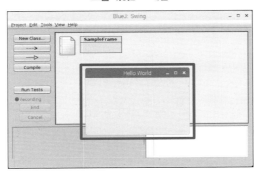

3 Swing 컴포넌트 추가

앞에서 간단히 언급했지만, 프레임을 생성하면 버튼이나 라벨 등의 컴포넌트를 추가할 수 있습니다. 다만, 컴포넌트는 프레임 자체에 추가해 나가는 것은 아닙니다.

페인(Pane)이라고 불리는 창들에 추가하는 것입니다. 페인은 "한 장의 창유리(유리 한 장 분량의 창틀)"라는 의미가 있으며, 전체의 이미지로는 "프레임(Frame)에 페인이 여러 층으로 겹겹이 겹쳐 있고, 각각의 페인에 컴포넌트가 실려 있다"라는 모습으로 생각해보세요.

그러면 버튼을 프레임에 올려 봅시다. 여기에서는 생성자 Panel에 버튼을 올려놓고, 그것을 페인에 배치하는 방법으로 사용해봅시다.

클래스 이름은 SamplePane으로 하고 스켈레톤에 다음 코드를 추가하십시오.

```
1   import javax.swing.JFrame;
2   import javax.swing.JPanel;
3   import javax.swing.JButton;
4   import java.awt.Container;
5   import java.awt.BorderLayout;
6   public class SamplePane extends JFrame
7   {
8       public static void main(String args[]) {
9           SamplePane frame = new SamplePane("Hello World");
10          frame.setVisible(true);
11      }
12      SamplePane(String title) {
13          setTitle(title);
14          setBounds(550, 350, 300, 200);
15          setDefaultCloseOperation(JFrame.EXIT_ON_CLOSE);
16          JPanel p = new JPanel();
17          JButton button1 = new JButton("YES");
18          JButton button2 = new JButton("NO");
19          p.add(button1);
20          p.add(button2);
21          Container contentPane = getContentPane();
22          contentPane.add(p, BorderLayout.CENTER);
23      }
24  }
```

이 코드의 6행입니다.

```
6   public class SamplePane extends JFrame
```

여기서 main 메소드가 존재하는 SamplePane 클래스를 일부러 JFrame의 서브 클래스로 하는 것은, SamplePane 클래스를 main 메소드밖에 사용할 수 없는 클래스로 두고 싶지 않았기 때문입니다.

또한, 15행은

```
15 | setDefaultCloseoperation(JFrame.EXIT_ON_CLOSE);
```

로 되어있습니다. 여기에서는 JFrame에서 생성한 윈도우의 종료 버튼을 클릭하여 윈도우를 닫을 수 있습니다. 실제 프로그램은 뒤에서 작동하고 있어 보이지 않는 상태로 존재합니다. 윈도우를 닫으면 프로그램도 종료한다는 것을 명시적으로 보여주는 것입니다. 메소드는 setDefaultCloseOperation를 사용합니다.

명세서에는 다음과 같이 기술되어 있습니다.

```
public void setDefaultCloseOperation(int operation)
    EXIT-ON-CLOSE(JFrame에 정의):System의 exit 메소드를 사용하여 애플리케이션을 종료한다.
    애플리케이션에서만 사용.
```

21행은

```
21 | Container contentPane = getContentPane();
```

로 되어있습니다. 이것은 JFrame에서 페인을 메소드로 취득해 사용하는 코드입니다.

그림 4.3.3이 SamplePane 클래스의 실행 결과입니다. "YES"와 "NO" 버튼이 두 개 생성됩니다.

그림 4.3.3 SamplePane

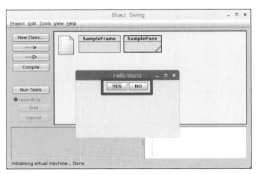

Swing의 응용

Swing의 기본적인 사용법은 4.3절에서 주로 설명했던 윈도우 프레임(Frame)과 페인(Pane)정도를 알아두면 됩니다. 여기에서는 윈도우를 구성하기 위한 패널(Panel), 컬러(Color), 슬라이더(Slider), 프로그레스 바(ProgressBar), 라벨(Label), 텍스트 필드(TextField), 버튼(Button), 체크 박스(CheckBox) 등 주요한 컴포넌트 클래스를 좀 더 자세하게 살펴보도록 하겠습니다.

1 JFrame 클래스 상속

앞에서 설명한 대로 윈도우 생성에서 가장 처음에 오는 것이 JFrame입니다. 우선, JFrame이 어떻게 클래스 상속하고 있는지를 살펴봅시다. 명세서에 따르면 다음과 같습니다.

〈JFrame 클래스 상속〉

```
java.lang.Object
 └ java.awt.Component
   └ java.awt.Container
     └ java.awt.Window
       └ java.awt.Frame
         └ javax.swing.JFrame
```

여기서 보면 Swing이 AWT를 상속하고 있는 것을 분명히 알 수 있습니다. 그리고 컨테이너 이야기를 했었는데, Container 클래스를 상속하는 것도 여기에서 확인할 수 있습니다.

Swing에서 윈도우 생성용 클래스로서 이 프레임 이외에 무엇이 있는가 하면, 다이얼로그(Dialog)와 애플릿(Applet)이 있습니다. 다이얼로그와 애플릿의 클래스 상속은 다음과 같이 되어있습니다.

〈JDialog의 클래스 상속〉

```
java.lang.Object
  └ java.awt.Component
    └ java.awt.Container
      └ java.awt.Window
        └ java.awt.Dialog
          └ javax.swing.Dialog
```

〈JApplet 클래스 상속〉

```
java.lang.Object
  └ java.awt.Component
    └ java.awt.Container
      └ java.awt.Panel
        └ java.awt.Applet
          └ javax.swing.JApplet
```

다이얼로그와 애플릿의 클래스 상속 관계를 보면 이 2개의 클래스도 모두 AWT를 상속하는 것을 알 수 있습니다.

애플릿은 BlueJ에서도 간단하게 다룰 수 있으므로 다음 4.5 절에서 설명하기로 하겠습니다. JDialog는 이 책에서 다루지는 않지만 JFrame를 이해하고 있으면 어려운 것은 없기 때문에 한번 시도해 보셔도 좋습니다.

그러면, JFrame으로 돌아와 다음 항목으로 진행해 봅시다.

2 JPanel 클래스

패널은 이미 사용했습니다. 이것은 컴포넌트의 하나입니다. 바로 전의 예와 같이 컨테이너로 많이 사용하는 클래스입니다. 패널 위로 컴포넌트를 배치하고, 그 패널을 프레임에 배치하는 형태입니다.

프레임과 같이 패널의 생성자로는, 다음과 같은 것이 준비되어 있습니다.

<JPanel의 생성자>

```
JPanel()
    더블 버퍼 및 FlowLayout으로 새로운 JPanel을 작성합니다.
JPanel(boolean isDoubleBuffered)
    FlowLayout 및 지정된 버퍼링 방식에서 새로운 JPanel을 작성합니다.
JPanel(LayoutManager layout)
    지정된 레이아웃 관리자로 새로운 JPanel을 작성합니다.
JPanel(LayoutManager layout, boolean isDoubleBuffered)
    지정된 레이아웃 관리자 및 버퍼링 방식에서 새로운 JPanel을 작성합니다.
```

생성자의 사용법은 JFrame과 기본적으로는 같고, JPanel의 메소드에는 룩앤필(L&F) 오브젝트를 돌려준다고 하였지만 오브젝트를 추가하는 메소드가 없습니다. 그럼 어떻게 컴포넌트를 추가하는 것일까요. JPanel의 상속 관계를 보면 다음과 같이 되어 있습니다.

<JPanel 클래스 상속>

```
java.lang.Object
 └ java.awt.Component
   └ java.awt.Container
     └ javax.swing.JComponent
       └ java.swing.JPanel
```

AWT의 Container 클래스를 상속하고 있는 것을 알 수 있습니다. 따라서, 이 클래스의 메소드를 사용하면 됩니다. 다음과 같은 코드를 사용하여 컴포넌트를 추가합니다.

```
Component add(Component comp)
    지정된 컴포넌트를 이 컨테이너의 마지막에 추가합니다.
```

위와 같이 상속 관계는 매우 중요한 정보이지만 이 내용을 입문자가 바로 명세서에서 해석하는 것은 어려운 일입니다. 명세서를 본 것만으로 어느 정도 이해할 수 있다는 것은 읽는 법을 숙달하고 있다는 것인데, 바꾸어 말하면 이미 Java를 어느 정도 마스터하고 있다는 것입니다. 그렇기 때문에 Java 입문자는 명세서를 읽을 수 있게 되는 것을 첫 번째 목표로 해야 합니다.

3 Color 클래스

Swing에서도 색상 지정은 잘 이루어집니다. 색상은 기본적인 것이며 클래스 안에서도 프레임에 가까운 곳에 있습니다. 다음의 상속 관계를 봐도 알 수 있습니다.

〈Color의 클래스 상속〉

```
java.lang.Object
  └ java.awt.Color
```

생성자로 다음과 같은 것이 준비되어 있습니다.

```
Color(ColorSpace cspace, float [] components, float alpha)
        float 배열로 지정된 색성분과 지정된 알파를 사용하여 지정된 ColorSpace 내의 색상을 만듭니다.
Color(float r, float g, float b)
        범위(0.0 ~ 1.0)의 지정된 빨강, 초록, 파랑의 값을 사용해, 불투명한 sRGB 컬러를 생성합니다.
Color(float r, float g, float b, float a)
        범위(0.0 ~ 1.0)의 지정된 빨강, 녹색, 파랑 및 알파 값을 사용해 sRGB 컬러를 생성합니다.
Color(int rgb)
        비트 16 ~ 23의 빨강, 비트 8 ~ 15의 녹색, 및 비트 0 ~ 7의 파랑으로부터 합성된, 지정된 RGB 값을
        사용해, 불투명한 sRGB 컬러를 생성합니다.
Color(int rgba, boolean hasalpha)
        비트 24 ~ 31의 알파 성분, 비트 16 ~ 23의 빨강, 비트 8 ~ 15의 녹색, 및 비트 0 ~ 7의 파랑으로 구
        성되는 지정된 RGBA 값을 가지는, sRGB 컬러를 생성 있습니다.
Color(int r, int g, int b)
        범위(0 ~ 255)의 지정된 빨강, 초록, 파랑의 값을 사용해, 불투명한 sRGB 컬러를 생성합니다.
Color(int r, int g, int b, int a)
        범위(0 ~ 255)의 지정된 빨강, 녹색, 파랑 및 알파 값을 사용해 sRGB 컬러를 생성합니다.
```

4 JSlider 클래스

지금까지는 컨테이너를 소개해 왔습니다. 여기부터는 컴포넌트의 이야기가 시작됩니다. 구체적인 예를 들어 사용법을 설명합니다.

JSlider 클래스는 윈도우에 슬라이더를 배치하고 싶을 때 사용합니다. 다음에는 그 상속 관계, 생성자, 사용법, 샘플 코드, 실행 결과의 순서에 따라 구체적인 예를 들어 설명하므로, 실제로 한번 해 보시길 바랍니다.

```
java.lang.Object
  └ java.awt.Component
    └ java.awt.Container
      └ javax.swing.JComponent
        └ java.swing.JSlider
```

〈JSlider의 생성자〉

```
JSlider()
        범위가 0 ~ 100, 초기치가 50의 수평 슬라이더를 작성합니다.
JSlider(BoundedRangeModel brm)
        지정된 BoundedRangeModel을 사용해 수평 슬라이더를 작성합니다.
JSlider(int orientation)
        방향을 지정하여 범위가 0 ~ 100, 초기치가 50의 슬라이더를 작성합니다.
JSlider(int min, int max)
        최소치와 최대치의 합계를 평균낸 값과 동일한 초기치를 가지는 지정된 최소치 및 최대치를 사용해,
        수평 슬라이더를 작성합니다.
JSlider(int min, int max, int value)
        최소값, 최대 값 및 초기 값을 지정해, 수평 슬라이더를 작성합니다.
JSlider(int orientation, int min, int max, int value)
        방향, 최소치, 최대치, 및 초기 값을 지정해, 슬라이더를 작성합니다.
```

〈JSlider 사용〉

```
JSlider slider = new JSlider();
```

〈샘플 코드〉

```
1    import javax.swing.*;
2    import java.awt.Container;
3    import java.awt.BorderLayout;
4    public class SampleSlider extends JFrame
5    {
6        public static void main(String args[]) {
7            SampleSlider frame = new SampleSlider();
8            frame.setTitle("SampleSlider");
9            frame.setBounds(550, 350, 300, 200);
10           frame.setDefaultCloseOperation(JFrame.EXIT_ON_CLOSE);
11           frame.setVisible(true);
12       }
```

```
13        SampleSlider() {
14            JSlider slider = new JSlider();
15            slider.setOrientation(JSlider. HORIZONTAL);
16
17            JPanel p = new JPanel();
18            p.add(slider);
19            Container contentPane = getContentPane();
20            contentPane.add(p, BorderLayout.CENTER);
21        }
22  }
```

〈실행 결과〉

그림 4.4.1이 실행 결과입니다.
슬라이더를 마우스로 이동하면 그 위치 값을 얻을 수 있습니다.

그림 4.4.1 슬라이더

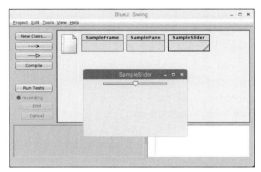

5 JProgressBar 클래스

JProgressBar 클래스는 프로그래스 바를 배치하고 싶을 때 사용합니다.

〈JProgressBar의 클래스 상속〉

```
java.lang.Object
  └ java.awt.Component
    └ java.awt.Container
      └ javax.swing.JComponent
        └ java.swing.JProgressBar
```

JProgressBar()
        경계선을 표시해, 진척 문자열을 표시하지 않는 수평 방향의 프로그레스 바를 작성합니다.
JProgressBar(BoundedRangeModel newModel)
        수평 방향의 프로그레스 바를 작성합니다.
JProgressBar(int orient)
        지정한 방향(SwingConstants.VERTICAL 또는 SwingConstants.HORIZONTAL)으로 프로그레스 바를 작성합니다.
JProgressBar(int min, int max)
        수평 방향의 프로그레스 바를 작성합니다. 지정된 최소값과 최대값을 사용합니다.
JProgressBar(int orient, int min, int max)
        프로그레스 바를 작성합니다. 지정된 방향, 최소값과 최대값을 사용합니다.

〈JProgressBar의 사용〉

```
JProgressBar bar = new JProgressBar();
```

〈샘플 코드〉

```
1    import javax.swing.*;
2    import java.awt.Container;
3    import java.awt.BorderLayout;
4    public class SampleProgressBar extends JFrame
5    {
6        public static void main(String args[]) {
7            SampleProgressBar frame = new SampleProgressBar();
8            frame.setTitle("SampleProgressBar");
9            frame.setBounds(550, 350, 300, 200);
10           frame.setDefaultCloseOperation(JFrame.EXIT_ON_CLOSE);
11           frame.setVisible(true);
12       }
13       SampleProgressBar() {
14           JProgressBar bar = new JProgressBar(0,200);
15           bar.setStringPainted(true);
16           bar.setValue(50);
17           JPanel p = new JPanel();
18           p.add(bar);
19           Container contentPane = getContentPane();
20           contentPane.add(p, BorderLayout.CENTER);
21       }
22   }
```

그림 4.4.2가 실행 결과입니다. 진행 상황을 알리기 위해 잘 사용되는 바입니다.
여기에서는 0 ~ 200 사이 50으로 설정돼 있습니다. 25%의 진척이라는 것입니다.

그림 4.4.2 프로그레스바

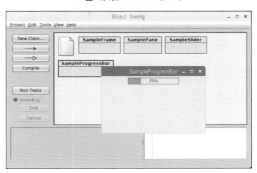

6 JLabel 클래스

JLabel 클래스는 라벨의 작성에 사용합니다.

〈JLabel 클래스 상속〉

```
java.lang.Object
  └ java.awt.Component
    └ java.awt.Container
      └ javax.swing.JComponent
        └ java.swing.JLabel
```

〈JLabel 생성자의 예〉

```
JLabel(String text)
    JLabel의 인스턴스를 지정된 텍스트로 작성합니다.
```

〈샘플 코드〉

```
1  import javax.swing.*;
2  import java.awt.Container;
3  import java.awt.BorderLayout;
4  public class SampleLabel extends JFrame
5  {
6      public static void main(String args[]) {
7          SampleLabel frame = new SampleLabel();
8          frame.setTitle("SampleLabel");
9          frame.setBounds(550, 350, 300, 200);
10         frame.setDefaultCloseOperation(JFrame.EXIT_ON_CLOSE);
11         frame.setVisible(true);
12     }
13     SampleLabel() {
14         JLabel label = new JLabel();
15         label.setText("Raspberry PI");
16
17         JPanel p = new JPanel();
18         p.add(label);
19         Container contentPane = getContentPane();
20         contentPane.add(p, BorderLayout.CENTER);
21     }
22 }
```

〈실행 결과〉

그림 4.4.3이 실행 결과입니다. 라벨은 문자뿐만 아니라 이미지도 처리할 수 있습니다.

그림 4.4.3 라벨

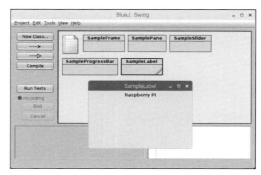

7 **JTextField 클래스**

TextField 클래스는 텍스트 필드를 만들고 초기값을 설정할 수 있습니다.

〈JTenFeld 클래스 상속〉

```
java.lang.Object
 └ java.awt.Component
   └ java.awt.Container
     └ javax.swing.JComponent
       └ java.swing.text.JTextComponent
         └ java.swing.text.JTextField
```

〈JTextField 생성자의 예〉

```
JTextField(int columns)
     지정된 열수로 새로운 공백의 TextField를 구축합니다.
JTextField(String text)
     지정된 텍스트로 초기화된 새로운 TextField를 구축합니다.
```

〈샘플 코드〉

```
1   import javax.swing.*;
2   import java.awt.Container;
3   import java.awt.BorderLayout;
4   public class SampleTextField extends JFrame
5   {
6       public static void main(String args[]) {
7           SampleTextField frame = new SampleTextField();
8           frame.setTitle("SampleTextField");
9           frame.setBounds(550, 350, 300, 200);
10          frame.setDefaultCloseOperation(JFrame.EXIT_ON_CLOSE);
11          frame.setVisible(true);
12      }
13      SampleTextField() {
14          JTextField text = new JTextField();
15          text.setColumns(25);
16          text.setText("Raspberry PI");
17          JPanel p = new JPanel();
18          p.add(text);
19          Container contentPane = getContentPane();
20          contentPane.add(p, BorderLayout.CENTER);
21      }
22  }
```

〈실행 결과〉

그림 4.4.4 실행 결과입니다. 이 예제에서는 비어 있지 않고 초기 값을 넣고 있습니다.

그림 4.4.4 텍스트 필드

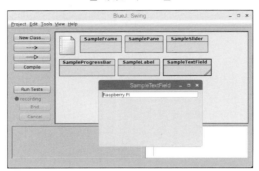

8 JButton 클래스

JButton 클래스는 버튼을 작성합니다.

〈JButton 클래스 상속〉

```
java.lang.Object
 └ java.awt.Component
   └ java.awt.Container
     └ javax.swing.JComponent
       └ java.swing.AbstractButton
         └ java.swing.JButton
```

〈JButton의 생성자의 예〉

```
JButton(String text)
      텍스트 첨부의 버튼을 생성합니다.
```

〈샘플 코드〉

```
1   import javax.swing.*;
2   import java.awt.Container;
3   import java.awt.BorderLayout;
4   public class SampleButton extends JFrame
5   {
6       public static void main(String args[]) {
7           SampleButton frame = new SampleButton();
8           frame.setTitle("SampleButton");
9           frame.setBounds(550, 350, 300, 200);
10          frame.setDefaultCloseOperation(JFrame.EXIT_ON_CLOSE);
11          frame.setVisible(true);
12      }
13      SampleButton() {
14          JButton button = new JButton();
15          button.setText("Raspberry PI");
16          JPanel p = new JPanel();
17          p.add(button);
18          Container contentPane = getContentPane();
19          contentPane.add(p, BorderLayout.CENTER);
20      }
21  }
```

〈실행 결과〉

그림 4.4.5가 실행 결과입니다.

그림 4.4.5 버튼

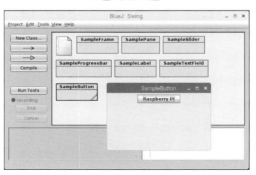

9 JCheckBox클래스

JCheckBox 클래스는 체크박스를 작성합니다.

〈JCheckBox 클래스 상속〉

```
java.lang.Object
 └ java.awt.Component
   └ java.awt.Container
     └ javax.swing.JComponent
       └ java.swing.AbstractButton
         └ java.swing.JToggleButton
           └ java.swing.JCheckBox
```

〈JCheckBox의 생성자의 예〉

```
JCheckBox(String text)
    초기 상태로 선택되어 있지 않은, 텍스트 첨부의 체크 박스를 생성합니다.
```

〈샘플 코드〉

```java
1    import javax.swing.*;
2    import java.awt.Container;
3    import java.awt.BorderLayout;
4    public class SampleCheckBox extends JFrame
5    {
6        public static void main(String args[]) {
7            SampleCheckBox frame = new SampleCheckBox();
8            frame.setTitle("SampleCheckBox");
9            frame.setBounds(550, 350, 300, 200);
10           frame.setDefaultCloseOperation(JFrame.EXIT_ON_CLOSE);
11           frame.setVisible(true);
12       }
13       SampleCheckBox() {
14           JCheckBox cbox1 = new JCheckBox();
15           JCheckBox cbox2 = new JCheckBox();
16           JCheckBox cbox3 = new JCheckBox();
17           cbox1.setText("green");
18           cbox2.setText("red");
19           cbox3.setText("blue");
20           JPanel p = new JPanel();
21           p.add(cbox1);
```

```
22        p.add(cbox2);
23        p.add(cbox3);
24        Container contentPane = getContentPane();
25        contentPane.add(p, BorderLayout.CENTER);
26    }
27 }
```

〈실행 결과〉

그림 4.4.6이 실행 결과입니다. 선택되지 않은 화면이 표시됩니다. 마우스로 선택하면 체크됩니다.

그림 4.4.6 체크박스

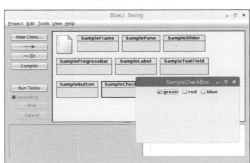

10 레이아웃 관리자

컴포넌트의 배치와 레이아웃에 레이아웃 관리자를 사용하는 것이 편리합니다. 간단한 사용법을 앞에서 설명했습니다만, 여기에서는 대표적인 레이아웃 관리자인 BorderLayout 클래스에 대해 보충하여 설명합니다.

〈BorderLayout 클래스 상속〉

```
java.lang.Object
 └ java.awt.BorderLayout
```

<BorderLayout의 생성자>

```
BorderLayout()
    구성 요소 간에 간격을 마련하지 않고, 새로운 BorderLayout을 구축합니다.
BorderLayout(int heap, int vgap)
    컴포넌트 사이에 간격을 지정하여 새로운 BorderLayout을 구축합니다.
```

<BorderLayout 사용>

```
JPanel panel = new JPanel();
panel.setLayout(new BorderLayout());
```

4.5 Java 애플릿을 사용해 보자

 1 Java 애플릿

앞에서 이미 애플릿 코드를 보았습니다. Java가 인터넷을 의식하여 설계된 언어인 것을 기억하십시오. Java 애플릿은 한마디로 모두가 사용하는 인터넷 브라우저상에서 작동하도록 설계된 Java 애플리케이션입니다.

어떠한 소프트웨어라도 하드웨어나 운영체제에 의존하게 되는 것은 시스템 개발자나 프로그래머에게는 상식적인 일이지만, Java 애플릿은 브라우저만 있으면 확실히 작동하기 때문에 하드웨어나 운영체제가 무엇인지 생각하지 않아도 됩니다.

물론, 브라우저에 자바 가상 머신(Java Virtual Machine)이 탑재되어있는 것이 조건이지만 JVM이 탑재되지 않은 브라우저는 없습니다. 따라서 브라우저라면 확실하게 작동한다는 것입니다.

그렇다면 Java만으로 충분하다고 생각하는데 Java 애플릿의 존재 의의는 어디에 있는 것이냐고 생각하는 현명한 독자도 있을지도 모릅니다. 브라우저 간에 호환성이 완벽하지 않기 때문에 Java 애플릿은 브라우저 간의 차이를 없애는 방법 중 하나라고 생각해도 좋습니다.

● **BlueJ 애플릿 데모를 실행해 본다**

BlueJ 애플릿 데모를 실행해 보면 애플릿이 무엇인지 알 수 있습니다. 그럼, appletdemo 프로젝트를 열고, 애플릿을 작동시켜주십시오.

BlueJ는 브라우저가 아닌 애플릿 뷰어라고 하는 애플릿만을 움직이는 도구를 실행시켜 애플릿을 표시합니다.

브라우저 화면으로 볼 수 있는 것과 다르지 않습니다. 브라우저 화면이 아니지만, 그것을 구분하지 않고도 애플릿을 작동시켜 볼 수 있을 정도로, 외형에 특별한 차이가 없습니다.

그림 4.5.1 애플릿 데모 화면

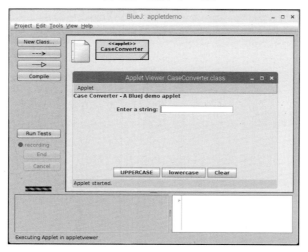

2 Java GUI

그러면 어떻게 프로그래밍을 하는지, 애플릿에 대해서 좀 더 구체적으로 살펴봅시다. 애플릿은 Swing으로 제공되고 있습니다. 4.3절과 4.4절의 Swing의 내용을 잘 이해하고 있다면 이 절의 설명은 어렵지 않습니다.

"Java"라는 말은 객체지향 언어라는 의미로 사용되는 경우도 있지만 Java의 인터넷 환경까지를 포함한 의미로 사용되는 때도 있습니다.

Java에는 매우 많은 라이브러리와 도구 등이 존재하고 있습니다. 이런 라이브러리와 도구를 사용하여 많은 사람이 호환성이 있는 동일한 품질의 프로그램을 신속하게 구현할 수 있다고 생각합니다. 그렇다면 누구라도 같은 프로그램을 만들 수 있는가 하면, 그것은 물론 아닙니다. 공통의 라이브러리 및 도구가 제공되고 있을 뿐 실력에 따라 구현하는 기능이 차이가 납니다. 단지 누구나가 같은 형태로 구현을 할 수 있다는 것이 좋다고 생각합니다.

예를 들어 문자를 표시한다고 해도, 처음부터 구현하려면 너무 의미가 없습니다. 그런 것 들은 이미 구현되어 있는 GUI(그래픽 사용자 인터페이스)가 있습니다. GUI를 표시하는 프로그램을 새로 구현하는 것은 매우 힘든 일이기 때문에, 미리 준비해 두어야 하는 도구입니다.

● Swing의 JApplet을 사용해 보자

다시 애플릿을 생각해보면 Java의 API를 사용하지 않으면 작동하지 않습니다. 다른 사람이 만든 프로그램을 흉내 내면 거의 문제없이 작동하지만, 계속 다른 사람의 코드만 흉내를 내면 향후 기능을 확장하는 지식이 자기 것이 되지 않습니다. 그렇다고 처음으로 돌아가 설명을 시작하는 것은 반복이 되므로, 여기에서는 4.2절의 JavaAPI의 사용법을 잠시 살펴보고 계속해서, 애플릿을 소재로 진행해 보겠습니다. 이 책은 BlueJ를 전제로 하고 있으므로, Swing을 사용하기로 하겠습니다.

Swing의 애플릿은 JApplet 클래스입니다. 그래서 JApplet 클래스의 API를 보면, 상속 관계는 다음과 같습니다.

〈JApplet의 클래스 상속〉

```
java.lang.Object
  └ java.awt.Component
    └ java.awt.Container
      └ javax.awt.Panel
        └ java.applet.Applet
          └ javax.swing.JApplet
```

위의 클래스 상속을 보면, JApplet이 단독으로 존재하고 있는 것은 아니고, 상위의 클래스를 물려받고 있음을 보여줍니다. 사용하는 측면에서 볼 때, 상위의 클래스를 사용하고 있으므로 javax.swing.JApplet만 보아서는 처리의 모든 것을 알기 어렵습니다.

이 트리에서 바로 알 수 있는 것은 하위 2행이 AWT의 Applet 기능을 상속하고 있다는 것입니다. 즉 Swing은 AWT를 확장한 것이라는 사실을 여기에서 확인할 수 있습니다. JavaAPI에서 API의 트리 이후에는 이 클래스의 사용법의 개요, 참고 자료의 링크, 그리고 필드와 메소드의 개요와 세부 사항, 그리고 상위에서 물려받은 메소드 목록 등이 기술되어 있습니다.

Java에 익숙한 사람이면 Java API를 읽고 그것을 이해하여 프로그램을 구현할 수 있겠지만 입문자에게는 아직은 어려운 일입니다.

Java의 언어로서 구조나 프로그래밍을 알고 있다해도 실제 업무에서 API를 이해하고 사용하는 것이 프로그래밍 기술향상의 포인트가 됩니다.

많은 Java 엔지니어가 학습을 시작하는 시점에는 선배나 학원, 입문서적 등으로 힌트를 받으면서 실력 향상을 해 나갑니다. 독학으로 습득하는 속도는 아무래도 한계가 있습니다. 이 책을 다 읽고, Java에 더 관심을 가지신 분이나 더 공부해 보려고 마음먹은 독자는 꼭 좋은 선배나 멘토를 찾는 것을 추천합니다.

그럼 계속해서 JApplet의 기본적인 사용법을 배워보겠습니다. JApplet 클래스에는 몇 개의 메소드가 있으므로, 그것을 사용하면 애플릿을 움직일 수 있습니다.

샘플을 보면, 텍스트 박스가 표시되고 있어 텍스트 입력을 할 수 있습니다. 또, 버튼도 표시되고 있고, 그 버튼을 누르면 변환이 진행되어 결과가 표시됩니다. 우선, 이 버튼이라든지 텍스트 박스 등을 어떻게 배치할지를 알아야 합니다. 조금 전의 API 트리의 바로 아래에 다음과 같은 설명이 있습니다.

모두 구현된 인터페이스
    Imageobserver, MenuContainer, Serializable, Accessible. RootPaneContainer

이 중 RootPaneContainer에 주목해 주세요. API 문서에서 하이퍼링크의 문자열을 클릭하면 링크로 이동하기 때문에 그것도 함께 보아 주세요.

그림 4.5.2 RootPaneContainer

여기에 무엇이 적혀 있는가 하면, "애플릿은 페인(Pane)을 겹쳐서 표시할 수 있습니다. 거기에 버튼이나 라벨과 같은 컴포넌트를 추가합니다." 라고 기술되어 있습니다. 명세서만으로는 이러한 구조를 곧바로 찾아내는 것이 어려울지도 모릅니다. 여기에서 중요한 정보는 JApplet 표시 구조의 기본이 페인이라고 하는 것입니다.

그런데, 또 하나 알아 두지 않으면 안 되는 것이 있습니다. 그것은 바로 이벤트입니다. 애플릿에서 이벤트란 "버튼이 눌러진" 것과 같은 사건의 발생을 말합니다.

이벤트를 일으키는 메소드 등은 이미 정해져 있지만, 이해하기 어려운 것은 이벤트의 발생을 누가 알 것인가 입니다. 이벤트의 발생을 처리하는 것은 ActionListener라고 하는 인터페이스입니다.

그림 4.5.3 ActionListener

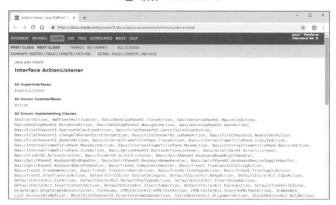

이벤트가 발생하면 이 인터페이스를 구현하는 클래스에 의해서, 다음의 처리가 정해집니다.

그런데 이 두 개의 구조와 API의 대략적인 사용법을 이해한다면 애플릿(JApplet)을 잘 다룰 수 있을까요?

정말 잘 다룰 수 있게 되는지 어떤지를 확인하기 위해서, BlueJ 애플릿 데모 샘플에서 설명을 생략했던 부분을 다음 절에서 자세히 살펴보겠습니다.

3 BlueJ의 샘플 코드 CaseConverter를 살펴보자

여기까지의 지식을 참고로 하여 BlueJ의 샘플 코드 CaseConverter를 다시 확인해 보겠습니다.("4.2 (2) Java API 살펴보기"를 참조).

〈14행〉

```
public class CaseConverter extends JApplet
    implements ActionListener
```

바로 전에 왜 ActionListener를 구현해야 하는지 설명했습니다. 버튼을 누른 것을 이벤트로 알 필요가 있기 때문입니다.

〈36행〉

```
Container contentPane = getContentPane();
```

그렇습니다. 페인이 필요하므로 여기에서 contentPane이라는 이름의 페인을 get합니다. 이후에는 이 페인에 필요한 각각의 컴포넌트를 추가해 나갈 것입니다.

〈44행〉

```
// add the title label
// 제목 라벨을 추가합니다.

// JLabel 클래스의 객체를 만듭니다.
JLabel title = new JLabel("Case Converter A BlueJ demo applet");

// 그것을 페인에 추가합니다.
contentPane.add(title, BorderLayout.NORTH);
```

〈57행〉

```
// make a panel for the buttons
// 버튼 패널을 작성합니다.

// JPanel 클래스의 객체를 만듭니다.
JPanel buttonPanel = new JPanel()

// add the buttons to the button panel
// 버튼 패널의 버튼을 추가합니다.

// JButton 클래스의 객체를 만듭니다.
JButton uppercase = new JButton(UPPERCASE);

// JButton 이벤트가 오면 작동하도록 합니다.
uppercase.addActionlistener(this);

// 버튼 패널이 작동하도록 추가합니다.
buttonPanel.add(uppercase);
```

와 같이 라벨과 버튼같은 부품을 추가해 나갑니다. 그리고 이벤트가 발생하면 실행해 주는 코드가 필요합니다. 그것은 마지막 부분에 나와 있습니다.

〈97행〉

```
public void actionPerforned(ActionEvent evt)
// 이벤트가 일어나면 실행하는 메소드입니다.
```

여기에서 처리된 내용이 이벤트 핸들러인 ActionListener에 통지됩니다.

보다 자세한 내용은 각각의 API 명세서를 보기로 하고, 이렇게 전체 움직임으로 프로그램을 만들어 나갑니다. 여기까지 JApplet에 대한 설명입니다.

4.6 서버 사이드 Java

1 서버 사이드 Java

Java 언어의 사용법을 기억하는 것만으로도 힘든 일인데, API를 사용할 수 없어 프로그램 구현이 어렵다는 사실에 다소 힘이 빠진 독자도 있을 겁니다. 조금 더 힘을 내주세요. 여기에서는 서버 사이드 Java까지 이야기를 진행합니다.

제5장 6절에서 IoT 기술에 의한 온도 센서 Web 애플리케이션을 작성하게 됩니다. 온도 센서 Web 애플리케이션을 구현하기 위해서는 서버 사이드 Java 기술이 필요합니다. 그래서 4.6절에서는 서버 사이드 Java의 전체를 살펴보기로 하겠습니다.

지금까지 보아 온 것처럼, Java는 인터넷을 의식한 설계로 그 개발 및 실행 환경을 준비한 것입니다. 이것은 여러분이 사용하는 컴퓨터에서도 작동하도록 설계되어있는 것이지만, 실제로 Java가 대활약하고 있는 곳은 개인 환경이 아니라 엔터프라이즈 기반의 환경입니다.

이 책의 목적은 Java로 라즈베리 파이를 작동시키는 것이지 Java 자체의 해설서가 아닙니다. 그러나 라즈베리 파이에 Web 애플리케이션을 실행하기 위해서는 서버 사이드 Java 기술이 필요합니다. 여기에서는 라즈베리 파이에서 실행할 서버 사이드 Java의 기본을 중심으로 설명합니다. 보다 자세한 내용은 다른 전문 서적을 참조하세요.

● 다시 서버란 무엇인가? 를 생각해 봅시다.

서버 사이드, 먼저 서버가 무엇인지를 알아 두어야 합니다. 서버라는 말은 누구라도 들어본 적이 있는 말이지만, 다시 이 책을 통해 서버에 대해서 본질적으로 깊게 생각해 봅시다.

예전에는 컴퓨터실이라고 하면 고성능인 컴퓨터를 1대 가져다 놓고 CPU 처리 능력을 많은 사람에게 나눠주는 방식이 주류였습니다. 그 당시에는 많은 비용을 들여 고성능인 컴퓨터를 마련해도 기대한 만큼의 성능을 얻을 수 없었습니다.

이러한 한계를 느끼기 시작했을 때에 새롭게 주목받은 형태가 클라이언트/서버 시스템입니다. 무작정 고성능인 컴퓨터를 여러 대 준비하는 것이 아니라, 고성능이 아니더라도 그만한 처리 능력을 갖춘 컴퓨터를 여러 대 준비해 처리를 분산하여 사용하기로 한 것입니다.

클라이언트/서버 시스템은 그 분산된 것을 서비스하는 전용의 컴퓨터 몇 대를 서버로서 움직이고, 다른 컴퓨터는 클라이언트로서 서버의 서비스를 제공받을 수 있게 만들었습니다. 이렇게 되면 서버는 서비스 제공에만 집중할 수 있게 되고, 해당하는 성능만 필요로 하게 됩니다. 서버 컴퓨터는 극단적으로 말하자면 GUI도 필요하지 않고, 단지 견고하고 속도가 빠르면 되는 것입니다.

서버 컴퓨터는 대부분 특정 메이커의 제약을 받지 않는 운영체제인 Linux가 채용되고 있습니다. 최대 다수의 사용자를 생각했을 때, 자유롭게 플랫폼을 선택할 수 있다는 장점이 리눅스 서버에는 있습니다.

그러면 왜 언어 환경에 Java가 사용되는가 하면, 물론 사용하기 편한 것도 있습니다만, 뭐니 뭐니 해도 Java에는 이미 서버 사이드에서 사용하기 위한 사양이 포함되어 있기 때문입니다. 서버 사이드 Java 이야기로 들어가기 전에, 이해를 돕기 위해서 브라우저가 어떠한 구조로 사용되고 있는지 봐 둘 필요가 있습니다. 그래서 다음 절에서는 "서버와 브라우저"에 대해 설명합니다.

2 서버와 브라우저

서버라고 하는 것은 클라이언트/서버 시스템의 서버입니다만, 이것은 많은 컴퓨터를 연결하는 방법 중 하나에 지나지 않습니다. 그런데 인터넷 브라우저가 개발되고 나서는 모습이 달라집니다.

인터넷이든 아니든, 무엇인가 정보를 보내는 것을 통신이라고 합니다. 이 통신에는 규약이 존재합니다. 그것은 약속이기도 합니다. 서로 어떠한 데이터가 어떻게 전송될지를 합의하지 않으면 정보를 받을 수도 없고, 보냈어도 아무도 해석할 수 없습니다. 그렇게 미리 정해진 약속(규약)을 프로토콜이라고 합니다.

인터넷 브라우저가 마치 처음부터 존재한 것처럼, TV를 보듯 당연하게 여길 수도 있지만, 브라우저는 모두 정해진 규약에 따라서 움직이고 있습니다. HTML(HyperText Markup Language)이라고 하는 마크업 언어가 브라우저에 표시하기 위한 기본 언어로서 표준화되어 있습니다. 홈페이지를 만들 때 사용하는 언어입니다. 또한, HTML 언어로 기술된 파일을 어떻게 통신하는가 하는 것도 당연히 정해져 있습니다.

어딘가의 홈페이지를 보고 싶으면 http://로 시작되는 주소로 접근합니다만, 그것들도 모두 표준화되어 있는 것으로 규약에 따라서 움직이는 것입니다. 이 규약은 HTTP(Hypertext Transfer Protocol)로 불리고 있습니다. 그럼, 누가 이 규약에 따라서 움직이고 있는 걸까요. 우리가 사용하고 있는 컴퓨터입니까? 아니면 다른 컴퓨터입니까?

그렇습니다. 이것들을 실제로 다른 서버 등과 교환하고 있는 것이 바로 Web 서버라고 불리고 있는 컴퓨터와의 연결입니다.

자기 자신의 서버를 구축하고 있는 사람도 있겠지만, 일반적으로 전문 업체가 서버를 구축하고 있습니다. 이른바 프로바이더라고 하는 공급자가 이에 해당합니다. 그리고 이러한 기업의 Web 서버를 제어하기 위한 기능을 미리 통합한 Java 명세서가 있습니다. 그것이 Java EE(Java Platform, Enterprise Edition)입니다. Java EE는 일반적으로 사용하는 Java 언어 명세서인 Java SE(Java Standard Edition)에 HTTP 프로토콜 등을 의식하여 사양을 추가한 확장판입니다. Java 프로그래머 개인이 서버를 세우는 경우는 드물기 때문에 Enterprise(기업)라는 말이 사용되고 있지만, 개인 수준에서 Java EE를 사용해도 아무런 문제가 없습니다.

너무 많은 것을 이야기하면 혼란스러울 수도 있겠지만, Java는 휴대전화와 같은 임베디드 기기를 위한 사양 Java ME(Java Micro Edition)라는 것도 있습니다. 이에 대해서는 "칼럼 3.3 안드로이드 프로그램 개발에 대해"를 참조해 주세요.

다시 Java EE로 돌아와서, 지금까지 이야기한 것처럼 HTTP 프로토콜을 사용할 것이기 때문에 그 사양을 다소나마 기억할 필요가 있습니다. 정리해보면 브라우저를 표시하는 언어는 HTML이고 HTML을 송수신하기 위한 프로토콜이 HTTP입니다. 이 HTTP를 지원하는 Java가 Java EE입니다(그림 4.6.1).

따라서 Java EE를 사용하면, 홈페이지를 보는 것과 같은 구조로 Web을 이용한 애플리케이션을 구축할 수 있다는 것입니다. 그리고 이러한 구조로 된 애플리케이션을 Web 애플리케이션이라고 부르고 있습니다.

그림 **4.6.1** Web 애플리케이션의 구조

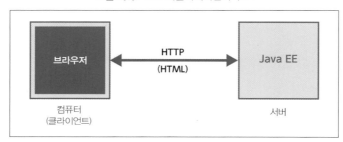

3 서버 사이드 Java의 표준인 Java EE에서 추가된 기능(구조)

서버 사이드 Java의 규격인 Java EE를 좀 더 자세히 살펴보겠습니다. Java EE에는 Java SE와 비교하여 크게 다음의 3개의 기능(구조)이 추가되어 있습니다.

● **서블릿**
이것은 HTTP의 규격에 따라서 서버가 클라이언트의 브라우저로부터 요청을 받으면, 그에 대한 응답을 클라이언트로 되돌리는 처리를 합니다.

● **JSP(Java Server Pages)**
JSP는 클라이언트 측에서 움직이는 Web 페이지(HTML 등으로 움직입니다)에 Java 프로그램을 짜 넣는 구조입니다.

● **EJB(Enterprise JavaBeans)**
서버 사이드에서 사용하는 컴포넌트의 모음입니다.

아무것도 사용해 보지 않으면 이미지화하기 어려울지도 모릅니다. 간단히 말하면, 서블릿은 서버 사이드에서 움직이지만, JSP는 어떤 의미에서 확장의 기능이며 서블릿의 클라이언트 측에서 Java 코드를 움직일 수 있는 것입니다(그림 4.6.2).

그림 4.6.2 서블릿과 JSP

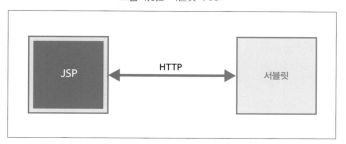

나중에 실제로 서블릿과 JSP로 프로그램을 구현해보면 직관적으로 이해할 수 있는 것이지만, JSP를 사용하여 클라이언트에 Java 코드를 대량으로 포함시키면 너무 부하가 걸려 움직임이 나빠집니다. 또한, 클라이언트 측에서 JSP 코드로 많은 업무 로직을 구현하게 되면 추후에 변경을 하려고 해도 쉽게 수정하기 어렵게 됩니다. 유지보수성이 나빠지기 때문에 그쪽을 신경 써 구현해야 합니다.

● 데이터베이스 연결이 가능한 JDBC

Java EE의 큰 특징이 세 가지라고 했지만, 실제 Java로 엔터프라이즈의 업무를 해 나가려면, 위에서 설명한 기술을 포함하여 한 가지 더 필요한 기술이 있는데 바로 데이터베이스를 처리할 수 있는 JDBC(Java Database Connectivity)입니다.

JDBC는 Java에 의한 데이터베이스 연결을 가능하게 하는 API입니다. 데이터베이스와 관련해서 보다 자세히 알려면 또 여러 가지 지식이 필요하므로, 여기에서는 간단한 소개만 하겠습니다. RDB(Relational Database)는 데이터베이스의 주요 유형이며 이 유형의 데이터베이스를 사용하기 위해서 준비된 API가 JDBC라고 하는 정도만 기억해 둡시다.

JDBC는 무언가 하나의 라이브러리를 가리키고 있는 것은 아닙니다. 각각의 데이터베이스 회사마다 DB를 연결하기 위해 제공하고 있는 라이브러리의 총칭이라고 알아두시면 좋습니다.

엔터프라이즈 Java란 Java EE 사양을 사용하여 구현되는 Java 시스템을 말합니다. 서버 사이드 Java 기술로 Java EE의 대표 격인 서블릿 및 JSP에 대해서는 이미 설명했습니다.

개인 수준의 프로그래밍이라면 핵심 기술인 서블릿과 JSP의 지식만 있어도 충분하지만, 대규모 엔터프라이즈 시스템에서는 핵심 기술만으로 시스템을 작성하지 않습니다. 몇 사람이 작성하는 정도의 소규모라면 문제가 없지만, 수백 명, 때에 따라서는 수천 명의 프로그래머가 작성하는 대규모 엔터프라이즈 시스템에서는 새로운 구조를 생각해 두지 않으면 안 됩니다. 그렇게 등장한 것이 "프레임워크"라고 하는 방법입니다.

프레임워크에서 가장 잘 알려진 것은 Apache 프로젝트가 개발한 Struts라고 하는 오픈 프로젝트입니다. 누구나 참여하여 무료로 사용할 수 있습니다. Struts에서는 대규모 시스템을 MVC 모델에 따라 개발하는 방법을 도입하고 있습니다.

이 MVC(Model View Controller)는 소프트웨어 설계 모델의 하나로, 처리의 핵심을 담당하는 Model, 표시와 출력을 담당하는 View, 입력 내용에 대한 View와 Model을 제어하는 Controller, 이렇게 3가지 분류로 나누어 시스템을 구현하는 기술입니다(그림1).

① **Model** : 데이터베이스와 파일을 처리하는 부분으로 구현 기술로는 JavaBeans 등이 있습니다.

② **View** : 보이는 곳을 다루는 부분으로 해당하는 기술로는 브라우저에서 작동하는 JSP 등입니다.

③ **Control** : Model과 View를 제어하는 부분으로 해당하는 기술로는 서블릿입니다.

한때는 이 기술이 폭발적으로 받아들여졌기 때문에, Java 엔터프라이즈 시스템 개발을 하는 경우 Struts에 숙달되어 있는지가 중요한 기준이 되었을 정도였습니다.

그림 1 MVC 모델

이 Struts는 Java 언어를 다룰 수 있다고 하는 것보다 Struts를 다룰 수 있다고 하는 편이 중요할 정도로 유명했던 프레임워크였는데, 지금은 Spring Framework가 수많은 엔터프라이즈 환경의 시스템 구축에 사용되고 있습니다(그림2).

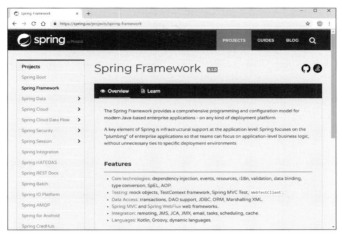

그림 2 Spring Framework

이 Spring Framework에는 다음과 같은 기능이 있습니다.

① **핵심 기능** : SpringBeans에 의한 DI기능이나 AOP(어스펙트 사양)에 의한 처리
② **데이터 액세스 기능** : 트랜잭션 및 데이터베이스, NoSQL에 대한 액세스
③ **Web 기능** : Web 프레임워크 제공

이처럼 기능이 있다고 써 놓아도, 사용해 보지 않으면 이해하기 쉽지 않습니다. Java 엔터프라이즈 레벨에서는 이러한 프레임워크를 알아 두어야 실무를 원활하게 담당할 수 있다는 것을 기억하십시오.

4 Web 애플리케이션 실행하기

Web 애플리케이션이란, HTTP를 사용하여 브라우저가 Web 서버와 상호 작용함으로써 실현되는 애플리케이션입니다. 그것을 실현하기 위해서는 JavaScript 같은 스크립트도 필요하지만, 무엇보다 Java EE의 기술들이 압도적으로 필요합니다. 그럼 여기서는 Java EE의 실제 구현 방법을 간단한 예제로 설명해 보겠습니다.

Java EE라고 해서 지금까지 설명한 Java API 및 사용법에 특별한 차이가 있는 것은 아닙니다. 단지 API가 Web을 의식하고 있는지의 여부입니다. 즉, 클라이언트가 아닌 서버에서 Java가 작동하는 것임을 알아두면 됩니다. 그것을 여기에서 확인해 보겠습니다.

지금까지의 설명으로 독자 여러분은 이미 API 사용법을 어느 정도 이해하고 계실 테니 바

로 서블릿 코드를 살펴보겠습니다. 다만 그 전에 기본적인 주고 받음과 거기에 대응하는 메소드를 설명하겠습니다.

HTTP 프로토콜은 클라이언트가 서버에 요청한 것에 대해서 서버가 응답하는 절차를 말합니다. 아래의 4개의 메소드를 기억해 두면, 서블릿을 작동시킬 수 있습니다.

● init 메소드

Servlet 시스템이 실행되었을 때에 한 번만 호출되는 메소드입니다.

● doGet 메소드

클라이언트에서 서버에 대한 요청이 있을 때 호출되는 메소드입니다.

● doPost 메소드

클라이언트에서 서버에 대한 데이터를 송신할 때 호출되는 메소드입니다.

● destroy 메소드

서블릿이 종료되기 전에 한 번만 호출됩니다.

그러면 브라우저에 Hello World를 출력하는 서블릿을 작성합시다. 아래의 코드가 그 샘플 코드입니다.

〈브라우저에 Hello World를 출력하는 서블릿 예제 코드〉

```
1    import java.io.*;
2    import javax.servlet.*;
3    import javax.servlet.http.*;
4
5    public class HelloWorld extends HttpServlet {
6
7       init() {
8       }
9       public void doGet(HttpServletRequest request, HttpServletResponse response)
10          throws IOException, ServletException
11
12          response.setContentType("text/html");
13          PrintWriter out = response.getWriter();
14
15          out.println("<html>");
16          out.println("<head>");
17          out.println("</head>");
```

```
18        out.println("<body>");
19        out.printin("<h1>Hello World!</h1>");
20        out.println("</body>");
21        out.println("</html>");
22      }
23    public void destroy() {
24      }
25  }
```

〈코드의 보충 설명〉

- 처음 import 문은 서블릿을 사용한다는 선언입니다.
- public class HelloWorld extends HttpServlet {
    HttpServlet 클래스를 상속하기 때문에 메서드를 재정의하면 작동시킬 수 있습니다.
    여기에서 doGet 메소드를 사용하고 있습니다.
- PrintWriter out = response.getWriter();
    출력하기 위한 클래스를 선언한 후에는 println 메소드로 HTML 출력을 할 수 있습니다.

서블릿은 Java 프로그래머가 구현할 수 있습니다. 그러나 홈페이지는 프로그래머가 아닌 홈페이지 디자이너가 만드는 경우가 많습니다. 프로그래머가 아니어도 홈페이지를 구현할 수 있는 기술이 JSP입니다. 다음은 조금 전에 만든 서블릿과 같은 것을 JSP로 작성해 본 예입니다.

〈브라우저에 Hello World를 출력하는 JSP 코드 예제〉

```
1  <html>
2    <head>
3    </head>
4    <body>
5      <% out.println( "<p> Hello World! </p>");
6    </body>
7  </html>
```

JSP 코드를 보면 Java가 HTML 코드 안에 포함되어 있는 것을 볼 수 있습니다. Hello World를 표현할 수 있는 Java 코드의 결과는 다른 프로그래머가 만들 수도 있습니다.

그 부분은 이렇게 될 것이라는 사양만 알고 있으면, 그리고 지시를 해주면 나머지는 스스로 얼마든지 설계할 수 있습니다. 실제로 제작 도구를 사용하여 디자인을 하면 태그가 많은 부분 자동 생성이 되니 직접 작성하는 경우는 적을 것입니다.

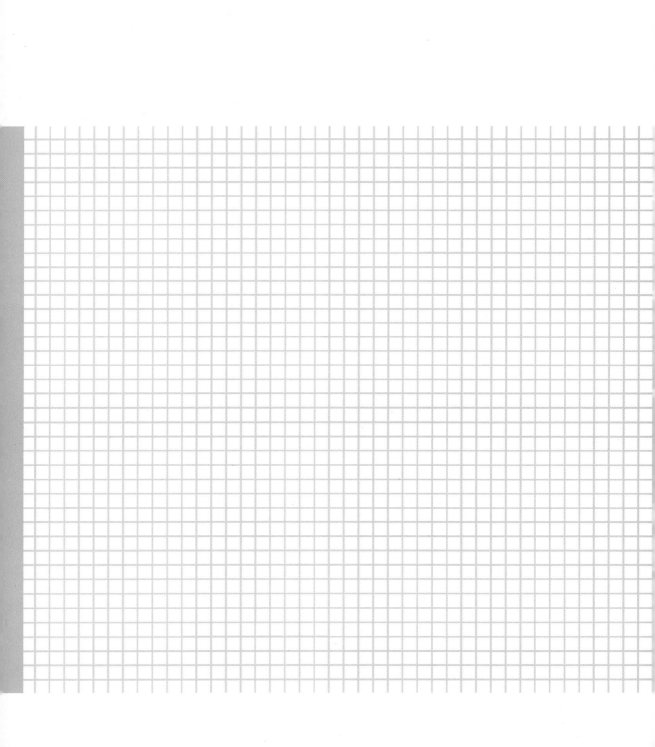

JAVA와 전자회로 공작

자, 이제 소프트웨어 세계를 건너 마지막으로 남은 것은 전자 공작입니다.
옴의 법칙부터 시작합니다.

이 장에서는 전기회로의 기초부터 응용, 그리고 라즈베리 파이의 GPIO
인터페이스를 통한 소프트웨어 활용 및 하드웨어 제어까지 설명합니다.

이 장에서는 라즈베리 파이에서 구현 가능한 Java 프로그램을 소개합니다. 라즈베리 파이는 일반 컴퓨터로 사용할 수도 있지만, 확장 커넥터를 이용하여 보통 컴퓨터로 할 수 없는 LED, 스위치, 센서, IC, 서보모터 등 다양한 전자 소자·회로·기기의 제어와 통신을 Java 프로그램을 사용하여 손쉽게 할 수 있습니다.

이를 통해 화면상에서만 작동하고 있던 프로그램이 현실 세계에서 움직이는 것과 동시에 인터넷상에서도 작동하기 시작합니다. 자신의 프로그램으로 사물을 움직이는 즐거움을 실감하고, 인터넷을 통해 사물을 움직이는 IoT 세계까지 도전해보십시오.

5.1 전자 공작의 기초

이 절에서는 앞으로 전자 공작을 하는 데 필요한 전자회로의 기초 지식을 설명합니다. 전자 공작이라고 하면 전문적인 지식이 필요한 어려운 작업같지만, 비록 전문 지식이 없어도 포인트만 잘 숙지하면 어렵지 않게 작동시킬 수 있습니다. 그러나 부주의하여 취급을 잘못하면 라즈베리 파이 본체나 부품을 훼손할 수 있으므로, 여기서 설명하는 필요 지식을 제대로 이해하고 안전한 전자 공작을 즐겨봅시다.

1 아날로그 신호와 디지털 신호

먼저 전자 공작의 기본이 되는 신호를 설명합니다. 신호란 도대체 무엇입니까? 디지털대사전에는 "색·소리·빛·모양·전파 등, 언어 대신 일정한 부호를 사용하여 떨어진 두 지점 간에 의사를 전달하는 것. 거기에 이용하는 부호"라고 설명되어 있습니다. 이 정의에 따르면, 전자 공작의 신호는 전기를 부호로 처리해 의사를 전달하는 것입니다. 즉, 라즈베리 파이로 프로그램을 작동시켜 신호를 전자회로에 전달함으로써 전자회로를 제어할 수 있습니다.

그러면 전기신호는 어떠한 신호일까요? 전기신호는 크게 나누면 아날로그 신호와 디지털 신호로 나누어집니다. 다시 디지털대사전을 보면 아날로그는 "연속적으로 변화하는 수치를 물리량으로 나타내는 것"이고, 디지털은 "연속적인 양을 단계적으로 구분하여 숫자로 나타내는 것"이라고 설명되어 있습니다. 아날로그 신호와 디지털 신호를 표시하면 그림 5.1.1과 같이 됩니다.

아날로그 신호는 전압이 연속적으로 변화하고 있지만, 디지털 신호는 전압이 0V(접지) 상태 또는 전원 전압 중 하나가 되어있는 것을 알 수 있습니다. 그림과 같이 디지털 신호는 2개의 전압 상태만을 갖는데 전자의 상태를 로우레벨, 후자의 상태를 하이레벨이라고 합니다. 엄밀하게 말하면 다른 상태도 있는데, 여기에서는 다루지 않습니다.

그림 5.1.1 아날로그 신호와 디지털 신호

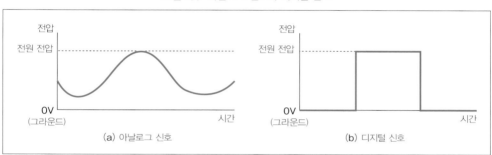

두 신호 모두 전압의 변화로 정보를 전달한다는 점은 같지만, 아날로그 신호가 취할 수 있는 전압은 0V로부터 전원까지 연속적이고 무단계인데 반해, 디지털 신호는 로우레벨과 하이레벨 중 하나의 상태밖에 취할 수 없다는 차이를 기억해 주세요. 다만 어느 쪽의 경우에서도 "전압의 변화를 신호로써 전달해, 이를 통해 따라 전자회로를 제어한다."라는 점은 같습니다.

2 옴의 법칙

전자회로뿐만 아니라 전기를 취급할 때는 반드시 만나게 되는 것이 옴의 법칙입니다. 옴의 법칙을 정복해 두면, 다른 것은 어떻게든 될 것입니다.

옴의 법칙은 "도체에 흐르는 전류의 크기는 그 도체 양 끝의 전위차에 비례한다."라는 물리 법칙입니다. 그림 5.1.2 같은 회로로 가정하면, V는 전원 전압이고 단위는 V(볼트)입니다.

회로에 흐르는 전류는 I이고 단위는 A(암페어)입니다. 그리고 저항은 R이고 단위는 Ω(옴)이라고 하면, 옴의 법칙은 다음 식으로 표시됩니다.

옴의 법칙 $V = I \times R$

그림 5.1.2 기본적인 전자회로

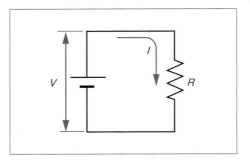

전자회로는 전원 전압이 도중에 바뀌는 일이 거의 없습니다. 라즈베리 파이는 3.3V로 일정합니다. 이 때문에 전류값이나 저항값을 요구할 때 이 식을 사용합니다. 전류값, 저항값을 구하려면 조금 전의 식을 다음과 같이 변형해 사용하면 됩니다.

전류값 $I = \dfrac{V}{R}$

저항값 $R = \dfrac{V}{I}$

전류값의 식에서 저항 R의 값이 0인 경우, 즉 전지의 플러스극과 마이너스극이 연결된 상태(이 상태를 "합선(쇼트)"이라고 합니다)가 되면, 전류값이 무한대가 되는 것을 알 수 있습니다. 하지만 무한대의 전류를 흘릴 수 있는 전원은 존재하지 않습니다. 전원(예를 들어 라즈베리 파이에 사용하는 AC 어댑터 등)에는 흘릴 수 있는 전류값이 사양으로 결정되어 있어, 사양을 넘는 전류값을 흘려버리면 그 전원은 망가져 버립니다. 전자 공작을 하려고 할 때, 제일 주의하지 않으면 안 되는 것이 이 상태입니다. 쇼트에 따라서는, 피해가 전원에만 끝나지 않는 것도 있습니다. 최악의 경우 라즈베리 파이가 고장 날 수 있으므로 주의해 주세요.

3 전자 부품의 절대최대정격

전자 부품의 사양에는 절대최대정격이라고 하는 항목이 있습니다. 이것은 이 값을 한순간이라도 넘으면 부품이 망가진다는 의미입니다. 부품을 망가뜨리지 않기 위해 꼭 지켜야만 하는 수치입니다.

예를 들어 LED는 순방향 전류의 절대최대정격이 정해져 있습니다. 전류의 최대정격이 30mA라고 기술되어 있으면, 이 LED에는 30mA를 넘는 전류를 흘려선 안 되는 것입니다.

그럼 30mA 이상의 전류를 흘리지 않기 위해서 어떻게 하면 좋을까요. 여기서 옴의 법칙이 등장합니다. 회로의 전류를 조정하기 위해서 저항값을 바꾸면 됩니다. 어느 정도의 저항값이 필요하게 될지는 조금 전의 식으로부터 계산할 수 있습니다. 여기에서는 전원 전압을 5V로 설정하고 계산해 보겠습니다.

$$R = \frac{V}{I} = 5 \ [V] \div 0.03 \ [A] = 166.67 \ [\Omega]$$

계산 결과에서 회로에 166.67 [Ω]보다 큰 저항을 넣으면, 절대최대정격을 넘는 전류가 흐르는 것을 방지할 수 있습니다. 실제로 LED에 흘리는 전류값을 계산하려면, 다른 요소도 고려해야 합니다. 이것에 대해서는 "5.3 LED와 스위치"에서 설명합니다.

이처럼 전자 부품을 부수는 일 없이 안전하게 사용하려면, 전류값과 전압값을 부품의 사양에 맞게 정해진 값의 범위를 넘어서지 않도록 해야 합니다. 거기서 활약하는 것이 옴의 법칙입니다.

4 라즈베리 파이로 전자회로 제어하기

일반적으로 마이크로컴퓨터 등은 디지털 회로로 구성되어 있어 취급하는 신호도 주로 디지털 신호입니다. 라즈베리 파이로 전자회로를 제어하는 경우도, 디지털 신호를 출력해 회로에 명령을 보내고, 또 회로로부터의 디지털 신호를 입력해 처리하게 됩니다.

라즈베리 파이로 디지털 신호를 입출력하려면 확장 커넥터를 사용합니다. 확장 커넥터에 다양한 전자 부품을 연결하면 그것들을 Java 프로그램으로 제어할 수 있습니다.

라즈베리 파이의 확장 커넥터의 각 핀의 역할을 표 5.1.1에 나타냅니다.

표 5.1.1 라즈베리 파이의 확장 커넥터

비고	기능	핀 명	GPIO 신호	핀 번호		핀 번호	GPIO 신호	핀 명	기능	비고
50mA로(1번 핀과 17번 핀의 합계)		3.3V		1		2		5V		
1.8kΩ 풀업 저항 부착	I2C1(SDA)	GPIO2	8	3		4		5V		
1.8kΩ 풀업 저항 부착	I2C1(SCL)	GPIO3	9	5		6		GND		
	GPCLK0	GPIO4	7	7		8	15	GPIO14	UART0(TXD)	시작할 때 시리얼 콘솔로 사용
		GND		9		10	16	GPIO15	UART0(RXD)	시작할 때 시리얼 콘솔로 사용
	SPI1(CS1)	GPIO17	0	11		12	1	GPIO18	SPI1(CS0), PWM0	기타기능: PCM_CLK
		GPIO27	2	13		14		GND		
		GPIO22	3	15		16	4	GPIO23		
50mA로(1번 핀과 17번 핀의 합계)		3.3V		17		18	5	GPIO24		
	SPI0(MOSI)	GPIO10	12	19		20		GND		
	SPI0(MISO)	GPIO9	13	21		22	6	GPIO25		
	SPI0(SCLK)	GPIO11	14	23		24	10	GPIO8	SPI0(CS0)	
		GND		25		26	11	GPIO7	SPI0(CS1)	
확장보드에 장착된 EEPROM용 신호		ID_SD		27		28		ID_SC		확장보드에 장착된 EEPROM용 신호
		GPIO5	21	29		30		GND		
		GPIO6	22	31		32	26	GPIO12	PWM0	
	PWM1	GPIO13	23	33		34		GND		
기타기능: PCM_FS	SPI1(MISO), PWM1	GPIO19	24	35		36	27	GPIO16	SPI1(CS2)	
		GPIO26	25	37		38	28	GPIO20	SPI1(MOSI)	기타기능: PCM_DIN
		GND		39		40	29	GPIO21	SPI1(SCLK)	기타기능: PCM_DOUT

※ 라즈베리 파이 B타입은 26핀까지입니다. ──── 확장 커넥터 핀 할당

핀명에 "GND(그라운드)"라고 기술되어 있는 핀은 전지에서 말하는 음극입니다. 3.3V라고 되어있는 핀은 GND 핀과 연결되면 3.3V의 전압이 출력됩니다. 전지에서 말하는 양극, 즉 전원 핀입니다. 마찬가지로 5V라고 되어있는 핀은 GND 핀과 연결되면 5V의 전압이 출력되는 전원 핀입니다.

핀 명에 "GPIO"라고 설명이 되어있는 핀이 프로그램에서 제어할 수 있는 핀입니다. GPIO(General Purpose Input/Output)는 범용 입출력을 나타내며, 이 핀은 프로그램 내에서 신호를 입력하는 핀(입력 핀), 신호를 출력하는 핀(출력 핀) 중 하나로 설정할 수 있습니다. 또한, GPIO 핀이 처리할 수 있는 것은 디지털 신호입니다. 라즈베리 파이의 확장 커넥터에는 직접 아날로그 신호를 입력/출력할 수 있는 핀이 없습니다. 아날로그 신호를 취급하려

면 아날로그 신호를 처리하는 IC를 확장 커넥터에 연결해야 합니다. 아날로그 신호를 취급할 수 있는 IC의 접속 방법에 대해서는 "5.4 IC 연결하기"에서 설명합니다.

또, 핀 번호 외에 GPIO 번호가 할당되어 있습니다. Java 프로그램에서 GPIO를 지정할 때는 이 GPIO 번호를 사용해 지정합니다. 핀 번호와는 다르므로 주의해 주세요.

5 회로도 기호

이 장에서는 전자 공작의 예를 몇 가지 소개하고 있습니다. 전자 공작을 하려면 회로도를 어느 정도 알아야 합니다. 회로도는 전자 부품의 배치와 연결을 나타내는 도면으로 전자회로를 만드는 데 매우 중요한 것입니다. 여기에서는 회로도에 사용되는 기호를 설명합니다.

표 5.1.2 회로도 기호와 그 의미

회로도 기호	의미
+3.3V	전원. 하나의 회로에서 여러 종류의 전원이 있으면 옆에 전압을 기재하여 구별한다.
	접지(그라운드). 회로의 기준 전위(0V) 임을 나타낸다.
	전지. 선이 긴 쪽이 양극이다.
	저항. 기호 옆에 저항값을 기재한다.
애노드 / 캐소드	LED. 삼각형 밑변 쪽이 양극(애노드). 삼각형의 정점과 선의 측이 음극(캐소드).
	푸시 버튼 스위치
M	DC 모터
	가변저항. 기호 옆에 저항값을 기재한다.

이 책에서는 가능한 부품이 적고 단순한 회로를 구성하도록 하고 있습니다. 조금 정교한 것을 하려고 하면 부품 수도 많아지므로, 회로도도 복잡하게 됩니다. 여기에서 언급한 이외에도, 다수의 회로도 기호가 등장하므로 보다 자세히 알고 싶으신 독자는 전기와 관련된 전문서적을 참조해 보세요.

이 절에서는, 전자 공작을 하기에 필요한 최소한의 지식을 설명했습니다. 실제로 직접 전자회로를 설계하려면, 더 많은 이론이나 지식이 필요할지도 모르지만, 이 책에서는 우선 부품이나 기판 손상 없이, 안전하게 전자 공작을 즐겨 봅시다.

칼럼 5.1   GPIO 번호의 결번

"표 5.1.1 라즈베리 파이의 확장 커넥터"를 보고 이미 눈치를 챈 독자도 있을거라 생각합니다만 GPIO 번호 중에서 17 ～ 20번이 결번되어 있습니다. 이 17 ～ 20번의 GPIO는 라즈베리 파이 1 Model A와 B 에서만 이용 가능한 GPIO입니다.

라즈베리 파이 1의 확장 커넥터 P5

확장 커넥터 P5의 핀 할당	
핀 번호	기능
1	5V
2	3.3V
3	GPIO17
4	GPIO18
5	GPIO19
6	GPIO20
7	그라운드
8	그라운드

참고로 라즈베리 파이 1의 확장 커넥터 P1은 26핀으로 되어있고, 이 커넥터에 할당할 수 있는 GPIO 번호는 0 ～ 16번입니다. 실은 라즈베리 파이 1에는 P5라고 하는 8핀의 확장 커넥터도 준비되어 있습니다. 이 커넥터에 할당된 GPIO 번호는 17 ～ 20번입니다.

또 다른 확장 커넥터인 P5는 커넥터가 구현되어 있지 않습니다. 실제로 이용할 때는 8핀의 랜드(커넥터를 납땜하기 위한 구멍)에 2.54mm 피치 2열 X 4핀의 커넥터를 납땜해야 합니다.

라즈베리 파이 1 Model B+에서 확장 커넥터가 40핀으로 변경됐을 때, 이 4개의 GPIO 단자는 새로운 확장 커넥터에는 할당될 수 없었습니다. 그 때문에, 4개의 GPIO 번호는 결번이 되어 버렸습니다.

5.2 준비물

이 절에서는 전자 공작을 하는데 필요한 준비물을 소개합니다. 전자 공작만의 특유한 도구도 있으므로, 이 기회에 최소한의 도구를 갖추는 건 어떨까요?

1 필요한 준비물

라즈베리 파이를 사용하여 전자 공작을 할 때 기본적으로 갖추어야 할 것들을 소개합니다.

● 브레드보드
● 점프선

브레드보드는 많은 구멍이 뚫린 판 모양의 도구입니다. 전자 부품을 꽂아 전자회로를 구성할 수 있습니다.

그림 5.2.1 브레드보드

점프선은 브레드보드에 연결하기 위한 전용 전선입니다.

그림 5.2.2 점프선

브레드보드와 점프선 그리고 전자 부품을 준비하면 전자회로를 작동시키기 위한 최소한의 조건이 갖추어집니다. 전자 공작이라고 하면 "인쇄 회로 기판에 전자 부품을 납땜해야 하는 것 아닌가?"라고 생각하는 독자도 있겠지만, 브레드보드를 사용하면 납땜 없이 전자회로를 조립할 수 있습니다.

2 브레드보드의 종류와 구성

그럼 브레드보드에 대해 자세히 살펴봅시다. 브레드보드는 아래의 그림처럼 다양한 종류와 크기가 있습니다.

그림 5.2.3 다양한 브레드보드

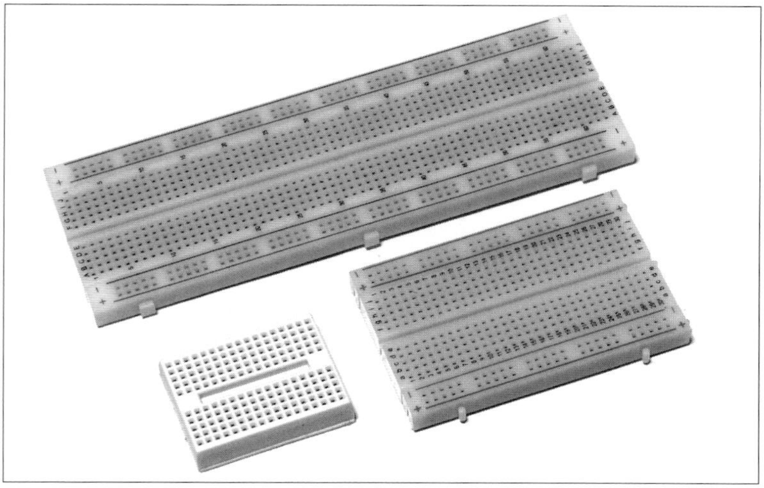

어떤 브레드보드를 사용할지는 사용하는 전자 부품의 수를 기준으로 판단하면 좋습니다. 전자 부품을 1 ~ 2개 연결하는 것이라면 작은 브레드보드로 충분하지만, IC를 2 ~ 3개 사용하는 경우는 한 단계 큰 브레드보드를 사용하는 것이 편하고 IC를 5개 이상 사용하게 되면 보다 큰 브레드보드가 필요하게 됩니다.

비슷한 크기의 브레드보드에서도, 횡렬의 구멍 수가 다른 것이 있습니다.

그림 5.2.4 구멍의 수가 다른 브레드보드

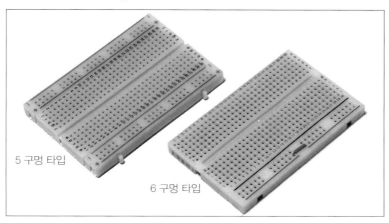

구멍의 수가 증가하면, 하나의 단자로부터 분기할 수 있는 배선의 수가 증가하기 때문에 같은 크기의 브레드보드보다 더 복잡한 회로를 구성할 수 있습니다. 이 책에서는 주로 그림 5.2.1에서 소개한 5 구멍 타입의 소형 브레드보드를 사용합니다.

브레드보드의 내부 구조를 봅시다. 브레드보드의 각 구멍은, 그림 5.2.5와 같이 내부에 연결되어 있습니다.

그림 5.2.5 브레드보드의 내부 구조

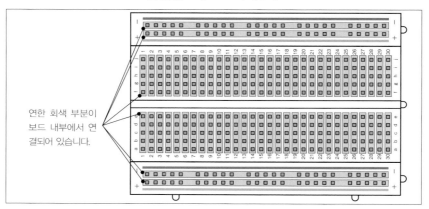

저항이나 LED 등의 전자 부품은 그림 5.2.6과 같이 연결합니다. IC 등 양측으로 핀이 나와 있는 부품은 중심의 홈을 지나도록 연결합니다.

브레드보드의 내부 구조를 잘 이해해서 전원과 접지를 실수로 합선(쇼트)시키지 않도록 주의하십시오.

그림 5.2.6 부품의 연결

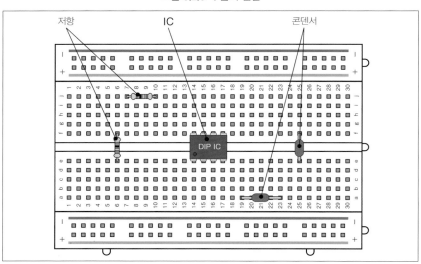

3 점프선의 종류

브레드보드에 배선할 점프선도 여러 종류가 있습니다. 미리 브레드보드의 구멍 간격에 맞추어 가지런히 잘라둔 "단선 유형"과 브레드보드 이외의 기판과도 손쉽게 연결할 수 있는 "연결선 유형" 등이 있습니다.

그림 5.2.7 점프선의 종류

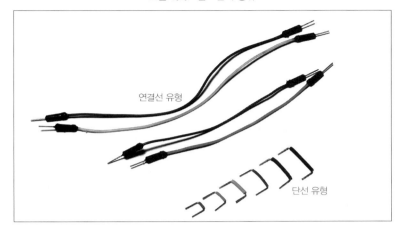

연결선 종류에는 끝이 핀으로 되어있는 M 타입(수컷)과 소켓으로 되어있는 F 타입(암컷)이 있습니다.

그림 5.2.8 연결선 종류의 점프선

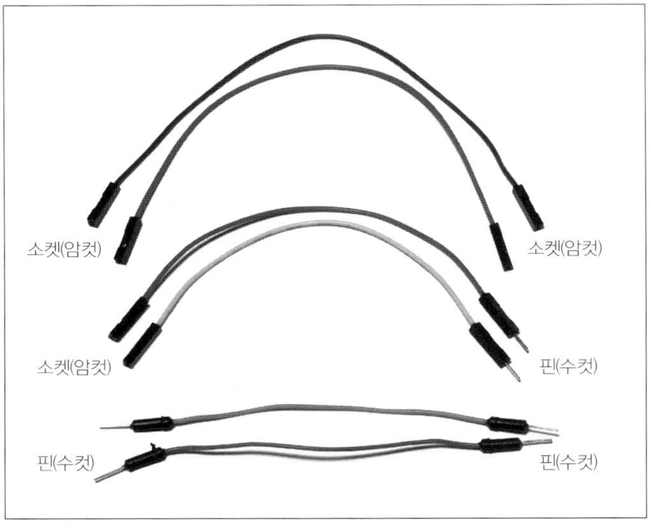

5.3절 이후로 회로를 조립하는 경우나 브레드보드에서 부품끼리 연결하는 경우는 "단선 유형" 또는 "핀(수컷)-핀(수컷) 연결선 유형"의 점프선을 사용하고, 라즈베리 파이의 확장 커넥터와 브레드보드를 연결할 때는 "핀(수컷)-소켓(암컷) 연결선 유형"의 점프선을 사용합니다.

4 있으면 편리한 공구

전자회로를 구성하는 데 있어서 자주 사용하는 공구는 다음과 같습니다. 예산에 여유가 있으면 이러한 공구도 준비해 두면 좋습니다.

- 니퍼
- 라디오 펜치
- 핀셋
- 납땜인두
- 테스터

그림 5.2.9 니퍼　　　　　　그림 5.2.10 라디오 펜치　　　　　　그림 5.2.11 핀셋

니퍼는 너무 긴 전자 부품의 리드선을 잘라 가지런히 하는 용도로 사용합니다(그림 5.2.9).

전자 부품을 브레드보드에 연결할 때, 전자 부품의 리드선을 바른 모양으로 굽히고 싶을 때가 있습니다. 이럴 때는 라디오 펜치가 있으면 편리합니다(그림 5.2.10).

작은 부품이나 짧은 점프선을 브레드보드에 연결할 때는 핀셋이 있으면 작업이 쉬워집니다(그림 5.2.11).

그리고 전자 공작의 필수품이라고도 할 수 있는 납땜인두입니다(그림 5.2.12).

그림 5.2.12 납땜인두

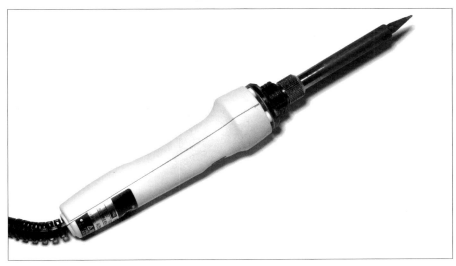

브레드보드를 사용하는 것으로 납땜 작업을 최소화할 수 있습니다만, 완전히 납땜이 없는 것은 아닙니다. 이 책에서 소개하는 공작에도, 약간의 납땜이 필요한 부분이 있습니다. 그다지 어려운 작업은 아니므로, 이번 기회에 납땜에 도전해보세요.

그림 5.2.13 납땜 작업

납땜 작업은 다음과 같은 순서로 실시합니다.

① 납땜하는 부품의 리드선을 기판의 구멍에 연결한다. 이때 기판을 거꾸로 해도 기판에서 부품이 떨어지지 않게 리드선을 가볍게 구부려 놓는다. 리드선을 굽힐 수 없는 경우에는 마스킹 테이프를 사용해 부품이 떨어지지 않게 고정한다.
② 기판을 뒤집고, 부품의 리드선과 기판의 패드(동박) 부분을 인두를 사용해 동시에 따뜻하게 한다.
③ 인두로 리드선이 기판에 고정되도록 땜납을 한다.
④ 땜납이 녹으면 기판의 구멍에 충분히 닿도록 녹여 간다.
⑤ 충분하게 땜납이 녹으면, 땜납을 떼고 인두를 뗀다.
⑥ 위의 ② ~ ⑤까지의 작업을 5초 이내로 실시한다.
⑦ 납땜이 끝나면 니퍼를 사용해 여분의 리드선을 잘라 깨끗이 한다.

순서는 이것뿐이지만, 익숙해지기 전에는 땜납이 잘 녹지 않거나, 반대로 너무 잘 녹아서 구슬이 되어 버리는 일이 있습니다. 이런 일도 경험이니 능숙해질 때까지 도전해보세요.

그림 5.2.14 테스터

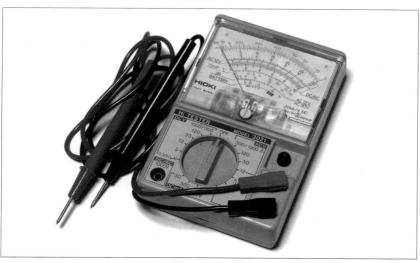

마지막 도구는 테스터로 전자 공작에 필요한 측정기입니다(그림 5.2.14). 전자 공작을 안전하게 하려면, 작성한 회로를 작동시키기 전에 전원과 접지가 합선(쇼트)되어 있지 않은지 점

검하는 것이 중요합니다. 이때 사용하는 것이 테스터입니다. 전자회로를 작성하면, 전원을 넣기 전에 먼저 테스터로 확인하도록 합시다.

쇼트를 확인하려면 우선 테스터의 측정 상태를 저항값 측정으로 전환합니다. 테스터의 봉을 전원과 접지에 접속하고, 전원-접지 간의 저항값을 측정합니다. 측정값이 0Ω 부근이 아니면 쇼트는 아닙니다. 그러나 저항값이 10Ω 이하로 낮은 경우, 쇼트는 아니지만 회로의 연결에 문제가 있을 수도 있습니다. 이때는 한 번 더, 회로의 연결을 검토해 보세요.

연결에 문제가 없는 것이 확인되면 전원을 넣어 작동을 확인합니다. 지금까지 전자 공작하는데 필요한 준비물을 살펴보았습니다.

5 Pi4J 업데이트

여기에서는 라즈베리 파이에서의 준비에 대해 설명합니다. Pi4J는 Java에서 라즈베리 파이의 확장 커넥터에 액세스하기 위한 패키지입니다. 라즈비안에 사전 설치된 Pi4J(책 집필시기의 최신판은 2016/9/23판)는 버전이 오래되었고, 라즈베리 파이 Type B+ 이후로는 40핀 커넥터를 지원하지 않습니다. 그래서 다음 명령을 실행해 최신판의 Pi4J를 설치합니다.

```
curl -s get.pi4j.com | sudo bash
```

이 명령은 다음의 4가지를 실행합니다.

① apt-get 명령 저장소(repository)에 Pi4J를 추가
② Pi4J의 GPG 공개키의 다운로드와 설치
③ "apt-get update" 명령을 호출해 로컬 패키지 데이터베이스를 갱신
④ "apt-get install pi4j" 명령을 호출해 패키지를 내려받고 설치

이러한 명령을 실행한 후에는 Raspbian 업데이트와 같은 순서로 Pi4J의 버전 업을 할 수 있습니다.

원고 집필 중에 라즈비안을 업데이트하는 명령(sudo apt-get update와 sudo apt-get upgrade)을 실행했더니 BlueJ가 최신버전으로 업데이트되면서 Pi4J도 최신 버전으로 업데이트되었습니다. 따라서 별다른 설정을 하지 않아도 40핀 커넥터 대응이 가능해졌습니다.

하지만 중요한 것은 Pi4j 패키지 자체는 apt-get 명령으로 관리되지 않는다는 것입니다. 향후 Pi4j가 버전 업 했을 때, sudo apt-get upgrade 명령어로는 업데이트가 되지 않으므로 수동으로 설치해야 합니다. apt-get 명령으로 관리할 수 있게 하려면 아래에 적혀 있는 단계로 설치해야 합니다.

BlueJ의 설정을 변경해야 하므로 다음 명령을 실행하여 BlueJ 설정 파일을 엽니다.

```
sudo nano /usr/share/bluej/bluej.defs
```

이 파일의 "userlib" 디렉터리의 위치를 지정하는 부분에 다음과 같은 내용을 추가합니다.

```
bluej.userlibLocation=/opt/pi4j/lib
```

실제로 변경을 기술하는 부분은 bluej.defs 파일에서 다음 부분입니다.

```
1   Where the "userlib" directory is. This directory contains java
2   libraries, in the form of jar and zip files, which will be
3   available to all projects opened in BlueJ.
4
5   If you leave this commented out the userlib directory is:
6      <BLUEJ_HOME>/lib/userlib
7
8   Generally this can be left alone, though it may be useful in a
9   lab environment to move userlib to a location the instructor has
10  write permissions for.
11
12  Note  As with all entries in this file, backslashes in the path
13  should be doubled, and colons should also be preceded by a single
14  backslash, as in the example setting.
```

```
#bluej.userlibLocation=C₩:₩₩some₩₩directory₩₩somewhere   ← 이 행 아래에
 bluej.userlibLocation=/usr/share/bluej/userlib/          ← 이 내용을 추가
```

내용을 추가한 뒤에 파일을 저장하고 종료합니다.

BlueJ를 실행하면 "Tools" 메뉴에서 "Preferences"를 선택합니다. 대화 상자가 열리면 "Libraries" 탭을 클릭합니다. 대화상자 하단의 표시가 그림 5.2.15처럼 되어있으면 새로운 버전의 Pi4J가 로드되어 있는 것입니다.

그림 5.2.15 설정 화면

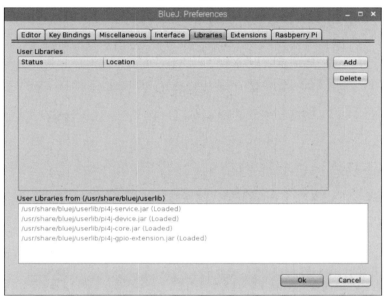

이 절에서 전자 공작을 시작할 때 필요한 준비물과 프로그래밍을 시작하기 전에 필요한 준비에 대해 설명했습니다. 이 책에 등장하는 전자 공작 예제들을 시험해 보는 데에는 지금까지 소개한 내용으로도 충분하다고 생각합니다. 향후 보다 복잡한 전자 공작에 도전하려면 도구가 더 필요합니다. 전자 공작의 수준이 오를 때마다, 공구나 측정기를 조금씩 늘려 가세요.

5.3 LED와 스위치

그럼 먼저 전자 공작의 기본인 LED 점등 회로를 제어해봅시다. LED를 점등시키려면 라즈베리 파이로 신호를 출력해야 합니다. 또 스위치 상태를 알기 위한 회로도 제어해야 합니다. 스위치 상태를 알기 위해서는 스위치의 신호를 라즈베리 파이에 입력해야 합니다.

이처럼 전자회로 제어의 기본은 신호의 입력과 출력입니다. 아무리 복잡한 회로도 신호의 입력회로와 출력회로의 조합으로 되어있습니다.

1 LED

LED(Light Emitting Diode : 발광 다이오드)는 전류가 흐르면 발광하는 반도체소자입니다.

그림 5.3.1 LED

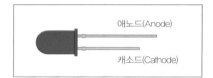

애노드(Anode)

캐소드(Cathode)

그림 5.3.2 LED 데이터 시트의 예

□ Absolute Maximum Rating

Item	Symbol	Value	Unit
DC Forward Current	I_F	30	mA
Pulse Forward Current	I_{FP}	100	mA
Reverse Voltage	V_R	5	V
Power Dissipation	P_D	72	mW
Operating Temperature	Topr	–30~+85	°C
Storage Temperature	Tstg	–40~+100	°C
Lead Soldering Temperature	Tsol	260°C/5sec	–

□ Directivity

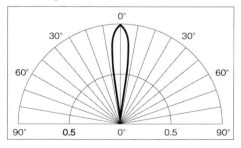

□ Electrical – Optical Characteristics

Item	Symbol	Condition	Min.	Typ.	Max.	Unit
DC Forward Voltage	V_F	I_F=20mA	1.8	2.0	2.5	V
DC Reverse Current	I_R	V_R=5V	–	–	10	μA
Domi. Wavelength	λ_D	I_F=20mA	635	640	645	nm
Luminous Intensity	I_V	I_F=20mA	–	1200	–	mcd
50% Power Angle	$2\theta_{1/2}$	I_F=20mA	–	15	–	deg

LED에는 리드선이 2개 있습니다. 긴 쪽을 양극(애노드) 단자, 짧은 쪽을 음극(캐소드) 단자라고 부릅니다. 전류는 양극 단자에서 음극 단자로 흐르기 때문에 LED를 점등하는 회로를 구성할 때는 전압의 플러스 측에 양극 단자, 마이너스 측에 음극 단자를 연결합니다. 여기서, LED의 사양을 볼 수 있는 데이터 시트의 예를 그림 5.3.2에 나타냅니다. 참고만 하세요.

데이터 시트의 절대최대정격에 적혀있는 값(Value)은 한순간이라도 넘어서는 안 되는 값입니다. 예를 들어, 순방향 전류(DC Forword Current) IF는 30mA라고 규정되어 있으므로 30mA를 넘는 전류가 흐르면 이 LED는 고장이 납니다.

"전기적 및 광학적 특성(Electrical-Optical Characteristic)"으로 규정되어 있는 내용이, 이 LED의 성능을 나타내고 있습니다. 이 값의 범위 안으로 사용하면 망가지는 일 없이 LED의 성능을 최대한 발휘할 수 있습니다.

LED를 사용할 때 포인트가 되는 것은 순방향 전압 VF와 광도 LV입니다.

"순전압(순방향 전압)"은 LED 등 다이오드 특성의 하나로, 양극(애노드)에서 음극(캐소드)의 방향으로 전류를 흘렸을 때 다이오드의 양단에 발생하는 전압을 말합니다.

"광도"는 일정한 전류가 흐를 때의 LED 밝기를 나타냅니다. 이 데이터 시트에는 20mA의 전류가 흐를 때의 밝기로 기재되어 있습니다. 이 전류값보다 적으면 LED는 어둡고, 많으면 밝게 빛납니다. 다만, 전류값의 상한은 절대최대정격을 넘지 않도록 주의하십시오.

2 LED 연결하기

라즈베리 파이와 LED를 연결하는 회로는 그림 5.3.3과 같이 됩니다.

그림 5.3.3 LED를 연결하는 회로

(a) 하이레벨에서 LED가 점등하는 회로   (b) 로우레벨에서 LED가 점등하는 회로

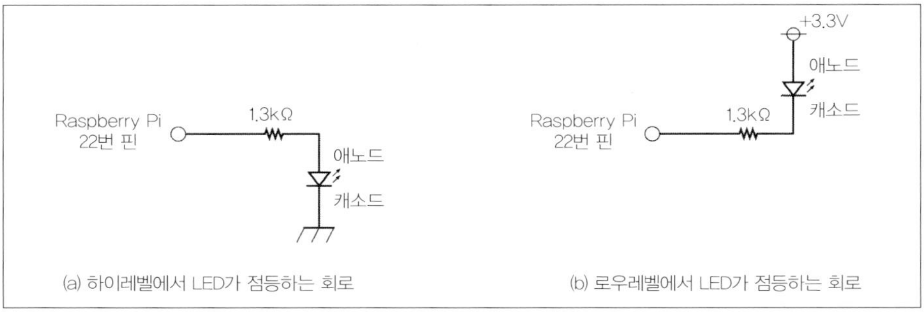

이 그림과 같이 라즈베리 파이로 LED의 점등을 제어하는 회로는 2가지가 있고, 각각 점등에 필요한 라즈베리 파이 측의 전압 레벨이 다릅니다. (a) 회로는 라즈베리 파이의 22번 핀이 하이레벨일 때, (b) 회로는 로우레벨일 때에 LED가 켜집니다. 이번에는 (a) 회로로 시도해 보겠습니다.

LED에 직렬로 연결된 저항은 LED에 흐르는 전류의 크기를 조정하기 위한 것입니다. 이 저항값은 LED에 흐르게 하는 전류값을 바탕으로, 다음의 식으로 정리할 수 있습니다.

저항값 = (전원 전압 − 순방향 전압) ÷ 흐르게 하는 전류

라즈베리 파이의 전원 전압은 3.3V입니다. 순방향 전압은 LED의 데이터 시트에 기재된 값(이 예에서는 2.0V), 흐르는 전류를 1mA로 합니다(라즈베리 파이 프로세서에 흘릴 수 있는 전류는 표준 8mA까지이므로 이것을 넘지 않도록 주의해주세요). 이 값들을 앞의 식에 대입하면 다음과 같이 됩니다.

(3.3V − 2.0V) ÷ 0.001A = 1300Ω

따라서 필요한 저항은 1300Ω(1.3kΩ)인 것을 알 수 있습니다.

그러면 브레드보드를 사용하여 실제로 라즈베리 파이에 LED를 연결해 보겠습니다. 브레드보드의 실체 배선도는 그림 5.3.4와 같이 됩니다.

그림 5.3.4 실체 배선도(LED)

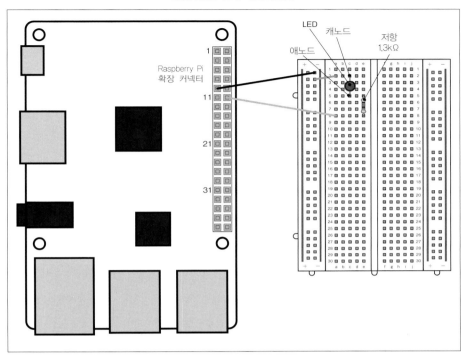

이 회로에 사용하는 부품 목록은 표 5.3.1과 같습니다.

표 5.3.1 LED회로의 부품 목록

부품명	제품번호·규격	메이커	개수
LED	OSDR5113A	OptoSupply	1
저항	1.3kΩ	각사	1

3   LED 점멸 프로그램

그럼 LED 점멸 프로그램을 만들어 보겠습니다. 이 프로그램의 코드는 코드 5.3.1과 같습니다.

코드 5.3.1 LED.java

```
1     // Pi4J 패키지를 가져 오기
2     import com.pi4j.io.gpio.*;
3     import java.io.*;
4
5     public class LED {
6         public static void main(String[] args) throws InterruptedException
7         {
8             // GpioController 인스턴스를 생성
9             final GpioController gpio = GpioFactory.getInstance();
10
11            // 1 번 핀을 출력 핀으로 초기 상태에서 로우레벨을 출력한다
12            final GpioPinDigitalOutput pin = gpio.provisionDigitalOutputPin(RaspiPin.
              GPIO_01, PinState.LOW);
13
14            System.out.println("Starting :");
15
16            while(true) {
17                // 500msec 대기
18                Thread.sleep(500);
19
20                // 1 번 핀에 하이를 출력
21                pin.high();
22
23                // 500msec 대기
24                Thread.sleep(500);
25
26                // 1 번 핀에 로우레벨을 출력
27                pin.low();
28            }
29        }
30    }
```

그러면 이 프로그램에 관해 설명합니다. 먼저 Pi4J의 GPIO를 제어하는 패키지를 임포트
합니다.

```
2    import com.pi4j.io.gpio.*;
```

다음엔 아래와 같이 기술해 GpioController의 인스턴스를 생성합니다.

```
9    final GpioController gpio = GpioFactory.getInstance();
```

GPIO를 제어하려면 반드시 GpioController 인스턴스를 생성해야 합니다. 계속해서 제어에 사용하는 핀의 인스턴스를 생성합니다.

```
12   final GpioPinDigitalOutput pin = gpio.provisionDigitalOutputPin(RaspiPin.GPIO_01,
     PinState.LOW);
```

provisionDigitalOutputPin 메소드로 GpioPinDigitalOutput의 인스턴스를 생성합니다. 여기서 생성되는 인스턴스는 출력 핀 오브젝트입니다. 인수에 사용하는 핀의 GPIO 번호와 핀의 초기 출력 상태(여기에서는 로우레벨)를 지정합니다.

다음의 기술로 핀의 출력 상태를 지정합니다. high 메소드는 하이레벨을, low 메소드는 로우레벨을 출력합니다. 하이레벨을 출력하면 LED가 켜지고, 로우레벨을 출력하면 꺼집니다.

```
21   pin.high();
27   pin.low();
```

출력 핀 제어의 기본은 여기까지입니다. 제어 대상이 LED이거나 그 이외의 전자 부품이어도 디지털 신호를 출력한다면, 여기에서 소개한 것 같은 인스턴스를 생성해 메소드를 실행하면 됩니다.

또한, 이 프로그램은 무한 루프로 되어있습니다. 종료할 때는 BlueJ의 디버거 윈도우를 열고 main 스레드를 선택해 "Terminate" 버튼을 클릭합니다. 단지 LED를 점멸시키는 것뿐이면, 더 간단하게 기술할 수 있습니다. 그 프로그램은 코드 5.3.2처럼 됩니다.

5

```
1     // Pi4J 패키지를 가져오기
2     import com.pi4j.io.gpio.*;
3     import java.io.*;
4
5     public class Blink {
6         public static void main(String[] args) throws InterruptedException
7         {
8             // GpioController 인스턴스를 생성
9             final GpioController gpio = GpioFactory.getInstance();
10
11            // 1 번 핀을 출력 핀으로 초기 상태에서 로우레벨을 출력한다
12            final GpioPinDigitalOutput pin = gpio.provisionDigitalOutputPin(Ras
              piPin.GPIO_01, PinState.LOW);
13
14            System.out.println("Starting :");
15
16            // 1번 핀의 출력을 500msec 간격으로 변화
17            pin.blink(500);
18        }
19    }
```

코드 5.3.1과의 차이는 blink 메소드입니다. 이 메소드는 인수로 지정한 시간(단위는 msec)마다 출력하고 있는 전압 레벨을 변화시킵니다. 이 프로그램도 종료할 때는 BlueJ의 디버거 윈도우에서 main 스레드를 선택해 "Terminate" 버튼을 클릭해 주세요.

다음은 LED의 점등을 GUI로 제어하는 프로그램을 만듭니다. 이 프로그램은 GUI_LED 클래스(코드 5.3.3), MyFrame 클래스(코드 5.3.4), LED 클래스(코드 5.3.5)의 3개의 클래스로 구성됩니다.

코드 5.3.3 GUI_LED.java

```
1     import javax.swing.*;
2
3     public class GUI_LED
4     {
5         public static void main(String[] args) throws InterruptedException
6         {
7             MyFrame mf = new MyFrame();
8             mf.setVisible(true);
9         }
10    }
```

GUI_LED 클래스는 main 메소드를 가진 클래스입니다.

코드 5.3.4 MyFrame.java

```java
1    import javax.swing.*;
2    import java.awt.*;
3    import java.awt.event.*;
4    import com.pi4j.io.gpio.*;
5
6    public class MyFrame extends JFrame implements ActionListener {
7        // LED 클래스의 인스턴스를 생성. 인수로 LED를 연결하는 핀의 GPIO 번호를 지정
8        LED led = new LED(RaspiPin.GPIO_01);
9
10       /**
11        * MyFrame 클래스의 인스턴스를 위한 생성자
12        */
13       public MyFrame()
14       {
15           setTitle("Test GUI LED");
16
17           // 버튼을 생성
18           JButton btn = new JButton("LED");
19           btn.setBounds(100, 65, 100, 30);
20           btn.addActionListener(this);
21
22           Container con = this.getContentPane();
23           con.setLayout(null);
24           con.add(btn);
25
26           setDefaultCloseOperation(JFrame.EXIT_ON_CLOSE);
27           setBounds(100, 100, 300, 200);
28       }
29
30       // 버튼을 눌렀을 때의 작동을 설명
31       public void actionPerformed(ActionEvent e)
32       {
33           // LED 핀의 출력을 반전
34           led.Toggle();
35       }
36   }
```

MyFrame 클래스는 윈도우 프레임 안에 버튼을 1개 배치하고 있습니다. 버튼을 눌렀을 때 발생하는 이벤트로 LED의 점등 상태를 변화시키는 Toggle 메소드를 실행합니다.

```java
1    import com.pi4j.io.gpio.*;
2
3    public class LED {
4        private GpioController gpio;
5        private GpioPinDigitalOutput ledPin;
6
7        /**
8         * LED 클래스의 인스턴스를 위한 생성자
9         */
10       public LED(Pin pin)
11       {
12           gpio = GpioFactory.getInstance();
13
14           // 지정된 핀을 출력하며 초기 출력 값을 낮게 설정
15           ledPin = gpio.provisionDigitalOutputPin(pin, PinState.LOW);
16           // shutdown 메소드 실행 시 핀의 상태를 지정
17           ledPin.setShutdownOptions(true, PinState.LOW, PinPullResistance.OFF);
18       }
19
20       /**
21        * LED 점등
22        *
23        */
24       public void on()
25       {
26           // LED 핀 하이레벨 출력
27           ledPin.high();
28       }
29
30       /**
31        * LED 꺼짐
32        *
33        */
34       public void off()
35       {
36           // LED 핀 로우레벨 출력
37           ledPin.low();
38       }
39
40       /**
41        * LED 핀의 출력을 반전
42        *
43        */
44       public void Toggle()
45       {
```

```
46              // LED 핀의 출력을 반전
47              ledPin.toggle();
48          }
49
50          /**
51           * LED 점멸
52           *
53           */
54          public void Blink(long millsec)
55          {
56              // LED를 점멸
57              ledPin.blink(millsec);
58          }
59
60          /**
61           * LED 핀의 출력 상태를 확인
62           *
63           */
64          public boolean isOn()
65          {
66              // LED 핀의 출력 상태를 확인
67              return ledPin.isHigh();
68          }
69
70          /**
71           * LED 핀을 개방
72           *
73           */
74          public void shtdwn()
75          {
76              // LED 핀을 개방
77              gpio.shutdown();
78          }
79      }
```

이 LED 클래스는 코드 5.3.1의 LED 클래스를 개조해 LED의 점등을 제어하는 다양한 메소드를 추가합니다. 추가한 메소드는 다음과 같습니다.

- on 메서드(하이레벨을 출력하여 LED를 점등)
- off 메소드(로우레벨을 출력하여 LED를 소등)
- Toggle 메소드(출력되는 레벨을 반전하여 출력)
- Blink 메소드(인수에서 지정한 시간 간격으로 LED를 점멸)
- isOn 메소드(현재 출력하고 있는 레벨이 하이레벨인지 확인하고, 하이레벨이면 True를 반환)

● shtdwn 메소드(LED가 연결되는 핀을 개방)

이 프로그램을 실행할 때는 GUI_LED 클래스를 선택하고 마우스 오른쪽 클릭하여 main 메소드를 실행합니다. 프로그램을 실행하면 그림 5.3.5와 같은 윈도우가 나타납니다.

그림 5.3.5 GUI_LED를 실행

이 윈도우의 "LED" 버튼을 클릭할 때마다 LED가 점등됩니다. 윈도우를 닫으면 프로그램은 종료됩니다.

칼럼 5.3 wiringPi 프로그램

이 5.3절에서 설명하고 있는 프로그램은 GpioController의 인스턴스를 생성해 GPIO를 제어하는 것입니다. 사실은 GpioController의 인스턴스를 생성하지 않아도 GPIO를 제어할 수 있습니다. 그것은 com.pi4j.wiringpi.Gpio 패키지의 GPIO 클래스를 이용하는 방법입니다. 이 com.pi4J.wiringpi.Gpio 패키지에는 WiringPi에 준비된 함수와 아주 비슷한 메소드가 준비되어 있습니다. 따라서 Java 프로그램이면서, WiringPi 라이브러리를 사용하는 C언어의 프로그램과 비슷한 기술을 할 수 있습니다. 만약, C언어로 WringPi 라이브러리를 사용한 프로그래밍 경험이 있으면, 이 패키지를 사용하는 것이 쉬울지도 모릅니다. 예를 들어, 코드 5.3.1의 LED.java를 다시 작성하면 코드 5.C.1과 같이 됩니다.

코드 5.C.1 WiringPiGPIO.java

```
1   import com.pi4j.wiringpi.Gpio;
2   import com.pi4j.wiringpi.GpioUtil;
3
4   public class WiringPiGPIO {
5       public static void main(String[] args) throws InterruptedException
6       {
7           int pin = 1;
8
9           // GPIO를 초기화
10          Gpio.wiringPiSetup();
```

```
11
12            // pin을 출력 핀으로 내보내기
13            GpioUtil.export(pin, GpioUtil.DIRECTION_OUT);
14
15            // pin을 출력으로 설정
16            Gpio.pinMode(pin, Gpio.OUTPUT);
17
18            System.out.println("Starting :");
19
20            while(true) {
21                Thread.sleep(500);
22
23                // 핀에 하이레벨을 출력
24                Gpio.digitalWrite(pin, 1);
25
26                Thread.sleep(500);
27
28                // 핀에 로우레벨을 출력
29                Gpio.digitalWrite(pin, 0);
30            }
31        }
32    }
```

이 프로그램의 작동은 코드 5.3.1과 같습니다. 자신이 편한 방법으로 코딩하세요.

4 LED의 밝기 제어

다음은 LED의 밝기를 제어하는 프로그램을 만듭니다. LED의 밝기를 변화시키려면 GPIO 핀으로 PWM(Pulse Width Modulation) 신호를 출력합니다. PWM이란 펄스 폭 변조라고도 하는데 그림 5.3.6과 같이, 일정 간격으로 신호를 하이레벨과 로우레벨의 폭으로 바꾸고, 디지털 신호에서는 본래 나타낼 수 없는 하이레벨과 로우레벨의 중간값을 유사하게 표현하는 신호 방식입니다.

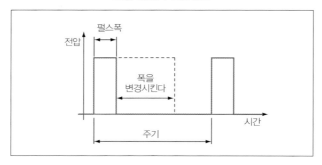

그림 5.3.6 PWM 신호

LED를 하이레벨 출력으로 점등시키는 회로는 하이레벨의 시간(펄스폭)이 짧을수록 LED
가 어둡게 되고, 긴 만큼 밝게 켜집니다. 이때 PWM 신호의 주기에 대한 펄스폭의 비율을
듀티비(Duty raito) 또는 듀티(Duty)라고 합니다.

그림 5.3.7 듀티비

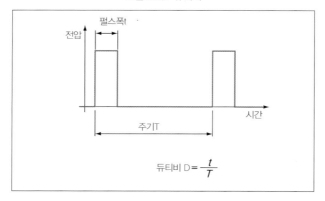

PWM 신호를 이용해 LED의 밝기를 제어하는 프로그램은 코드 5.3.6과 같습니다. 또한,
브레드보드의 실체 배선도는 그림 5.3.4와 같습니다.

```
1    import com.pi4j.io.gpio.*;
2    import java.io.*;
3
4    public class PWMLED {
5        public static void main(String[] args) throws InterruptedException
6        {
7            // 펄스 폭의 배열
8            int[] ind = new int[] { 0, 10, 30, 50, 70, 100, 200, 400, 700, 1024 };
9
10           // GpioController 인스턴스를 생성
11           final GpioController gpio = GpioFactory.getInstance();
12
13           // 1 번 핀 PWM 신호 출력 핀으로 한다
14           final GpioPinPwmOutput pin = gpio.provisionPwmOutputPin(RaspiPin.
             GPIO_01);
15
16           System.out.println("Starting :");
17
18           while(true) {
19               // LED를 서서히 밝게 하는 루프
20               for(int i = 0; i < 10; i++) {
21                   // 펄스 폭의 데이터를 읽어 들여, PWM 신호를 출력
22                   pin.setPwm(ind[i]);
23                   Thread.sleep(500);
24               }
25
26               Thread.sleep(1000);
27
28               // LED를 서서히 어두워지게 하는 루프
29               for(int i = 9; i >= 0; i--) {
30                   // 펄스 폭의 데이터를 읽어 들여, PWM 신호를 출력
31                   pin.setPwm(ind[i]);
32                   Thread.sleep(500);
33               }
34
35               Thread.sleep(1000);
36           }
37       }
38   }
```

GpioController 인스턴스를 생성할 때까지는 지금까지와 같습니다. PWM 신호를 출력하는 핀의 인스턴스를 생성하려면,

```
14 │ final GpioPinPwmOutput pin = gpio.provisionPwmOutputPin(RaspiPin.GPIO_01);
```

과 같이 기술합니다. 다만, provisionPwmOutputPin 메소드의 인수로 지정할 수 있는
핀은 PWM 출력 기능이 있는 핀에 한정되므로 그 이외의 핀을 지정했을 경우, 실행 시
Exception이 발생하여 작동하지 않습니다. 따라서 지정할 수 있는 GPIO 번호는 1, 23, 24,
26이 됩니다.

실제로 PWM 신호를 출력하려면,

```
22 │ pin.setPwm(ind[i]);
```

와 같이 기술합니다. setPwm 메소드의 인수는 INT형으로 0 ~ 1024까지의 값을 지정합니
다. 출력 신호가 0일 때에 LED는 소등되고, 출력신호가 1024일 때는 하이레벨이 되어 LED
가 가장 밝게 켜집니다. 1 ~ 1023을 지정하면, 그 값에 따른 밝기로 켜집니다.

이 프로그램도 무한 루프로 되어 있으므로, 종료할 때는 BlueJ의 디버거 윈도우를 열고,
main 스레드를 선택해 "Terminate" 버튼을 클릭합니다.

다음은 LED의 밝기를 GUI로 제어하는 프로그램을 만듭니다. 이 프로그램은, GUI_
PWMLED 클래스(코드 5.3.7)와 MyFrame 클래스(코드 5.3.8)의 2개의 클래스로 구성되어 있
습니다.

코드 5.3.7 GUI_PWMLED.java

```
 1 │ import javax.swing.*;
 2 │
 3 │ public class GUI_PWMLED
 4 │ {
 5 │     public static void main(String[] args) throws InterruptedException
 6 │     {
 7 │         MyFrame mf = new MyFrame();
 8 │         mf.setVisible(true);
 9 │     }
10 │ }
```

GUI_PWMLED 클래스 역시 main 메소드를 가진 클래스로 조금 전의 GUI_LED 클래
스와 같습니다. MyFrame 클래스의 인스턴스를 생성해 표시하고 있습니다.

```java
1   import javax.swing.*;
2   import java.awt.*;
3   import javax.swing.event.*;
4   import com.pi4j.io.gpio.*;
5
6   public class MyFrame extends JFrame implements ChangeListener {
7       // GpioController 인스턴스를 생성
8       final GpioController gpio = GpioFactory.getInstance();
9
10          // 1번 핀 PWM 출력 핀으로 초기 상태에서 로우레벨을 출력한다
11          final GpioPinPwmOutput pin = gpio.provisionPwmOutputPin(RaspiPin.
            GPIO_01, 0);
12
13      JSlider sld;
14
15      /**
16       * myframe 클래스의 인스턴스를 위한 생성자
17       */
18      public MyFrame()
19      {
20          setTitle("Test GUI PWMLED");
21
22          // 슬라이더를 생성
23          sld = new JSlider(0, 1024, 0);
24          sld.setBounds(50, 65, 200, 30);
25          sld.addChangeListener(this);
26
27          Container con = this.getContentPane();
28          con.setLayout(null);
29          con.add(sld);
30
31          setDefaultCloseOperation(JFrame.EXIT_ON_CLOSE);
32          setBounds(100, 100, 300, 200);
33      }
34
35      // 슬라이더가 움직일 때의 작동을 설명
36      public void stateChanged(ChangeEvent e)
37      {
38          // 슬라이더의 값을 PWM 값으로 출력
39          pin.setPwm(sld.getValue());
40      }
41  }
```

이 MyFrame 클래스는 윈도우의 프레임 안에 슬라이더를 1개 배치하고 있습니다. 슬라이더를 이동할 때에 발생하는 이벤트로 슬라이더의 위치를 취득해, 그 값을 setPwm 메소드에 전달하여 LED의 밝기를 변화시킵니다.

이 프로그램을 실행할 때는 GUI_PWMLED 클래스를 선택하고 마우스 오른쪽을 클릭해 main 메소드를 실행합니다. 프로그램을 실행하면, 그림 5.3.8 같은 윈도우가 표시됩니다.

그림 5.3.8 GUI_PWMLED를 실행

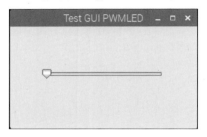

이 윈도우 슬라이더를 이동시킬 때 LED의 밝기가 달라집니다. 윈도우를 닫으면 프로그램이 종료됩니다.

칼럼 5.4 소프트웨어 PWM

5.3절에서 설명하고 있는 PWM 신호를 출력하는 프로그램에서는, PWM 신호를 출력할 수 있는 핀이 한정되어 있었습니다. 사실, 모든 GPIO 핀에서 PWM 신호를 출력할 방법이 있습니다. 그것은 com. pi4j.wiringpi.SoftPwm 패키지를 이용하는 방법입니다.

GpioController의 PWM은 하드웨어로 PWM 출력 기능이 있는 GPIO 핀에서만 PWM 신호 출력이 가능했지만, 이 방법은 소프트웨어로 PWM 신호를 생성하기 때문에 PWM 출력 기능이 없는 GPIO 핀에서도 PWM 신호를 출력할 수 있게 됩니다. 실제의 프로그램은 다음의 코드 5.C.2와 같습니다.

```java
1    import com.pi4j.wiringpi.Gpio;
2    import com.pi4j.wiringpi.SoftPwm;
3
4    public class WiringPiPWM
5    {
6        public static void main(String[] args) throws InterruptedException
7        {
8            int[] ind = new int[] { 0, 1, 3, 5, 7, 10, 20, 40, 70, 100 };
9
10           // GPIO를 초기화
11           Gpio.wiringPiSetup();
12
13           // pin을 소프트웨어 PWM 출력 핀으로 초기화
14           SoftPwm.softPwmCreate(1, 0, 100);
15
16           System.out.println("Starting :");
17
18           while(true) {
19               for(int i = 0; i < 10; i++) {
20                   // 소프트웨어 PWM 신호를 출력
21                   SoftPwm.softPwmWrite(ind[i]);
22                   Thread.sleep(500);
23               }
24
25               Thread.sleep(1000);
26
27               for(int i = 9; i >= 0; i--) {
28                   // 소프트웨어 PWM 신호를 출력
29                   SoftPwm.softPwmWrite(ind[i]);
30                   Thread.sleep(500);
31               }
32           }
33       }
34   }
```

이 프로그램은 코드 5.3.6을 소프트웨어 PWM으로 다시 쓴 것입니다. 이 프로그램을 실행하면 하드웨어 PWM의 프로그램과 변함없이 작동하는 것을 확인할 수 있습니다. 이 프로그램에서는 GPIO 1번 핀을 이용하고 있습니다만, PWM 기능이 없는 GPIO 핀(예를 들어 GPIO 4번 핀, 커넥터 16번 핀)으로 변경해도 변함없이 작동하는 것을 확인할 수 있습니다. 또한, 실제로 작동을 시도할 때는 LED에 연결된 점프선도 잊지 말고 다시 연결하십시오.

5   스위치

앞의 LED는 아주 기본적인 출력 부품입니다. 이번에는 가장 기본적인 입력 부품인 스위치를 라즈베리 파이에 연결해 보겠습니다. 스위치는 ON/OFF 조작으로 사람의 지시를 라즈베리 파이 등의 전자회로에 전하는 부품입니다. 스위치라고 해도 그 모양 등의 차이로 다양한 종류가 있습니다. 브레드보드를 사용한 전자 공작에서 자주 사용하는 스위치로는 푸시 버튼 스위치, 슬라이드 스위치, DIP 스위치가 있습니다.

표 5.3.2 스위치의 종류

푸시 버튼 스위치	슬라이드 스위치	DIP 스위치
버튼을 누르고 있는 동안만 회로를 연결하는 타입의 스위치입니다.	노브를 조작하여 회로를 연결하는 타입의 스위치입니다.	복수의 슬라이드 스위치가 하나의 패키지에 담긴 스위치입니다.

여기에서는 가장 기본적인 스위치인 푸시 버튼 스위치를 사용합니다.

6   스위치 연결하기

스위치를 연결하는 회로는 그림 5.3.9와 같이 됩니다.

그림 5.3.9와 같이 스위치와 저항의 배치를 바꾸면 스위치를 눌렀을 때 전압이 로우레벨에서 하이레벨이 되거나, 하이레벨에서 로우레벨이 됩니다. 또 핀을 입력 상태로 했을 경우, 그 핀이 받는 신호는 하이레벨이나 로우레벨 중 하나가 되어야 합니다. 하이레벨과 로우레벨의 중간의 값을 받으면, 입력 상태가 부정이 되어 프로그램이나 전자회로의 작동 불량의 원인이 되기 때문입니다.

그림 5.3.9 스위치를 연결하는 회로

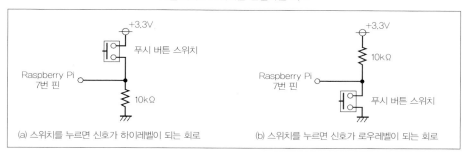

(a) 스위치를 누르면 신호가 하이레벨이 되는 회로   (b) 스위치를 누르면 신호가 로우레벨이 되는 회로

일반적으로 저항을 사용하여 한쪽의 레벨이 되도록 회로를 구성합니다. 이때, 하이레벨이 되도록 구성하는 저항을 풀업 저항, 로우레벨이 되도록 구성하는 저항을 풀다운 저항이라고 합니다. 그림 5.3.9의 경우, 2개의 회로에 내장된 10kΩ의 저항이 (a) 회로에서는 풀다운 저항, (b) 회로에서는 풀업 저항으로 역할합니다.

여기서 (a) 회로는 브레드보드를 사용하여 조립합니다. 실체 배선도는 그림 5.3.10, 사용한 부품은 표 5.3.3입니다.

그림 5.3.10 실체 배선도 – 스위치

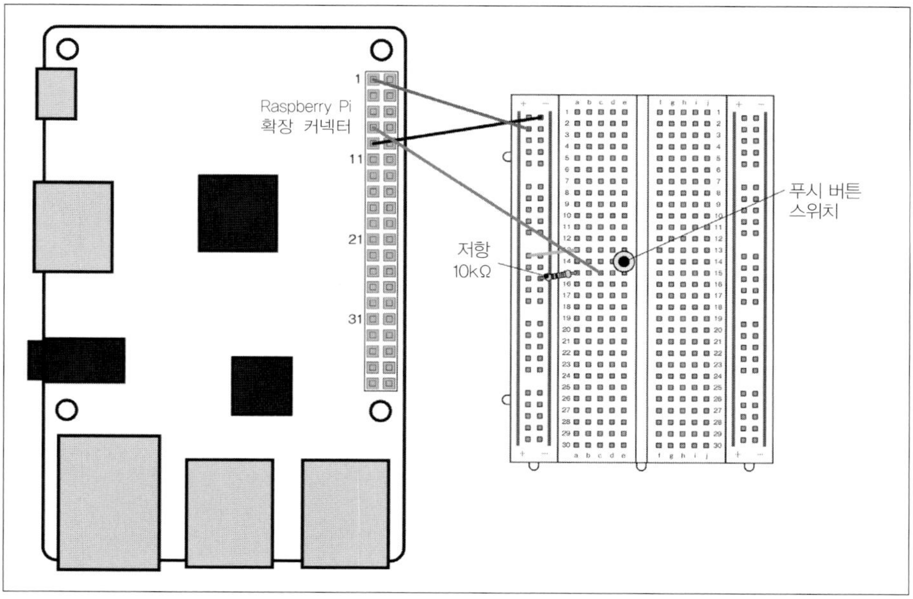

5

표 5.3.3 스위치 회로의 부품 목록

부품명	제품번호·규격	메이커	개수
푸시 버튼 스위치	SKRGAAD01010	알프스	1
저항	10kΩ	각사	1

 7 **스위치 입력 프로그램**

스위치 입력 프로그램을 작성해 봅시다.

코드 5.3.9 Switch.java

```java
1    import com.pi4j.io.gpio.*;
2    import java.io.*;
3
4    public class Switch {
5        public static void main(String[] args) throws InterruptedException
6        {
7            // GpioController 인스턴스를 생성
8            final GpioController gpio = GpioFactory.getInstance();
9
10           // 7번 핀을 입력 핀으로 한다
11           final GpioPinDigitalInput pin = gpio.provisionDigitalInputPin(Raspi
             Pin.GPIO_07);
12           // 7번 핀을 입력 핀과 풀다운 저항으로 사용한다
13           final GpioPinDigitalInput pin = gpio.provisionDigitalInputPin(Raspi
             Pin.GPIO_07, PinPullResistance.PULL_DOWN);
14
15           System.out.println("Starting :");
16
17           while(true) {
18               // 핀의 상태를 읽고 콘솔에 출력한다
19               System.out.println("Pin State :" + pin.getState());
20
21               Thread.sleep(1000);
22           }
23       }
24   }
```

GpioController의 인스턴스를 생성하는 곳은 기존과 같습니다. 계속해서 제어에 사용하는 핀의 인스턴스를 생성합니다.

```
11  final GpioPinDigitalInput pin = gpio.provisionDigitalInputPin(RaspiPin.
    GPIO_07);
```

provisionDigitalInputPin 메소드로 GpioPinDigitalInput 인스턴스를 생성합니다. 여기서 생성되는 인스턴스는 입력 핀 오브젝트입니다. 인수에 사용하는 핀의 GPIO 번호를 지정합니다.

다음 코드로 입력 핀의 상태를 읽어 들입니다.

```
20  System.out.println("Pin State :" + pin.getState());
```

getState 메소드는 핀에 주어진 전압 상태를 반환하는 메소드로, 주어진 전압이 0V이면 "Low", 3.3V이면 "High"를 반환합니다. 이 프로그램에서는 1초마다 핀 상태를 읽어 들여, 터미널 윈도우에 표시합니다.

그림 5.3.11 Switch를 실행

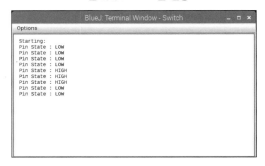

이 프로그램도 종료할 때는 BlueJ의 디버거 윈도우에서 main 스레드를 선택하고 "Terminate" 버튼을 클릭해주세요.

라즈베리 파이의 SoC는 GPIO 핀에 풀업 저항과 풀다운 저항을 내장하고 있습니다. 이 내장 저항을 이용하여 전자 부품의 저항을 줄일 수 있습니다. 이번 회로로 말한다면, 10kΩ의 저항을 줄 수 있습니다. 그러기 위해서는 provisionDigitalinputPin 메소드의 인수에 내장 풀업 저항 또는 풀다운 저항을 사용하는 설정을 추가합니다. 예를 들어, 풀다운 저항을 추가할 때는 다음과 같이 기술합니다.

```
13 │ final GpioPinDigitalInput pin = gpio.provisionDigitalInputPin(RaspiPin.GPIO_07,
   │ PinPullResistance.PULL_DOWN);
```

PULL_DOWN를 PULL_UP으로 하면 내부 풀업 저항이 활성화됩니다. 제어하는 회로에
따라 구분하여 사용해주세요.

다음은 스위치 상태를 GUI에 표시하는 프로그램을 만듭니다. 이 프로그램은 GUI_
Switch 클래스와 MyFrame 클래스(코드 5.3.10) 2개의 클래스로 되어있습니다. Switch 클래
스는 main 메소드를 가진 지금까지의 클래스와 동일합니다.

코드 5.3.10 MYFrame.java

```
 1   import javax.swing.*;
 2   import java.awt.*;
 3   import java.awt.event.*;
 4   import com.pi4j.io.gpio.*;
 5
 6   public class MyFrame extends JFrame {
 7       // GpioController 인스턴스를 생성
 8       final GpioController gpio = GpioFactory.getInstance();
 9
10       // 7번 핀을 입력 핀으로 한다
11       final GpioPinDigitalInput pin = gpio.provisionDigitalInputPin(RaspiPin.
         GPIO_07);
12       // 7번 핀을 입력 핀과 풀다운 저항으로 사용
13       // final GpioPinDigitalInput pin = gpio.provisionDigitalInputPin(RaspiP
            in.GPIO_07, PinPullResistance.PULL_DOWN);
14
15       // Color 클래스의 인스턴스를 생성하고 초기 상태를 블루로 설정
16       Color sw_color = new Color(0, 0, 255);
17
18       /**
19        * myframe 클래스의 인스턴스를 위한 생성자
20        */
21       public MyFrame() {
22           setTitle("Test GUI Switch");
23           setDefaultCloseOperation(JFrame.EXIT_ON_CLOSE);
24           setSize(300, 300);
25
26           // 타이머를 내부 클래스로 정의
27           class TimerListener implements ActionListener {
28               public void actionPerformed(ActionEvent ae)
29               {
30                   // 핀의 상태를 확인
```

```
31              if(pin.isHigh()) {
32                  // 색을 빨강으로 한다
33                  sw_color = Color.RED;
34              } else {
35                  // 색을 파랑으로 한다
36                  sw_color = Color.BLUE;
37              }
38              repaint();
39          }
40      }
41      // 타이머를 시작한다
42      Timer t = new Timer(100, new TimerListener());
43      t.start();
44  }
45
46  public void paint(Graphics g)
47  {
48      super.paint(g);
49      g.setColor(Color.WHITE);
50      g.fillRect(0, 0, getSize().width, getSize().height);
51      // 색을 설정
52      g.setColor(sw_color);
53      // 원을 그리기
54      g.fillOval(120, 120, 60, 60);
55  }
56 }
```

이 MyFrame 클래스에서는 푸시 버튼 스위치를 누르면 윈도우에 표시된 원의 색이 바뀝니다. 푸시 버튼 스위치가 눌려 있는지를 Timer 오브젝트로 일정 시간마다 확인하고 있습니다. Timer 오브젝트의 인스턴스를 생성하고 있는 것이 다음의 기술입니다.

```
42  Timer t = new Timer(100, new TimerListener());
```

Timer 오브젝트의 인스턴스를 생성할 때의 인자로 시간 간격(msec)과 시간 간격마다 호출하는 이벤트 클래스를 지정합니다. 이 프로그램에서는 TimerListener가 100msec마다 호출됩니다.

TimerListener에서는 pin 오브젝트의 isHigh 메소드로 스위치가 연결되는 핀의 상태가 하이레벨인지 조사하고 있습니다. 로우레벨이면 스위치가 눌려 있지 않기 때문에 원의 색상은 파랑이 되고, 하이레벨이면 스위치가 눌려 있으므로 원의 색상은 빨강이 됩니다.

이 프로그램을 실행했을 때의 화면이 그림 5.3.12, 그림 5.3.13입니다.

그림 5.3.12 GUI_Switch를 실행 – 누르지 않을 때

그림 5.3.13 GUI_Switch를 실행 – 누르고 있을 때

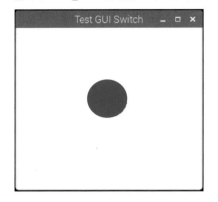

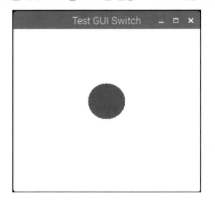

앞에서 설명한 프로그램은 일정 시간마다 스위치 상태를 조사하고 스위치가 눌려져 있는지를 확인하고 있었습니다. 다음은 스위치가 눌러 진 것을 감지해 이벤트를 발생시키는 프로그램을 만들어 봅시다(코드 5.3.11).

코드 5.3.11 Switch_event.java

```
1   import com.pi4j.io.gpio.*;
2   import com.pi4j.io.gpio.event.*;
3   import java.io.*;
4
5   public class Switch_event {
6       public static void main(String[] args) throws InterruptedException
7       {
8           // GpioController 인스턴스를 생성
9           final GpioController gpio = GpioFactory.getInstance();
10
11          // 7번 핀을 입력 핀으로 한다
12          final GpioPinDigitalInput pin = gpio.provisionDigitalInputPin(Raspi
            Pin.GPIO_07);
13          // 7번 핀을 입력 핀과 풀다운 저항으로 사용
14          // final GpioPinDigitalInput pin = gpio.provisionDigitalInputPin(Ra
                spiPin.GPIO_07, PinPullResistance.PULL_DOWN);
15
```

```
16          // 핀의 상태를 감시하는 리스너를 등록
17          pin.addListener(new GpioPinListenerDigital() {
18              @Override
19              public void handleGpioPinDigitalStateChangeEvent(GpioPinDigital
                StateChangeEvent event)
20              {
21                  // 핀의 상태를 읽고 콘솔에 출력한다
22                  System.out.println("Pin State :" + event.getState());
23              }
24          });
25
26          System.out.println("Starting :");
27
28          while(true) {
29              Thread.sleep(1000);
30          }
31      }
32  }
```

이 프로그램에서 아래와 같은 부분의 핀의 상태가 변화한 것을 이벤트로 받아, 이벤트에 따른 처리를 실행하고 있습니다.

```
17          pin.addListener(new GpioPinListenerDigital() {
18              @Override
19              public void handleGpioPinDigitalStateChangeEvent(GpioPinDigital
                StateChangeEvent event)
20              {
21                  // 핀의 상태를 읽고 콘솔에 출력한다
22                  System.out.println("Pin State :" + event.getState());
23              }
24          });
```

addListener 메소드에서는 핀 상태가 변화했을 때의 이벤트를 처리하기 위한 리스너를 등록합니다. 그리고 GpioPinListenerDigital 어댑터 클래스를 이용해 이벤트 발생 시의 처리를 handleGpioPinDigitalStateChangeEvent메소드에 오버라이드 합니다.

이 프로그램을 실행한 상태로 스위치를 누르면 터미널 윈도우에 "Pin State：HIGH"가 표시되고 스위치를 놓으면 "Pin State：LOW"가 표시됩니다(그림 5.3.14).

그림 5.3.14 Switch_event 실행

다음은 이벤트를 이용해 스위치 상태를 GUI에 표시하는 프로그램을 만듭니다. 이 프로그램은 GUI_Switch_event(코드 5.3.12)와 MyFrame 클래스(코드 5.3.13) 2개의 클래스로 되어 있습니다.

코드 5.3.12 GUI_Switch_event.java

```
1    import javax.swing.*;
2
3    public class GUI_Switch_event
4    {
5        public static void main(String[] args) throws InterruptedException
6        {
7            MyFrame mf = new MyFrame();
8            mf.setVisible(true);
9        }
10   }
```

GUI_Switch_event 클래스는 지금까지와 마찬가지로 main 메소드를 가진 클래스입니다.

코드 5.3.13 MyFrame.java

```
1    import javax.swing.*;
2    import java.awt.*;
3    import com.pi4j.io.gpio.*;
4    import com.pi4j.io.gpio.event.*;
5
6    public class MyFrame extends JFrame {
7        // GpioController 인스턴스를 생성
8        final GpioController gpio = GpioFactory.getInstance();
9
10       // 7번 핀을 입력 핀으로 한다
11       final GpioPinDigitalInput pin = gpio.provisionDigitalInputPin(RaspiPin.
         GPIO_07);
```

```
12      // 7번 핀을 입력 핀과 풀다운 저항을 사용하는
13      // final GpioPinDigitalInput pin = gpio.provisionDigitalInputPin(RaspiP
            in.GPIO_07, PinPullResistance.PULL_DOWN);
14
15      // Color 클래스의 인스턴스를 생성하고 초기 상태를 블루로 설정
16      Color sw_color = new Color(0, 0, 255);
17
18      /**
19       * MyFrame 클래스의 인스턴스를 위한 생성자
20       */
21      public MyFrame()
22      {
23          setTitle("Test GUI Switch event");
24          setDefaultCloseOperation(JFrame.EXIT_ON_CLOSE);
25          setSize(300, 300);
26
27          // 핀의 상태를 감시하는 리스너를 등록
28          pin.addListener(new GpioPinListenerDigital() {
29              @Override
30              public void handleGpioPinDigitalStateChangeEvent(GpioPinDigital
                StateChangeEvent event)
31              {
32                  // 핀의 상태를 판정
33                  if(event.getState() == PinState.HIGH) {
34                      // 색을 빨강으로 한다
35                      sw_color = Color.RED;
36                  } else {
37                      // 색을 파랑으로 한다
38                      sw_color = Color.BLUE;
39                  }
40                  repaint();
41              }
42          });
43      }
44
45      public void paint(Graphics g)
46      {
47          super.paint(g);
48          g.setColor(Color.WHITE);
49          g.fillRect(0, 0, getSize().width, getSize().height);
50          // 색을 설정
51          g.setColor(sw_color);
52          // 원을 그리기
53          g.fillOval(120, 120, 60, 60);
54      }
55  }
```

코드 5.3.10에서 타이머를 기술하던 것을 이벤트를 처리하는 내용으로 고쳐 쓴 것입니다. 이 프로그램을 실행했을 때의 화면은 그림 5.3.12, 그림 5.3.13과 같습니다.

지금까지 핀 상태를 직접 읽어 들이는 방법, 입력 신호의 변화를 이벤트로써 처리하는 방법을 설명했습니다. 스위치 입력을 감지하는 방법이 또 하나 있습니다. 이 방법은 스위치 입력에 변화가 있을 때, 즉시 핀의 출력을 변경할 수 있습니다(코드 5.3.14).

코드 5.3.14 Switch_trigger.java

```java
1    import com.pi4j.io.gpio.*;
2    import com.pi4j.io.gpio.trigger.*;
3    import java.io.*;
4
5    public class Switch_trigger {
6        public static void main(String[] args) throws InterruptedException
7        {
8            // GpioController 인스턴스를 생성
9            final GpioController gpio = GpioFactory.getInstance();
10
11           // 7번 핀을 입력 핀으로 한다
12           final GpioPinDigitalInput button = gpio.provisionDigitalInputPin(Ra
             spiPin.GPIO_07);
13           // 1번 핀을 출력 핀으로 초기 상태에서 로우레벨을 출력한다
14           final GpioPinDigitalOutput led = gpio.provisionDigitalOutputPin(Ras
             piPin.GPIO_01, PinState.LOW);
15
16           // 입력 핀에 트리거를 설정. 입력 신호가 하이레벨이 되면 상부를 출력
17           button.addTrigger(new GpioSetStateTrigger(PinState.HIGH, led,
             PinState.HIGH));
18
19           // 입력 핀에 트리거를 설정. 입력 신호가 로우레벨이되면 로우레벨을 출력
20           button.addTrigger(new GpioSetStateTrigger(PinState.LOW, led,
             PinState.LOW));
21
22           System.out.println("Starting :");
23
24           while(true) {
25               Thread.sleep(1000);
26           }
27       }
28   }
```

이 프로그램은 스위치의 입력 신호가 하이레벨일 때는 GPIO01 핀에 하이레벨을, 입력 신호가 로우레벨일 때는 GPIO01 핀에 로우레벨을 출력합니다. GpioPinDigitalInput 오브젝트의 addTrigger 메소드로 트리거 조건을 지정합니다. 트리거 조건은 addTrigger 메소드의 인수로 지정합니다. 이 인수에는 GpioTrigger 인터페이스를 구현한 클래스를 지정합니다.

GpioSetStateTrigger 클래스는 입력 신호 상태를 모니터링하고, 지정한 레벨의 신호가 입력되면, 지정한 출력 핀에, 지정한 레벨의 신호를 출력합니다. 이 프로그램에서는 하이레벨이 입력되면 하이레벨을, 로우레벨이 입력되면 로우레벨의 신호를 출력하고 있습니다.

이 프로그램을 실행하려면 LED가 필요하므로 브레드보드에 LED의 배선을 추가합니다. LED를 추가한 실체 배선도는 그림 5.3.15와 같이 됩니다.

이 프로그램을 실행하면 스위치를 눌렀을 때 LED가 켜지고, 놓으면 꺼집니다. 이 프로그램을 종료할 때도 BlueJ의 디버거 윈도우로 main 스레드를 선택해 "Terminate" 버튼을 클릭해 주세요. 조금 전의 프로그램과 같이 입력 핀 상태와 출력 핀 상태가 같은 경우는 코드 5.3.15처럼 기술할 수도 있습니다.

그림 5.3.15 LED를 추가 한 실체 배선도

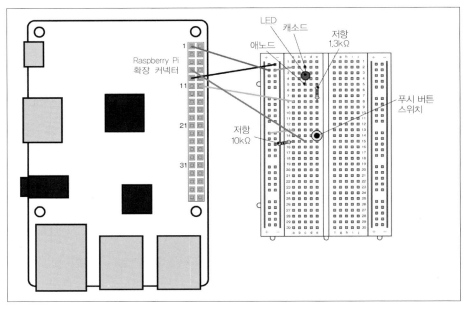

```
1    import com.pi4j.io.gpio.*;
2    import com.pi4j.io.gpio.trigger.*;
3    import java.io.*;
4
5    public class Switch_trigger2 {
6        public static void main(String[] args) throws InterruptedException
7        {
8            // GpioController 인스턴스를 생성
9            final GpioController gpio = GpioFactory.getInstance();
10
11           // 7번 핀을 입력 핀으로 한다
12           final GpioPinDigitalInput button = gpio.provisionDigitalInputPin(Ra
             spiPin.GPIO_07);
13           // 1번 핀을 출력 핀으로 초기 상태에서 로우레벨을 출력한다
14           final GpioPinDigitalOutput led = gpio.provisionDigitalOutputPin(Ras
             piPin.GPIO_01, PinState.LOW);
15
16           // 입력 핀에 트리거를 설정합니다. 입력 신호와 출력 신호를 동기화
17           button.addTrigger(new GpioSyncStateTrigger(led));
18
19           System.out.println("Starting :");
20
21           while(true) {
22               Thread.sleep(1000);
23           }
24       }
25   }
```

17행째의 GpioSyncStateTrigger 클래스는 입력 신호와 같은 레벨의 신호를 지정한 출력 핀에 출력합니다.

이 절에서는 LED와 스위치를 사용한 프로그램을 설명했습니다. LED와 스위치는 전자 공작에서는 단순한 기능의 부품입니다만, 디지털 신호의 입출력을 이해하는 데에는 매우 적합한 부품입니다. 디지털 신호의 입출력에 익숙해지면, 대부분의 디지털 회로를 제어할 수 있습니다. 다음의 5.4절에서는 더 복잡한 디바이스와 회로의 제어에 도전합니다.

5.4 IC 연결하기

이 절에서는 SPI 인터페이스와 I2C 인터페이스 2종류의 시리얼 인터페이스를 사용하여 다기능 IC를 제어합니다. 이 2개의 인터페이스는 IC 간의 시리얼 통신의 대표적인 인터페이스로 시리얼 인터페이스 이전의 IC부터 최신의 센서 IC까지 다양한 IC에 탑재되어 있습니다. 이러한 인터페이스를 잘 다룬다면 더 많은 기기의 제어를 할 수 있게 됩니다.

1 SPI 인터페이스

SPI 인터페이스(Serial Peripheral Interface)는 사용하는 신호선의 개수에 따라 3선 또는 4선 동기식 시리얼 인터페이스라고도 합니다. 동기식이라고 하는 이유는 데이터를 송수신할 때 클록이라고 불리는 신호(SCLK)에 데이터(MISO, MOSI)를 동기화시키고 있기 때문입니다. 구체적으로는 그림 5.4.1 같은 신호가 됩니다.

그림 5.4.1 SPI 인터페이스의 신호

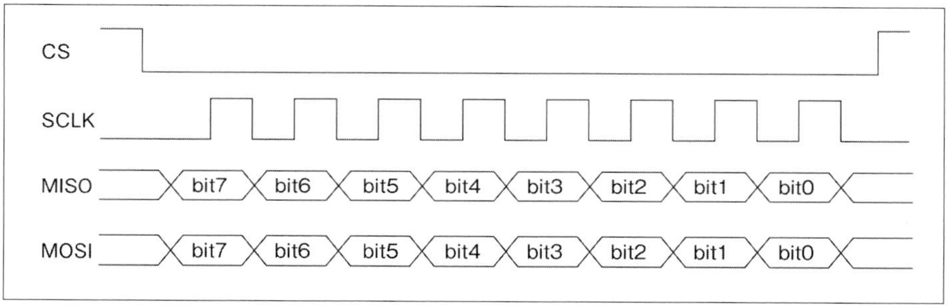

CS신호는 칩선택 신호로 불리며, 통신을 하는 디바이스를 선택할 때 사용합니다. 클록 신호(SCLK)를 출력하는 측의 IC를 마스터라고 하고, 수신하는 측의 IC를 슬레이브라고 합니다. 데이터의 송수신은 대부분 8비트(1바이트) 단위로 진행되며 8비트를 넘는 데이터의 경우는 8비트 단위로 분할됩니다.

SPI 인터페이스의 전송 방식은 데이터 신호로부터 데이터를 가져오는 클록 신호의 위상, 타이밍의 차이에 따라 mode 0 ~ 3의 4가지 패턴이 존재합니다(그림 5.4.2).

그림 5.4.2 SPI 인터페이스의 신호 패턴

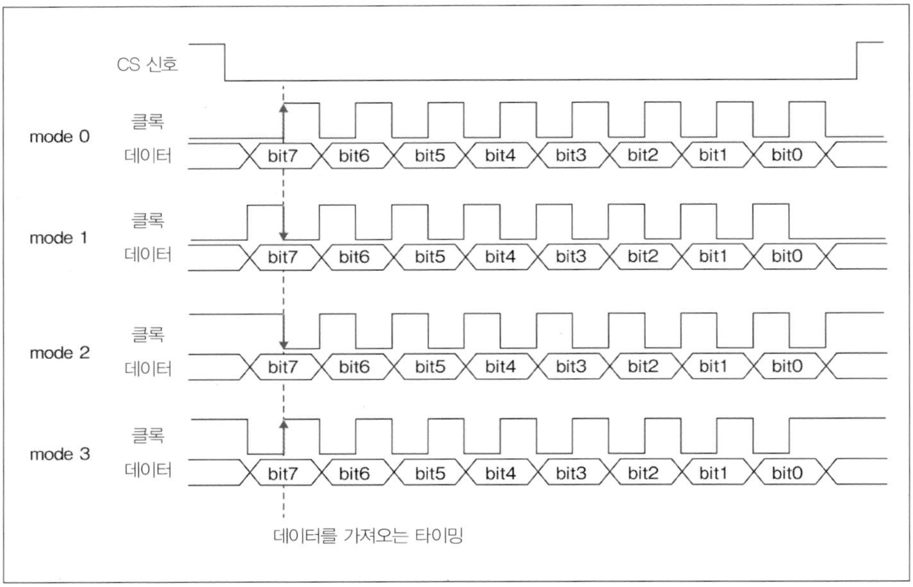

SPI 인터페이스에서 통신할 때는 상대가 지원하는 패턴을 확인해 두어야 합니다. 또 마스터 측의 IC에는 통신을 시작하기 전에 어느 신호 패턴을 사용할지를 설정해 둘 필요가 있습니다.

2 SPI 인터페이스를 사용하기 위한 준비

SPI 인터페이스를 Java 프로그램에서 사용할 수 있도록 준비합니다. 라즈비안에는 SPI 인터페이스를 사용하기 위한 모듈이 미리 포함되어 있지만 초기 상태에 이 모듈은 비활성화되어 있습니다. 먼저 이 설정을 SPI 모듈이 작동하도록 변경합니다. 설정을 변경하려면 "Menu" 버튼을 클릭해, "Preferences"—"Raspberry Pi Configuration"을 선택합니다. "Raspberry Pi Configuration" 다이얼로그가 열리면 "Interface" 탭을 클릭합니다. 그리고 "SPI"를 유효(Enable)로 합니다.

그림 5.4.3 "SPI"를 유효로 설정

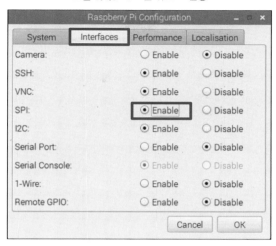

유효로 변경하고 "OK" 버튼을 클릭합니다. 다시 시작하라는 메시지가 표시되므로, "Yes"를 선택해 라즈베리 파이를 재기동합니다.

SPI 인터페이스의 A/D 컨버터 IC

여기에서는 SPI 인터페이스로 연결하는 디바이스로서 MCP3208라고 하는 A/D 컨버터 IC를 사용합니다.

그림 5.4.4 MCP3208

A/D 컨버터 IC는 아날로그 신호의 전압값을 디지털값으로 변환하는 IC입니다. 이번에 사용하는 MCP3208은 12비트의 A/D 컨버터 IC로 8개의 입력 핀을 갖추고 있는데 입력에 대해서 별도의 신호를 입력하는 싱글 엔드 모드와 2개의 핀에 대해서 1개의 차등신호를 입력하는 차등 모드, 두 가지 작동 모드를 가지고 있습니다. 이 IC의 각 핀의 기능은 표 5.4.1, 핀 할당은 그림 5.4.5과 같이 되어있습니다.

표 5.4.1 MCP3208 각 핀의 기능

핀 번호	핀 이름	핀 타입	기능
1	CH0	I	아날로그 입력 핀 채널0
2	CH1	I	아날로그 입력 핀 채널1
3	CH2	I	아날로그 입력 핀 채널2
4	CH3	I	아날로그 입력 핀 채널3
5	CH4	I	아날로그 입력 핀 채널4
6	CH5	I	아날로그 입력 핀 채널5
7	CH6	I	아날로그 입력 핀 채널6
8	CH7	I	아날로그 입력 핀 채널7
9	DGND	–	디지털 접지 핀
10	CS/SHDN	–	칩 선택/셧다운 입력 핀
11	DIN	I	시리얼 데이터 입력 핀
12	DOUT	O	시리얼 데이터 출력 핀
13	CLK	I	시리얼 클록 입력 핀
14	AGND	–	아날로그 접지 핀
15	VREF	I	레퍼런스 전압 입력 핀
16	VDD	–	전원 핀

IC의 SPI 인터페이스는 조금 전의 신호 패턴 중 mode 0과 mode 3에 대응하고 있습니다.

그림 5.4.5 MCP3208의 핀 할당

4 A/D 컨버터 연결하기

라즈베리 파이의 SPI 인터페이스에 A/D 컨버터 IC를 연결합니다. 라즈베리 파이의 확장 단자에는 2개의 디바이스를 제어할 수 있는 SPI 채널이 1개 할당되어 있습니다. 이 SPI 채널 0에 IC를 접속한 회로도가 그림 5.4.6입니다.

그림 5.4.6 라즈베리 파이와 A/D 컨버터의 접속(회로도)

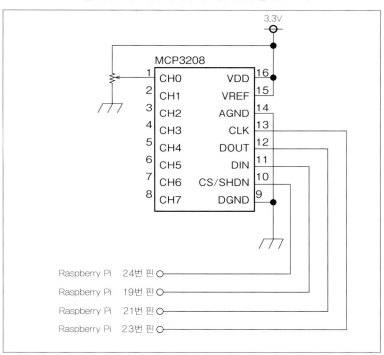

이 회로에서는 A/D 컨버터의 채널 0에 가변 저항(그림 5.4.7)을 연결합니다.

그림 5.4.7 가변 저항

실체 배선도는 그림 5.4.8과 같습니다.

그림 5.4.8 실체 배선도(A/D 컨버터의 연결)

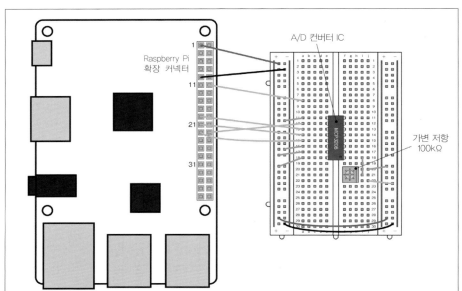

이 회로에 사용하는 부품의 목록을 표 5.4.2에 나타냅니다.

표 5.4.2 A/D 컨버터 회로의 부품 목록

부품명	제품번호·규격	메이커	개수
A/D 컨버터 IC	MCP3208	Microchip	1
가변 저항	GF063P1KB104	TOCOS	1

 5 **A/D 컨버터 프로그램**

A/D 컨버터의 입력 신호 전압값을 읽어 들이는 프로그램을 만듭니다. 이 프로그램은 AD 클래스(코드 5.4.1)와 MCP3208 클래스(코드 5.4.2) 2개의 클래스로 구성되어 있습니다.

```
1    import com.pi4j.io.spi.*;
2    import java.io.*;
3
4    public class AD {
5        public static void main(String[] args) throws Exception
6        {
7            // MCP320 클래스의 인스턴스를 생성. 인수 SPI 인터페이스의 채널 0을 지정
8            MCP3208 mcp3208 = new MCP3208(SpiChannel.CS0);
9            // mcp3208를 초기화
10           mcp3208.init(0x06);
11
12           System.out.println("Starting :");
13
14           while(true) {
15               // MCP3208에서 측정값을 로드
16               int analog = mcp3208.readAnalog(0);
17               // 측정값을 전압값으로 변환
18               double voltage = (double)analog * 3.3 / 4095.0;
19
20               System.out.printf("Analog = %4X Voltage = %2.2f[V] ₩n",
                 analog, voltage);
21
22               Thread.sleep(1000);
23           }
24       }
25   }
```

AD 클래스는 main 메소드를 가진 클래스입니다. A/D 컨버터를 제어하는 MCP3208 클래스의 인스턴스를 생성합니다. A/D 컨버터에서 읽은 값과 전압값으로 변환한 값을 표시하고 있습니다.

전압값으로 환산하는 계산식은 19행입니다.

```
18   double voltage = (double)analog * 3.3 / 4095.0;
```

이 부분에서 A/D 컨버터에서 보낸 12비트의 값은 최대 3.3V의 전압을 12비트로 분해한 것이므로 이 값에 3.3을 곱하고 4095(12비트)로 나눈 것으로 원래의 전압을 계산할 수 있습니다.

```
1    import com.pi4j.io.spi.*;
2    import java.io.*;
3
4    public class MCP3208 {
5        // SPI device 클래스의 인스턴스를 생성
6        public static SpiDevice spi = null;
7
8        public static byte INIT_CMD;
9
10       /**
11        * MCP3208 클래스의 인스턴스를 위한 생성자
12        */
13       public MCP3208(SpiChannel channel) throws IOException
14       {
15           // 인스턴스 변수의 초기화
16           spi = SpiFactory.getInstance(channel);
17       }
18
19       public void init(int init_cmd)
20       {
21           // MCP3208을 초기화하는 설정값을 대입
22           INIT_CMD = (byte)init_cmd;
23       }
24
25       /**
26        * readAnalog 메소드
27        */
28       public int readAnalog(int an_ch) throws IOException
29       {
30           // 보낼 데이터를 설정
31           byte packet[] = new byte[3];
32           packet[0] = (byte)(INIT_CMD | ((byte) an_ch >> 2)); // address byte
33           packet[1] = (byte)(an_ch << 6); // dummy
34           packet[2] = (byte) 0x00; // dummy
35
36           // 수신 데이터를 대입
37           byte[] result = spi.write(packet);
38
39         return (((int) result[2] & 0x000000FF) | (((int) result[1] << 8) & 0x00000F00));
40       }
41   }
```

이 MCP3208 클래스는 A/D 컨버터 IC의 MCP3208을 제어하기 위한 클래스입니다. 인스턴스 생성 시에 인수로서 SPI 인터페이스의 채널을 지정합니다. 이 클래스에는 init() 메소드와 readAnalog(int an_ch) 메소드, 총 2개의 메소드가 있습니다.

- init() 메소드

MCP3208의 초기설정을 합니다. 여기에서는 인수에 0x06을 지정해 아날로그 입력 핀을 싱글 엔드 모드로 사용하도록 설정합니다. 인수의 최하위로부터 2번째 비트에서 싱글 엔드 모드(1로 설정) 그리고 차등 모드(0으로 설정)로 변환합니다. 3번째 비트는 시작 비트이므로 반드시 1로 설정합니다.

- readAnalog(int an–ch) 메소드

인수로 지정한 아날로그 입력 채널의 A/D 변환 데이터를 반환합니다. 이 메소드에서는 먼저 배열 변수 packet에 MCP3208로 보낼 데이터를 대입합니다. write 메소드로 packet을 송신하는 것과 동시에 MCP3208로부터 보내져 온 데이터가 배열 변수 result에 대입됩니다. 배열 변수 result 안에 유효한 데이터는 두 번째 바이트의 하위 4 비트와 3번째 바이트입니다. 이러한 데이터를 논리 연산에서 12비트 값에 집계한 것을 결과값으로 반환합니다. 송신 데이터와 수신 데이터의 내용은 그림 5.4.9와 같이 되어있습니다.

그림 5.4.9 송신 데이터와 수신 데이터

	packet[0]								packet[1]								packet[2]							
송신 데이터	0	0	0	0	0	1	SGL/DIFF	D2	D1	D0	0	0	0	0	0	0	0	0	0	0	0	0	0	0
	result[0]								result[1]								result[2]							
수신 데이터	0	0	0	0	0	0	0	0	0	0	0	0	B11	B10	B9	B8	B7	B6	B5	B4	B3	B2	B1	B0

이 프로그램은 1초마다 아날로그 핀의 전압값을 읽어 들여, 터미널 윈도우에 표시하고 있습니다.

그림 5.4.10 AD 실행

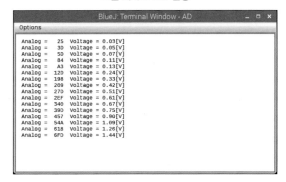

다음은 A/D 컨버터에서 가져온 전압값을 GUI에 표시하는 프로그램을 만듭니다. 이 프로그램은 GUI_AD 클래스(코드5.4.3)와 GUI_MyFrame 클래스(코드 5.4.4), 그리고 코드 5.4.2에 나타낸 MCP3208 클래스 3개의 클래스로 구성되어 있습니다.

코드 5.4.3 GUI_AD.java

```
1    import javax.swing.*;
2
3    public class GUI_AD
4    {
5        public static void main(String[] args) throws Exception
6        {
7            MyFrame mf = new MyFrame();
8            mf.setVisible(true);
9        }
10   }
```

GUI_AD 클래스는 지금까지와 마찬가지로 main 메소드가 있는 클래스입니다.

코드 5.4.4 GUI_MyFrame.java

```
1    import java.io.*;
2    import javax.swing.*;
3    import java.awt.*;
4    import java.awt.event.*;
5    import com.pi4j.io.spi.*;
```

```
6
7    public class GUI_MyFrame extends JFrame {
8        // JLabel 클래스의 인스턴스 변수
9        JLabel label;
10       // JProgressBar 클래스의 인스턴스 변수
11       JProgressBar bar;
12       // MCP3208 클래스의 인스턴스 변수
13       MCP3208 mcp3208;
14
15       /**
16        * MyFrame 클래스의 인스턴스를 위한 생성자
17        */
18       public GUI_MyFrame() throws IOException
19       {
20           // MCP3208 클래스의 인스턴스를 생성합니다. 인수 SPI 채널 0을 지정
21           mcp3208 = new MCP3208(SpiChannel.CS0);
22           // MCP3208을 초기화합니다. 단일 종단 상태에서 작동
23           mcp3208.init(0x06);
24
25           setTitle("Test GUI MCP3208");
26
27           // 레이블을 생성
28           label = new JLabel("", JLabel.CENTER);
29           label.setVerticalAlignment(JLabel.CENTER);
30
31           // 프로그레스 바를 생성
32           bar = new JProgressBar(0, 4095);
33
34           Container con = this.getContentPane();
35           con.add(label);
36           con.add(bar, BorderLayout.SOUTH);
37
38           setDefaultCloseOperation(JFrame.EXIT_ON_CLOSE);
39           setBounds(100, 100, 300, 200);
40
41           // 타이머를 내부 클래스로 정의
42           class TimerListener implements ActionListener {
43               public void actionPerformed(ActionEvent ae)
44               {
45                   int analog = 0;
46
47                   try {
48                       // MCP3208에서 측정값을 로드
49                       analog = mcp3208.readAnalog(0);
50                   } catch(IOException ignore) {
51                       ignore.printStackTrace();
```

```
52                    }
53                    // 측정값을 전압값으로 변환
54                    double voltage = (double)analog * 3.3 / 4095.0;
55                    // 전압값을 라벨에 표시
56                    label.setText("Voltage =" + voltage + "[V]");
57                    // 측정값을 프로그레스바에 표시
58                    bar.setValue(analog);
59                }
60            }
61            // 타이머를 시작한다
62            Timer t = new Timer(100, new TimerListener());
63            t.start();
64        }
65    }
```

이 GUI_MyFrame 클래스에서는 코드 5.3.11과 같이 Timer 객체를 사용해 일정 시간마다 MCP3208의 측정값을 취득하고, 전압 라벨로 표시하고 있습니다(그림 5.4.11).

그림 5.4.11 AD 실행

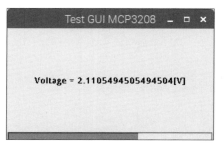

6 I²C 인터페이스

I^2C(Inter Integrated Circuit) 인터페이스는 기판위에 구현한 IC끼리 데이터 통신하기 위한 시리얼 통신의 인터페이스입니다. IC끼리를 2개의 신호선으로 연결하여 데이터를 교환합니다. 연결한 IC는 주종 관계가 설정되어, 마스터가 된 IC가 슬레이브 IC의 명령 전송 등을 제어합니다. 또한, 이 2개의 신호선에 여러 마스터를 연결하거나 여러 슬레이브를 연결하는 것도 가능합니다. 단 2개의 신호선으로 수많은 IC와 통신할 수 있어서 매우 편리합니다.

I^2C 인터페이스의 신호는 그림 5.4.12와 같습니다.

그림 5.4.12 I²C 인터페이스의 신호

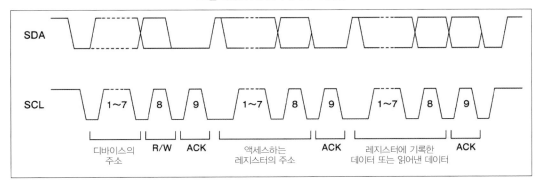

SCL이 클록 신호, SDA가 양방향 데이터 신호입니다. 통신을 시작할 때 마스터 측에서 통신하고 싶은 슬레이브 측의 디바이스 고유 주소를 송신합니다. 만약 슬레이브 측의 IC가 내부에 레지스터를 갖고 있을 때는 레지스터 주소를 지정하고 데이터를 읽고 씁니다.

7 I2C 인터페이스를 사용하기 위한 준비

I²C 인터페이스를 Java 프로그램에서 사용할 수 있도록 준비합니다. 라즈비안에는 I²C 인터페이스를 사용하기 위한 모듈이 미리 포함되어 있습니다. 초기 상태에는 이 모듈이 비활성화되어 있으므로 설정을 변경해 모듈이 작동하도록 합니다.

설정을 변경하려면, "Raspberry Pi Configuration" 대화 상자를 열어 "Interface" 탭을 클릭합니다. "I²C"를 유효(Enable)로 합니다.

그림 5.4.13 I²C를 유효로 설정

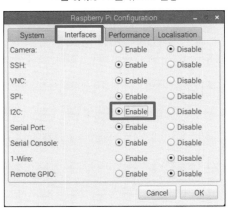

이어서 명령 줄에서 I2C 인터페이스로 연결된 디바이스를 확인하는 명령을 설치합니다. LXTerminal에서 다음 명령을 실행하십시오.

```
sudo apt-get install i2c-tools
```

"계속하시겠습니까? [y/n]"라고 물으면 "y"를 입력해 진행을 계속합니다. 설치가 종료되면 다음 명령을 실행합니다.

```
sudo i2cdetect -y 1
```

다음과 같이 표시되면 OK입니다.

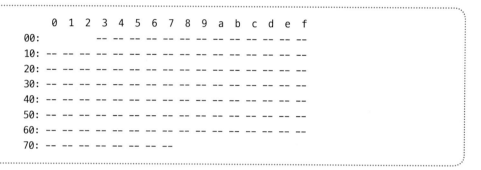

```
     0  1  2  3  4  5  6  7  8  9  a  b  c  d  e  f
00:          -- -- -- -- -- -- -- -- -- -- -- -- --
10: -- -- -- -- -- -- -- -- -- -- -- -- -- -- -- --
20: -- -- -- -- -- -- -- -- -- -- -- -- -- -- -- --
30: -- -- -- -- -- -- -- -- -- -- -- -- -- -- -- --
40: -- -- -- -- -- -- -- -- -- -- -- -- -- -- -- --
50: -- -- -- -- -- -- -- -- -- -- -- -- -- -- -- --
60: -- -- -- -- -- -- -- -- -- -- -- -- -- -- -- --
70: -- -- -- -- -- -- -- --
```

이것으로 Java 프로그램에서 I2C 인터페이스를 사용할 준비가 되었습니다.

IO 확장기 IC

IO 확장기 IC는 GPIO 핀을 확장하고 싶을 때 사용하는 IC입니다. 여기서 사용하는 Microchip사의 MCP23017이라는 IC는 16비트의 입출력 핀을 제어할 수 있습니다.

그림 5.4.14 MCP23017

라즈베리 파이 디지털 입출력 핀은 개수가 한정되어 있으므로 보다 많은 핀이 필요할 때 확장 IC를 이용하면 좋습니다. 이 IC의 핀 할당은 그림 5.4.15, 각 핀의 기능은 표 5.4.3과 같습니다.

그림 5.4.15 MCP23017의 핀 할당

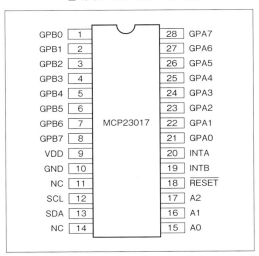

표 5.4.3 MCP23017 각 핀의 기능

핀 번호	핀 이름	핀 타입	기능
1	GPB0	I/O	범용 입출력 핀 포트 B 비트0
2	GPB1	I/O	범용 입출력 핀 포트 B 비트1
3	GPB2	I/O	범용 입출력 핀 포트 B 비트2
4	GPB3	I/O	범용 입출력 핀 포트 B 비트3
5	GPB4	I/O	범용 입출력 핀 포트 B 비트4
6	GPB5	I/O	범용 입출력 핀 포트 B 비트5
7	GPB6	I/O	범용 입출력 핀 포트 B 비트6
8	GPB7	I/O	범용 입출력 핀 포트 B 비트7
9	VDD	–	전원 핀
10	VSS	–	접지 핀
11	NC	I	미접속 핀
12	SCL	I	I2C 클럭 신호 입력 핀
13	SDA	I/O	I2C 데이터 입출력 핀
14	NC	O	미접속 핀
15	A0	I	주소 핀 비트0
16	A1	I	주소 핀 비트1
17	A2	I	주소 핀 비트2
18	RESET	I	리셋 입력 핀
19	INTB	O	포트 B 인터럽트 출력 핀
20	INTA	O	포트 A 인터럽트 출력 핀
21	GPA0	I/O	범용 입출력 핀 포트 A 비트0
22	GPA1	I/O	범용 입출력 핀 포트 A 비트1
23	GPA2	I/O	범용 입출력 핀 포트 A 비트2
24	GPA3	I/O	범용 입출력 핀 포트 A 비트3
25	GPA4	I/O	범용 입출력 핀 포트 A 비트4
26	GPA5	I/O	범용 입출력 핀 포트 A 비트5
27	GPA6	I/O	범용 입출력 핀 포트 A 비트6
28	GPA7	I/O	범용 입출력 핀 포트 A 비트7

9 IO 확장기 IC 연결하기

그럼 라즈베리 파이의 I2C 인터페이스에 IO 확장기 IC를 연결합니다. 그 회로도는 그림 5.4.16입니다.

IO 확장기의 포트 A에 LED를, 포트 B에는 DIP 스위치를 연결합니다.

그림 5.4.16 라즈베리 파이와 IO 확장기의 연결(회로도)

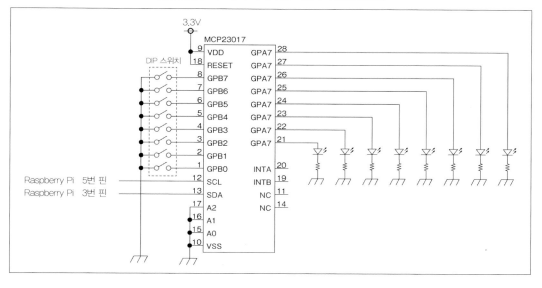

실체 배선도는 그림 5.4.17과 같습니다.

그림 5.4.17 실체 배선도 − IO 확장기 연결

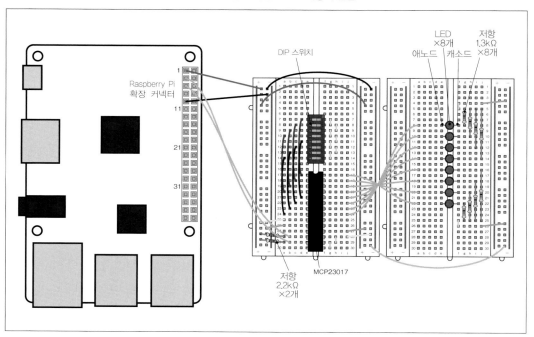

회로에 사용하는 부품 목록을 표 5.4.4에 표시합니다.

표 5.4.4 IO 확장기 회로의 부품 목록

부품명	제품번호·규격	메이커	개수
IO 확장기 IC	MCP23017	Microchip	1
LED	OSDR5113A	OptoSupply	8
저항	1.3kΩ	각사	8
DIP 스위치	DS–08–V	Linkman	1

연결이 끝나면 올바르게 연결되어 있는지 확인합니다. 라즈베리 파이의 전원을 넣고 LXTerminal을 실행해 다음 명령을 입력합니다.

```
sudo i2cdetect -y 1
```

그림 5.4.18과 같이 표시되면 IO 확장기 IC가 올바르게 연결된 것을 나타냅니다. 또 이 결과는 주소 0x20의 I2C디바이스가 접속되어 있는 것을 표시하고 있습니다.

그림 5.4.18 IO 확장기 IC의 연결확인

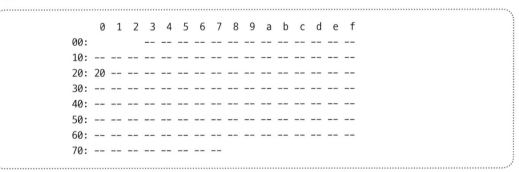

```
     0 1 2 3 4 5 6 7 8 9 a b c d e f
00:          -- -- -- -- -- -- -- -- -- -- -- -- --
10: -- -- -- -- -- -- -- -- -- -- -- -- -- -- -- --
20: 20 -- -- -- -- -- -- -- -- -- -- -- -- -- -- --
30: -- -- -- -- -- -- -- -- -- -- -- -- -- -- -- --
40: -- -- -- -- -- -- -- -- -- -- -- -- -- -- -- --
50: -- -- -- -- -- -- -- -- -- -- -- -- -- -- -- --
60: -- -- -- -- -- -- -- -- -- -- -- -- -- -- -- --
70: -- -- -- -- -- -- -- --
```

10 IO 확장기 프로그램

IO 확장기의 포트 B에 연결된 DIP 스위치 상태를 읽어 들여, 포트 A에 연결된 LED를 점등시키는 프로그램을 만듭니다. 이 프로그램은 코드 5.4.5와 같습니다.

```
1    import com.pi4j.gpio.extension.mcp.MCP23017GpioProvider;
2    import com.pi4j.gpio.extension.mcp.MCP23017Pin;
3    import com.pi4j.io.gpio.*;
4    import com.pi4j.io.gpio.event.*;
5    import com.pi4j.io.i2c.I2CBus;
6    import java.io.*;
7
8    public class IOExpander {
9        public static void main(String args[]) throws Exception
10       {
11           System.out.println("Starting :");
12
13           // GpioController 인스턴스를 생성
14           final GpioController gpio = GpioFactory.getInstance();
15
16           // MCP23017GpioProvider 인스턴스를 생성
17           final MCP23017GpioProvider gpioProvider = new MCP23017GpioProvider(I2CBus.
             BUS_1, 0x20);
18
19           // MCP23017의 B 포트의 각 핀을 입력으로 정의
20           GpioPinDigitalInput myInputs[] = {
21                   gpio.provisionDigitalInputPin(gpioProvider, MCP23017Pin.
                     GPIO_B0, "MyInput-B0", PinPullResistance.PULL_UP),
22                   gpio.provisionDigitalInputPin(gpioProvider, MCP23017Pin.
                     GPIO_B1, "MyInput-B1", PinPullResistance.PULL_UP),
23                   gpio.provisionDigitalInputPin(gpioProvider, MCP23017Pin.
                     GPIO_B2, "MyInput-B2", PinPullResistance.PULL_UP),
24                   gpio.provisionDigitalInputPin(gpioProvider, MCP23017Pin.
                     GPIO_B3, "MyInput-B3", PinPullResistance.PULL_UP),
25                   gpio.provisionDigitalInputPin(gpioProvider, MCP23017Pin.
                     GPIO_B4, "MyInput-B4", PinPullResistance.PULL_UP),
26                   gpio.provisionDigitalInputPin(gpioProvider, MCP23017Pin.
                     GPIO_B5, "MyInput-B5", PinPullResistance.PULL_UP),
27                   gpio.provisionDigitalInputPin(gpioProvider, MCP23017Pin.
                     GPIO_B6, "MyInput-B6", PinPullResistance.PULL_UP),
28                   gpio.provisionDigitalInputPin(gpioProvider, MCP23017Pin.
                     GPIO_B7, "MyInput-B7", PinPullResistance.PULL_UP)
29           };
30
31           // 핀의 상태를 감시하는 리스너를 등록
32           gpio.addListener(new GpioPinListenerDigital() {
33               @Override
34               public void handleGpioPinDigitalStateChangeEvent(GpioPinDigital
                 StateChangeEvent event)
35               {
```

```
36                        // 핀의 상태를 읽고 콘솔에 출력한다
37                        System.out.println("GPIO PIN STATE CHANGE :" + event.
                          getPin() + "=" + event.getState());
38                }
39          }, myInputs);
40
41          // MCP23017의 A 포트의 각 핀을 출력으로 정의
42          GpioPinDigitalOutput myOutputs[] = {
43                  gpio.provisionDigitalOutputPin(gpioProvider, MCP23017Pin.
                     GPIO_A0, "MyOutput-A0", PinState.LOW),
44                  gpio.provisionDigitalOutputPin(gpioProvider, MCP23017Pin.
                     GPIO_A1, "MyOutput-A1", PinState.LOW),
45                  gpio.provisionDigitalOutputPin(gpioProvider, MCP23017Pin.
                     GPIO_A2, "MyOutput-A2", PinState.LOW),
46                  gpio.provisionDigitalOutputPin(gpioProvider, MCP23017Pin.
                     GPIO_A3, "MyOutput-A3", PinState.LOW),
47                  gpio.provisionDigitalOutputPin(gpioProvider, MCP23017Pin.
                     GPIO_A4, "MyOutput-A4", PinState.LOW),
48                  gpio.provisionDigitalOutputPin(gpioProvider, MCP23017Pin.
                     GPIO_A5, "MyOutput-A5", PinState.LOW),
49                  gpio.provisionDigitalOutputPin(gpioProvider, MCP23017Pin.
                     GPIO_A6, "MyOutput-A6", PinState.LOW),
50                  gpio.provisionDigitalOutputPin(gpioProvider, MCP23017Pin.
                     GPIO_A7, "MyOutput-A7", PinState.LOW)
51          };
52
53          while(true) {
54              for(int i = 0; i < 8; i++) {
55                  // 입력 핀의 상태를 출력 핀에서 출력
56                  myOutputs[i].setState(myInputs[i].getState());
57              }
58          }
59      }
60  }
```

Pi4J의 패키지에 IO 확장기 IC를 제어하기 위한 패키지가 준비되어 있습니다. 프로그램의 첫 부분에 해당 패키지를 임포트하고 있습니다.

```
1   import com.pi4j.gpio.extension.mcp.MCP23017GpioProvider;
2   import com.pi4j.gpio.extension.mcp.MCP23017Pin;
```

다음의 코드에서 IO 확장기를 제어하기 위한 MCP23017GpioProvider 오브젝트의 인스턴스를 생성하고 있습니다. 인수에는 I2C 버스의 채널과 IO 확장기 IC의 I2C 주소를 지정합니다.

```
17  │  final MCP23017GpioProvider gpioProvider = new MCP23017GpioProvider(I2CBus.BUS_1, 0x20);
```

다음의 코드에서 IO 확장기 IC의 포트 B를 입력 핀으로써 설정합니다.

```
20  │          GpioPinDigitalInput myInputs[] = {
21  │                  gpio.provisionDigitalInputPin(gpioProvider, MCP23017Pin.
    │                  GPIO_B0, "MyInput-B0", PinPullResistance.PULL_UP),
22  │                  gpio.provisionDigitalInputPin(gpioProvider, MCP23017Pin.
    │                  GPIO_B1, "MyInput-B1", PinPullResistance.PULL_UP),
23  │                  gpio.provisionDigitalInputPin(gpioProvider, MCP23017Pin.
    │                  GPIO_B2, "MyInput-B2", PinPullResistance.PULL_UP),
24  │                  gpio.provisionDigitalInputPin(gpioProvider, MCP23017Pin.
    │                  GPIO_B3, "MyInput-B3", PinPullResistance.PULL_UP),
25  │                  gpio.provisionDigitalInputPin(gpioProvider, MCP23017Pin.
    │                  GPIO_B4, "MyInput-B4", PinPullResistance.PULL_UP),
26  │                  gpio.provisionDigitalInputPin(gpioProvider, MCP23017Pin.
    │                  GPIO_B5, "MyInput-B5", PinPullResistance.PULL_UP),
27  │                  gpio.provisionDigitalInputPin(gpioProvider, MCP23017Pin.
    │                  GPIO_B6, "MyInput-B6", PinPullResistance.PULL_UP),
28  │                  gpio.provisionDigitalInputPin(gpioProvider, MCP23017Pin.
    │                  GPIO_B7, "MyInput-B7", PinPullResistance.PULL_UP)
29  │          };
```

다음의 코드에서 IO 확장기의 핀 상태가 변화했을 때의 이벤트를 처리하기 위한 리스너를 등록합니다. 그리고 GpioPinListenerDigital 어댑터 클래스를 이용해 이벤트 발생 시의 처리를 handleGpioPinDigitalStateChangeEvent 메소드에 오버라이드하고 있습니다. 여기에서는 핀 상태를 터미널 윈도우에 표시하도록 하고 있습니다.

```
32  │          gpio.addListener(new GpioPinListenerDigital() {
33  │              @Override
34  │              public void handleGpioPinDigitalStateChangeEvent(GpioPinDigi
    │              talStateChangeEvent event)
35  │              {
36  │                  // 핀의 상태를 읽고 콘솔에 출력한다
37  │                  System.out.println("GPIO PIN STATE CHANGE :" + event.
    │                  getPin() + "=" + event.getState());
38  │              }
39  │          }, myInputs);
```

다음의 코드는 IO 확장기 IC의 포트 A를 출력 핀으로 설정하고 있습니다.

```
42   GpioPinDigitalOutput myOutputs[] = {
43   gpio.provisionDigitalOutputPin(gpioProvider, MCP23017Pin.GPIO_A0,
     "MyOutput-A0", PinState.LOW),
44   gpio.provisionDigitalOutputPin(gpioProvider, MCP23017Pin.GPIO_A1,
     "MyOutput-A1", PinState.LOW),
45   gpio.provisionDigitalOutputPin(gpioProvider, MCP23017Pin.GPIO_A2,
     "MyOutput-A2", PinState.LOW),
46   gpio.provisionDigitalOutputPin(gpioProvider, MCP23017Pin.GPIO_A3,
     "MyOutput-A3", PinState.LOW),
47   gpio.provisionDigitalOutputPin(gpioProvider, MCP23017Pin.GPIO_A4,
     "MyOutput-A4", PinState.LOW),
48   gpio.provisionDigitalOutputPin(gpioProvider, MCP23017Pin.GPIO_A5,
     "MyOutput-A5", PinState.LOW),
49   gpio.provisionDigitalOutputPin(gpioProvider, MCP23017Pin.GPIO_A6,
     "MyOutput-A6", PinState.LOW),
50   gpio.provisionDigitalOutputPin(gpioProvider, MCP23017Pin.GPIO_A7,
     "MyOutput-A7", PinState.LOW)
51   };
```

무한루프 안에서 IO 확장기 IC의 포트 B의 핀 상태를 포트 A의 핀에 출력하고 있습니다.

```
53         while(true) {
54             for(int i = 0; i < 8; i++) {
55                 // 입력 핀의 상태를 출력 핀에서 출력
56                 myOutputs[i].setState(myInputs[i].getState());
57             }
58         }
```

이 프로그램을 실행한 상태에서 DIP 스위치의 손잡이를 움직이면 포트 B의 상태가 터미널 윈도우에 표시됩니다.

그림 5.4.19 IOExpander를 실행

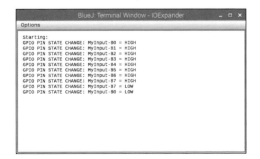

다음은 IO 확장기 IC의 포트 B 상태를 GUI에 표시하는 프로그램을 만듭니다. 이 프로그램은 GUI_IOExpander 클래스(코드 5.4.6)와 MyFrame 클래스(코드 5.4.7) 2개의 클래스로 구성되어 있습니다.

코드 5.4.6 GUI_IOExpander.java

```
1    import javax.swing.*;
2
3    public class GUI_IOExpander
4    {
5        public static void main(String[] args) throws Exception
6        {
7            MyFrame mf = new MyFrame();
8            mf.setVisible(true);
9        }
10   }
```

GUI_IOExpander 클래스는 지금까지와 마찬가지로 main 메소드가 있는 클래스입니다.

코드 5.4.7 MyFrame.java

```
1    import javax.swing.*;
2    import java.awt.*;
3    import java.awt.event.*;
4    import java.io.*;
5    import com.pi4j.gpio.extension.mcp.MCP23017GpioProvider;
6    import com.pi4j.gpio.extension.mcp.MCP23017Pin;
7    import com.pi4j.io.gpio.*;
8    import com.pi4j.io.gpio.event.*;
9    import com.pi4j.io.i2c.I2CBus;
10
11   public class MyFrame extends JFrame
12   {
13       JLabel label[];
14
15       /**
16        * MyFrame 클래스의 인스턴스를 위한 생성자
17        */
18       public MyFrame() throws Exception
19       {
20           // GpioController 인스턴스를 생성
21           final GpioController gpio = GpioFactory.getInstance();
```

```
22
23          // MCP23017GpioProvider 인스턴스를 생성
24          final MCP23017GpioProvider gpioProvider = new MCP23017GpioProvider(I2CBus.
            BUS_1, 0x20);
25
26          // MCP23017의 B 포트의 각 핀을 입력으로 정의
27          GpioPinDigitalInput myInputs[] = {
28                  gpio.provisionDigitalInputPin(gpioProvider, MCP23017Pin.
                    GPIO_B0, "MyInput-B0", PinPullResistance.PULL_UP),
29                  gpio.provisionDigitalInputPin(gpioProvider, MCP23017Pin.
                    GPIO_B1, "MyInput-B1", PinPullResistance.PULL_UP),
30                  gpio.provisionDigitalInputPin(gpioProvider, MCP23017Pin.
                    GPIO_B2, "MyInput-B2", PinPullResistance.PULL_UP),
31                  gpio.provisionDigitalInputPin(gpioProvider, MCP23017Pin.
                    GPIO_B3, "MyInput-B3", PinPullResistance.PULL_UP),
32                  gpio.provisionDigitalInputPin(gpioProvider, MCP23017Pin.
                    GPIO_B4, "MyInput-B4", PinPullResistance.PULL_UP),
33                  gpio.provisionDigitalInputPin(gpioProvider, MCP23017Pin.
                    GPIO_B5, "MyInput-B5", PinPullResistance.PULL_UP),
34                  gpio.provisionDigitalInputPin(gpioProvider, MCP23017Pin.
                    GPIO_B6, "MyInput-B6", PinPullResistance.PULL_UP),
35                  gpio.provisionDigitalInputPin(gpioProvider, MCP23017Pin.
                    GPIO_B7, "MyInput-B7", PinPullResistance.PULL_UP)
36          };
37
38          // MCP23017의 A 포트의 각 핀을 출력으로 정의
39          GpioPinDigitalOutput myOutputs[] = {
40                  gpio.provisionDigitalOutputPin(gpioProvider, MCP23017Pin.
                    GPIO_A0, "MyOutput-A0", PinState.LOW),
41                  gpio.provisionDigitalOutputPin(gpioProvider, MCP23017Pin.
                    GPIO_A1, "MyOutput-A1", PinState.LOW),
42                  gpio.provisionDigitalOutputPin(gpioProvider, MCP23017Pin.
                    GPIO_A2, "MyOutput-A2", PinState.LOW),
43                  gpio.provisionDigitalOutputPin(gpioProvider, MCP23017Pin.
                    GPIO_A3, "MyOutput-A3", PinState.LOW),
44                  gpio.provisionDigitalOutputPin(gpioProvider, MCP23017Pin.
                    GPIO_A4, "MyOutput-A4", PinState.LOW),
45                  gpio.provisionDigitalOutputPin(gpioProvider, MCP23017Pin.
                    GPIO_A5, "MyOutput-A5", PinState.LOW),
46                  gpio.provisionDigitalOutputPin(gpioProvider, MCP23017Pin.
                    GPIO_A6, "MyOutput-A6", PinState.LOW),
47                  gpio.provisionDigitalOutputPin(gpioProvider, MCP23017Pin.
                    GPIO_A7, "MyOutput-A7", PinState.LOW)
48          };
49
50          setTitle("Test GUI MCP23017");
```

```
51
52          // 레이블을 생성
53          label = new JLabel[8];
54
55          Container con = this.getContentPane();
56          con.setLayout(new GridLayout(8, 1));
57
58          for(int i = 0; i < 8; i++) {
59              label[i] = new JLabel("");
60              con.add(label[i]);
61          }
62
63          setDefaultCloseOperation(JFrame.EXIT_ON_CLOSE);
64          setBounds(100, 100, 300, 200);
65
66          // 타이머를 내부 클래스로 정의
67          class TimerListener implements ActionListener {
68              public void actionPerformed(ActionEvent ae)
69              {
70                  for(int i = 0; i < 8; i++) {
71                      // 입력 핀의 상태를 표시
72                      label[i].setText("GPIO" + i + ":" + myInputs[i].getState());
73                      // 입력 핀의 상태를 출력 핀에서 출력
74                      myOutputs[i].setState(myInputs[i].getState());
75                  }
76              }
77          }
78
79          // 타이머를 시작한다
80          Timer t = new Timer(100, new TimerListener());
81          t.start();
82      }
83  }
```

이 MyFrame 클래스도 코드 5.3.11과 같게 Timer 객체를 사용해 일정 시간마다 MCP23017의 포트 B 상태를 읽어 들여, 그 결과를 윈도우에 표시하고 있습니다.

11 PWM 출력 드라이버 IC 모듈

PWM 출력 드라이버 IC 모듈은 PCA9685라고 하는 16채널의 PWM 출력을 가진 IC를 탑재한 모듈입니다.

그림 5.4.20 PWM 출력 드라이버 IC 모듈

이 모듈을 라즈베리 파이에 연결하면 라즈베리 파이에서 서보모터를 제어할 수 있습니다. Java 프로그램으로 서보모터를 제어해 보겠습니다. 이 모듈의 각 핀의 기능은 표 5.4.5와 같이 되어있습니다.

표 5.4.5 PWM 출력 드라이버 IC 모듈의 각 핀의 기능

핀 이름	기능
GND	접지 단자
OE	출력 가능 핀. 연결되지 않은 상태 또는 로우레벨을 제공하면 PWM 신호 출력
SCL	I2C 클록 신호 입력 단자
SDA	I2C 데이터 입출력 단자
VCC	전원 단자
V+	서보모터용 전원 단자

12 PWM 출력 드라이버 IC 모듈 연결하기

라즈베리 파이의 인터페이스에 PWM 출력 드라이버 IC 모듈을 연결합니다. 그 회로도가 그림 5.4.21입니다.

그림 5.4.21 라즈베리 파이와 PWM 출력 드라이버 IC 모듈의 연결 - 회로도

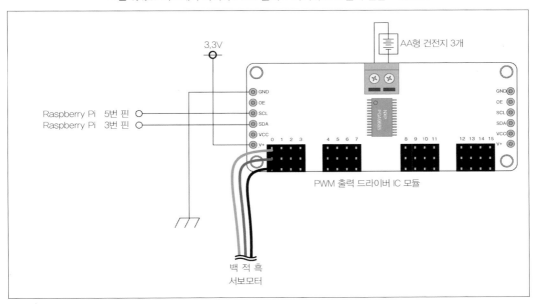

이 회로는 PWM 출력 드라이버 IC 모듈의 채널 0에 서보모터를 연결하고 있습니다. 실체 배선도는 그림 5.4.22과 같이 됩니다. 이 회로에 사용하는 부품의 목록을 표 5.4.6에 나타냅니다.

표 5.4.6 PWM 출력 드라이버 IC 모듈 회로의 부품 목록

부품명	제품번호·규격	메이커	개수
PWM 출력 드라이버 IC 모듈		Adafruit	1
서보모터	PICO/STD/F	GWS	1
전지 박스	단3형 건전지 3개 타입	각사	1

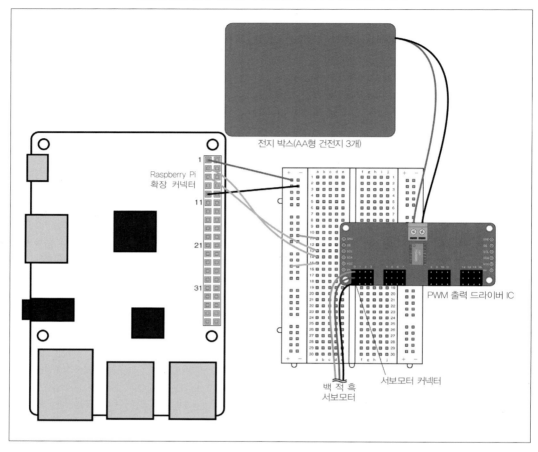

그림 5.4.22 실체 배선도 – PWM 출력 드라이버 IC 모듈의 접속

전지 박스(AA형 건전지 3개)

Raspberry Pi
확장 커넥터

PWM 출력 드라이버 IC

서보모터 커넥터

백 적 흑
서보모터

연결이 끝나면 올바르게 접속되어 있는지 확인합니다. 라즈베리 파이의 전원을 켜고 LXTerminal을 실행해 다음 명령을 입력합니다.

```
sudo i2cdetect -y 1
```

그림 5.4.23과 같이 표시되면 PWM 출력 드라이버 IC 모듈이 올바르게 연결된 것입니다. 0x40이 제어 레지스터, 0x70이 ALLCALL 주소로 정의되어 있는 특별한 주소입니다. 같은 I2C 버스에 접속된 PCA9685에 동시 설정할 때 사용합니다.

그림 5.4.23 PWM 출력 드라이버 IC 모듈의 접속 확인

```
       0 1 2 3 4 5 6 7 8 9 a b c d e f
00:          -- -- -- -- -- -- -- -- -- -- -- --
10: -- -- -- -- -- -- -- -- -- -- -- -- -- -- -- --
20: -- -- -- -- -- -- -- -- -- -- -- -- -- -- -- --
30: -- -- -- -- -- -- -- -- -- -- -- -- -- -- -- --
40: 40 -- -- -- -- -- -- -- -- -- -- -- -- -- -- --
50: -- -- -- -- -- -- -- -- -- -- -- -- -- -- -- --
60: -- -- -- -- -- -- -- -- -- -- -- -- -- -- -- --
70: 70 -- -- -- -- -- -- --
```

13 PWM 출력 드라이버 IC 모듈 프로그램

PWM 출력 드라이버 IC 모듈의 채널 0에 연결된 서보모터를 왼쪽 → 중앙 → 오른쪽의
순서로 회전시키는 프로그램을 만듭니다. 이 프로그램은 코드 5.4.8처럼 됩니다.

코드 5.4.8 Servo.java

```java
1    import java.math.BigDecimal;
2    import com.pi4j.gpio.extension.pca.PCA9685GpioProvider;
3    import com.pi4j.gpio.extension.pca.PCA9685Pin;
4    import com.pi4j.io.gpio.*;
5    import com.pi4j.io.i2c.*;
6
7    public class Servo {
8        // PWM 신호의 펄스 폭의 최소 중심 최대 값을 정의
9        private static final int SERVO_DURATION_MIN = 900;
10       private static final int SERVO_DURATION_NEUTRAL = 1500;
11       private static final int SERVO_DURATION_MAX = 2100;
12
13       public static void main(String args[]) throws Exception
14       {
15           System.out.println("Starting :");
16
17           // PWM 신호의 주파수를 BigDecimal 인스턴스로 생성
18           BigDecimal frequency = new BigDecimal("48.828");
19
20           // I2Cbus 인스턴스를 생성합니다. 인수에서 I2C 버스의 채널 1을 지정
21           I2CBus bus = I2CFactory.getInstance(I2CBus.BUS_1);
```

```
23
24          // PCA9685GpioProvider 인스턴스를 생성합니다. 인수 PWM 출력 드라이버 IC의 I2C 주소
            및 PWM 신호의 주파수를 지정
25          final PCA9685GpioProvider gpioProvider = new PCA9685GpioProvider(bus, 0x40,
            frequency);
26
27          // GpioController 인스턴스를 생성
28          GpioController gpio = GpioFactory.getInstance();
29
30          // PCA9685의 각 핀 PWM 출력 핀으로 정의
31          GpioPinPwmOutput myOutputs [] = {
32            gpio.provisionPwmOutputPin(gpioProvider, PCA9685Pin.PWM_00, "Servo 00"),
33            gpio.provisionPwmOutputPin(gpioProvider, PCA9685Pin.PWM_01, "Servo 01"),
34            gpio.provisionPwmOutputPin(gpioProvider, PCA9685Pin.PWM_02, "Servo 02"),
35            gpio.provisionPwmOutputPin(gpioProvider, PCA9685Pin.PWM_03, "Servo 03"),
36            gpio.provisionPwmOutputPin(gpioProvider, PCA9685Pin.PWM_04, "Servo 04"),
37            gpio.provisionPwmOutputPin(gpioProvider, PCA9685Pin.PWM_05, "Servo 05"),
38            gpio.provisionPwmOutputPin(gpioProvider, PCA9685Pin.PWM_06, "Servo 06"),
39            gpio.provisionPwmOutputPin(gpioProvider, PCA9685Pin.PWM_07, "Servo 07"),
40            gpio.provisionPwmOutputPin(gpioProvider, PCA9685Pin.PWM_08, "Servo 08"),
41            gpio.provisionPwmOutputPin(gpioProvider, PCA9685Pin.PWM_09, "Servo 09"),
42            gpio.provisionPwmOutputPin(gpioProvider, PCA9685Pin.PWM_10, "Servo 10"),
43            gpio.provisionPwmOutputPin(gpioProvider, PCA9685Pin.PWM_11, "Servo 11"),
44            gpio.provisionPwmOutputPin(gpioProvider, PCA9685Pin.PWM_12, "Servo 12"),
45            gpio.provisionPwmOutputPin(gpioProvider, PCA9685Pin.PWM_13, "Servo 13"),
46            gpio.provisionPwmOutputPin(gpioProvider, PCA9685Pin.PWM_14, "Servo 14"),
47            gpio.provisionPwmOutputPin(gpioProvider, PCA9685Pin.PWM_15, "Servo 15")
48            };
49          // PWM 출력을 리셋
50          gpioProvider.reset();
51
52          while(true) {
53              // 최소 펄스 폭의 위치에 서보모터를 회전
54              myOutputs[0].setPwm(SERVO_DURATION_MIN);
55              Thread.sleep(1000);
56
57              // 중심 위치에 서보모터를 회전
58              myOutputs[0].setPwm(SERVO_DURATION_NEUTRAL);
59              Thread.sleep(1000);
60
61              // 최대 펄스 폭의 위치에 서보모터를 회전
62              myOutputs[0].setPwm(SERVO_DURATION_MAX);
63              Thread.sleep(1000);
64          }
65      }
66  }
```

Pi4J의 패키지에 PWM 출력 드라이버 IC를 제어하기 위한 패키지가 준비되어 있습니다. 이 프로그램의 처음에 이 패키지를 임포트 하고 있습니다.

```
2   import com.pi4j.gpio.extension.pca.PCA9685GpioProvider;
3   import com.pi4j.gpio.extension.pca.PCA9685Pin;
```

다음의 코드로 PWM 출력 드라이버 IC를 제어하기 위한 PCA9685GpioProvider 객체의 인스턴스를 생성하고 있습니다. 인수에는 FC 버스의 채널과 PWM 출력 드라이버 IC의 I2C 주소, 작동시키는 주파수, 주파수의 보정 값을 지정합니다. 보정이 필요 없는 경우 보정 값은 "1"을 지정합니다. 또한, 주파수와 보정 값은 BigDecimal 오브젝트로 할 필요가 있습니다.

```
25   final PCA9685GpioProvider gpioProvider = new PCA9685GpioProvider(bus, 0x40, frequency);
```

다음의 코드로 PWM 출력 드라이버 IC의 핀을 PWM 출력 핀으로 설정합니다.

```
28       GpioController gpio = GpioFactory.getInstance();
31         GpioPinPwmOutput myOutputs [] = {
32           gpio.provisionPwmOutputPin(gpioProvider, PCA9685Pin.PWM_00, "Servo 00"),
33           gpio.provisionPwmOutputPin(gpioProvider, PCA9685Pin.PWM_01, "Servo 01"),
34           gpio.provisionPwmOutputPin(gpioProvider, PCA9685Pin.PWM_02, "Servo 02"),
35           gpio.provisionPwmOutputPin(gpioProvider, PCA9685Pin.PWM_03, "Servo 03"),
36           gpio.provisionPwmOutputPin(gpioProvider, PCA9685Pin.PWM_04, "Servo 04"),
37           gpio.provisionPwmOutputPin(gpioProvider, PCA9685Pin.PWM_05, "Servo 05"),
38           gpio.provisionPwmOutputPin(gpioProvider, PCA9685Pin.PWM_06, "Servo 06"),
39           gpio.provisionPwmOutputPin(gpioProvider, PCA9685Pin.PWM_07, "Servo 07"),
40           gpio.provisionPwmOutputPin(gpioProvider, PCA9685Pin.PWM_08, "Servo 08"),
41           gpio.provisionPwmOutputPin(gpioProvider, PCA9685Pin.PWM_09, "Servo 09"),
42           gpio.provisionPwmOutputPin(gpioProvider, PCA9685Pin.PWM_10, "Servo 10"),
43           gpio.provisionPwmOutputPin(gpioProvider, PCA9685Pin.PWM_11, "Servo 11"),
44           gpio.provisionPwmOutputPin(gpioProvider, PCA9685Pin.PWM_12, "Servo 12"),
45           gpio.provisionPwmOutputPin(gpioProvider, PCA9685Pin.PWM_13, "Servo 13"),
46           gpio.provisionPwmOutputPin(gpioProvider, PCA9685Pin.PWM_14, "Servo 14"),
47           gpio.provisionPwmOutputPin(gpioProvider, PCA9685Pin.PWM_15, "Servo 15")
48         };
```

작동시키기 전에 재설정합니다.

```
50   gpioProvider.reset();
```

다음의 코드로 PWM 신호를 출력하여 서보모터를 회전시킵니다.

```
54 | myOutputs[0].setPwm(SERVO_DURATION_MIN);
58 | myOutputs[0].setPwm(SERVO_DURATION_NEUTRAL);
62 | myOutputs[0].setPwm(SERVO_DURATION_MAX);
```

이 프로그램을 종료할 때도 BlueJ의 디버거 윈도우로 main 스레드를 선택해 "Terminate" 버튼을 클릭해 주세요.

다음은 GUI로 서보모터를 제어하는 프로그램을 만듭니다. 이 프로그램은 GUI_Servo 클래스(코드 5.4.9)와 MyFrame 클래스(코드 5.4.10) 2개의 클래스로 구성되어 있습니다.

코드 5.4.9 GUI_Servo.java

```
1   import javax.swing.*;
2
3   public class GUI_Servo
4   {
5       public static void main(String[] args) throws Exception
6       {
7           MyFrame mf = new MyFrame();
8           mf.setVisible(true);
9       }
10  }
```

GUI_Servo 클래스는 지금까지와 마찬가지로 main 메소드가 있는 클래스입니다.

코드 5.4.10 MyFrame.java

```
1    import javax.swing.*;
2    import java.awt.*;
3    import javax.swing.event.*;
4    import java.io.*;
5    import java.math.BigDecimal;
6    import com.pi4j.gpio.extension.pca.PCA9685GpioProvider;
7    import com.pi4j.gpio.extension.pca.PCA9685Pin;
8    import com.pi4j.io.gpio.*;
9    import com.pi4j.io.i2c.*;
10
11   public class MyFrame extends JFrame implements ChangeListener {
12       // PWM 신호의 펄스 폭의 최소 중심 최대값을 정의
```

```
13    private static final int SERVO_DURATION_MIN = 900;
14    private static final int SERVO_DURATION_NEUTRAL = 1500;
15    private static final int SERVO_DURATION_MAX = 2100;
16
17    // PWM 신호의 주파수를 BigDecimal 인스턴스로 생성
18    BigDecimal frequency = new BigDecimal("48.828");
19
20    // Create custom PCA9685 GPIO provider
21    I2CBus bus = I2CFactory.getInstance(I2CBus.BUS_1);
22
23    // PCA9685GpioProvider 인스턴스를 생성합니다. 인수 PWM 출력 드라이버 IC의 I2C 주소 및
         PWM 신호의 주파수를 지정
24    final PCA9685GpioProvider gpioProvider = new PCA9685GpioProvider(bus, 0x40,
         frequency);
25
26    // GpioController 인스턴스를 생성
27    GpioController gpio = GpioFactory.getInstance();
28
29    // PCA9685의 각 핀 PWM 출력 핀으로 정의
30    GpioPinPwmOutput myOutputs [] = {
31        gpio.provisionPwmOutputPin(gpioProvider, PCA9685Pin.PWM_00, "Servo 00"),
32        gpio.provisionPwmOutputPin(gpioProvider, PCA9685Pin.PWM_01, "Servo 01"),
33        gpio.provisionPwmOutputPin(gpioProvider, PCA9685Pin.PWM_02, "Servo 02"),
34        gpio.provisionPwmOutputPin(gpioProvider, PCA9685Pin.PWM_03, "Servo 03"),
35        gpio.provisionPwmOutputPin(gpioProvider, PCA9685Pin.PWM_04, "Servo 04"),
36        gpio.provisionPwmOutputPin(gpioProvider, PCA9685Pin.PWM_05, "Servo 05"),
37        gpio.provisionPwmOutputPin(gpioProvider, PCA9685Pin.PWM_06, "Servo 06"),
38        gpio.provisionPwmOutputPin(gpioProvider, PCA9685Pin.PWM_07, "Servo 07"),
39        gpio.provisionPwmOutputPin(gpioProvider, PCA9685Pin.PWM_08, "Servo 08"),
40        gpio.provisionPwmOutputPin(gpioProvider, PCA9685Pin.PWM_09, "Servo 09"),
41        gpio.provisionPwmOutputPin(gpioProvider, PCA9685Pin.PWM_10, "Servo 10"),
42        gpio.provisionPwmOutputPin(gpioProvider, PCA9685Pin.PWM_11, "Servo 11"),
43        gpio.provisionPwmOutputPin(gpioProvider, PCA9685Pin.PWM_12, "Servo 12"),
44        gpio.provisionPwmOutputPin(gpioProvider, PCA9685Pin.PWM_13, "Servo 13"),
45        gpio.provisionPwmOutputPin(gpioProvider, PCA9685Pin.PWM_14, "Servo 14"),
46        gpio.provisionPwmOutputPin(gpioProvider, PCA9685Pin.PWM_15, "Servo 15")
47    };
48
49    JSlider sld;
50
51    /**
52     * MyFrame 클래스의 인스턴스를 위한 생성자
53     */
54    public MyFrame() throws Exception
55    {
56        // PWM 출력을 리셋
```

```
57          gpioProvider.reset();
58
59          setTitle("Test GUI PCA9685");
60
61          // 슬라이더를 생성합니다. 인수 슬라이더의 최소값, 최대값 초기값을 지정
62          sld = new JSlider(SERVO_DURATION_MIN, SERVO_DURATION_MAX, SERVO_DURATION_
            NEUTRAL);
63          sld.setBounds(50, 65, 200, 30);
64          // 슬라이더의 상태를 감시하는 리스너를 등록
65          sld.addChangeListener(this);
66
67          Container con = this.getContentPane();
68          con.setLayout(null);
69          con.add(sld);
70
71          setDefaultCloseOperation(JFrame.EXIT_ON_CLOSE);
72          setBounds(100, 100, 300, 200);
73      }
74
75      public void stateChanged(ChangeEvent e)
76      {
77          // 슬라이더의 값을 취득해, 그 위치에 서보모터를 회전
78          myOutputs[0].setPwm(sld.getValue());
79      }
80  }
```

이 MyFrame 클래스도 코드 5.3.8과 마찬가지로 슬라이더를 사용하고 있습니다. 윈도우 슬라이더를 움직이면 그 슬라이더의 위치에 따라 값을 취득해, 서보모터가 그 값에 해당하는 각도로 회전합니다. 프로그램을 실행하면 그림 5.4.24와 같은 윈도우가 나타납니다.

그림 5.4.24 GUI_Servo 실행

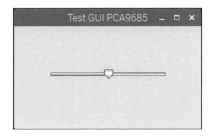

DRV8830 모터 드라이버 모듈

DRV8830 모터 드라이버 모듈은 DRV8830이라는 모터 드라이버 IC를 탑재한 모듈입니다.

그림 5.4.25 DRV8830 모터 드라이버 모듈

이 모듈을 라즈베리 파이에 연결하면 라즈베리 파이에서 DC 모터를 제어할 수 있습니다.
이 모듈의 각 핀의 기능은 표 5.4.7과 같습니다.

표 5.4.7 DRV8830 모터 드라이버 모듈의 각 핀의 기능

핀 번호	핀 이름	기능
1	OUT2	모터 연결 단자
2	ISENSE	전류감지용 저항 연결 단자
3	OUT1	모터 연결 단자
4	VCC	전원 단자
5	GND	접지 단자
6	FAULTn	장애발생 통지 단자
7	A0	I2C 주소 비트 0 단자
8	A1	I2C 주소 비트 1 단자
9	SDA	I2C 데이터 입출력 단자
10	SCL	I2C 클럭 신호 입력 단자

이 모터 드라이버 IC에는 표 5.4.8과 같은 내부 레지스터가 있습니다.

표 5.4.8 모터 드라이버 IC의 내부 레지스터

주소 (16진수 표기)	레지스터명	기능	초기값
00	CONTROL	모터를 구동시키기 위한 설정 하위 2비트로 회전 방향(01 또는 10), 스탠바이(00), 브레이크(11)를 지정 상위 5비트로 모터의 출력전압을 설정 설정치는 표 5.4.9에 표시	00
01	FAULT	모터 드라이버의 작동 상태를 표시 비트 7 : 1을 쓰면 FAULT 레지스터의 모든 비트를 클리어 비트 6 ~ 5 : 사용하지 않음 비트 4 : IC의 ISEN 핀에 접속한 저항값에 의해서 설정함 01전류 제한치를 넘으면 10 됨 비트 3 : 드라이버 IC의 내부 온도가 안전치를 넘으면 10 됨 비트 2 : 전원 전압이 너무 낮으면 10 됨 비트 1 : 과전류가 흐르면 10 됨 비트 0 : 몇 개의 비트가 10 되면 10 됨	00

표 5.4.9 모터의 출력전압 설정(발췌)

설정값 (16진수 표기)	출력전압[V]	설정값 (16진수 표기)	출력전압[V]
07	0.56	19	2.01
0D	1.04	1F	2.49
13	1.53	26	3.05

15 DRV8830 모터 드라이버 모듈 연결하기

라즈베리 파이의 I2C 인터페이스에 DRV8830 모터 드라이버 모듈을 연결합니다. 그 회로도가 그림 5.4.26입니다. 이 회로에서는 DRV8830 모터 드라이버 모듈의 채널 0에 서보모터를 연결하고 있습니다. 실체 배선도는 그림 5.4.27과 같이 됩니다. 이 회로에 사용하는 부품의 목록을 표 5.4.10에 나타냅니다.

표 5.4.10 DRV8830 모터 드라이버 모듈 회로의 부품 목록

부품명	제품번호·규격	메이커	개수
DRV8830 모터 드라이버 모듈		Adafruit	1
서보모터	PICO/STD/F	GWS	1
전지 박스	단3형 건전지 3개 타입	각사	1

그림 5.4.26 라즈베리 파이와 DRV8830 모터 드라이버 모듈의 연결 – 회로도

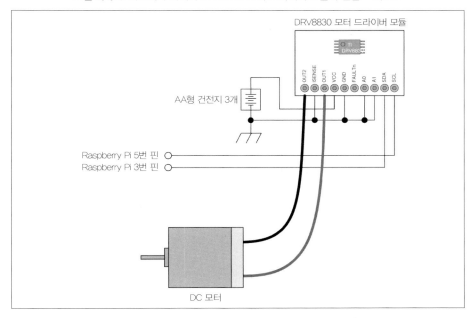

그림 5.4.27 실체 배선도 – DRV8830 모터 드라이버 모듈의 연결

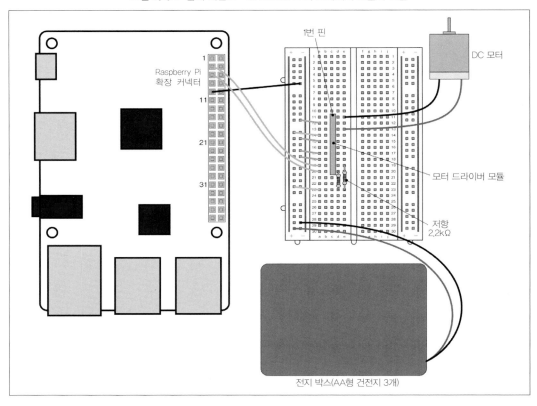

연결이 끝나면 제대로 연결되어 있는지 확인합니다. 라즈베리 파이와 전지 박스의 전원을 넣어 LXTerminal을 실행해 다음 명령을 입력합니다.

```
sudo i2cdetect -y 1
```

그림 5.4.28와 같이 표시되면 DRV8830 모터 드라이버 모듈이 올바르게 연결된 것입니다. 또한, 이 결과는 주소 0x60의 I2C 디바이스가 연결된 것을 나타내고 있습니다.

그림 5.4.28 DRV8830 모터 드라이버 모듈의 접속 확인

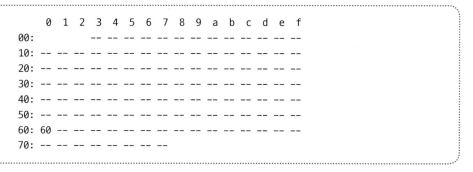

```
     0  1  2  3  4  5  6  7  8  9  a  b  c  d  e  f
00:          -- -- -- -- -- -- -- -- -- -- -- -- --
10: -- -- -- -- -- -- -- -- -- -- -- -- -- -- -- --
20: -- -- -- -- -- -- -- -- -- -- -- -- -- -- -- --
30: -- -- -- -- -- -- -- -- -- -- -- -- -- -- -- --
40: -- -- -- -- -- -- -- -- -- -- -- -- -- -- -- --
50: -- -- -- -- -- -- -- -- -- -- -- -- -- -- -- --
60: 60 -- -- -- -- -- -- -- -- -- -- -- -- -- -- --
70: -- -- -- -- -- -- -- --
```

16 DRV8830 모터 드라이버 모듈의 프로그램

DRV8830 모터 드라이버 모듈의 채널 0에 접속한 서보모터를 왼쪽 → 중앙 → 오른쪽의 순서로 회전시키는 프로그램을 만듭니다. 이 프로그램은 다음과 같은 DC 클래스(코드 5.4.11)와 DRV8830 클래스(코드 5.4.12) 2개의 클래스로 구성되어 있습니다.

```
1    import com.pi4j.io.i2c.*;
2    import java.io.*;
3
4    public class DC {
5        public static void main(String[] args) throws Exception
6        {
7            // DC 모터의 속도 제어를 위한 전압 설정값을 정의
8            int[] volt = new int[] { 0x07, 0x0D, 0x13, 0x19, 0x1F, 0x26 };
9            int STOP = 0;
10           int RIGHT = 1;
11           int LEFT = 2;
12
13           System.out.println("Starting :");
14
15           // I2CBus의 인스턴스를 생성합니다. 인수 I2C 인터페이스의 채널 1을 지정
16           final I2CBus bus = I2CFactory.getInstance(I2CBus.BUS_1);
17
18           // DRV8830 클래스의 인스턴스를 생성
19           DRV8830 drv8830 = new DRV8830(bus);
20
21           while(true) {
22               for(int i = 0; i < 6; i++) {
23                   // writeDC 메소드를 실행합니다. 인수 회전 방향과 전압값을 지정
24                   drv8830.writeDC(RIGHT, volt[i]);
25                   Thread.sleep(1000);
26               }
27
28               // DC 모터를 정지
29               drv8830.writeDC(STOP, volt[0]);
30               Thread.sleep(1000);
31
32               for(int i = 0; i < 6; i++) {
33                   // writeDC 메소드를 실행합니다. 인수 회전 방향과 전압값을 지정
34                   drv8830.writeDC(LEFT, volt[i]);
35                   Thread.sleep(1000);
36               }
37
38               // DC 모터를 정지
39               drv8830.writeDC(STOP, volt[0]);
40               Thread.sleep(1000);
41           }
42       }
43   }
```

5

DC클래스는 main 메소드를 가진 클래스입니다. DRV8830의 인스턴스를 생성해 writeDC 메소드로 DC모터의 회전을 제어합니다.

코드 5.4.12 DRV8830.java

```java
import java.io.*;
import com.pi4j.io.i2c.*;

public class DRV8830 {
    // I2C 주소를 정의
    private int I2C_ADR = 0x60;
    private I2CDevice device;

    /**
     * DRV8830 클래스의 인스턴스를 위한 생성자
     */
    public DRV8830(I2CBus bus) throws IOException
    {
        // 인스턴스 변수의 초기화
        device = bus.getDevice(I2C_ADR);
    }

    /**
     * writeDC 메소드
     */
    public void writeDC(int dir, int vol) throws IOException
    {
        // DC 모터의 회전 방향과 전압값을 설정
        int dat = dir |(vol << 2);

        try {
            // 설정 값을 기록
            device.write(0x00,(byte) dat);
        } catch(IOException ignore) {
            ignore.printStackTrace();
        }
    }
}
```

DRV8830 클래스는 모터 드라이버 IC의 DRV8830을 제어하는 메소드를 갖고 있습니다. 생성자에서 DRV8830의 I2C 주소를 지정합니다. writeDC 메소드에서는 인수로 주어진 회전 방향과 전압값의 비트를 연산하여 DRV8830의 CONTROL 레지스터에 기록하고 있습니다.

그 프로그램을 종료할 때도 BlueJ 디버그 윈도우에서 main 스레드를 선택한 다음
"Terminate" 버튼을 클릭하십시오.

다음으로는 GUI로 DC 모터를 제어하는 프로그램을 만듭니다. 이 프로그램은 GUI_DC
클래스(코드 5.4.13), MyFrame 클래스(코드 5.4.14) 2개의 클래스, 그리고 DRV8830 클래스를
그대로 사용할 수 있습니다.

코드 5.4.13 GUI_DC.java

```
 1    import javax.swing.*;
 2
 3    public class GUI_DC
 4    {
 5        public static void main(String[] args) throws Exception
 6        {
 7            MyFrame mf = new MyFrame();
 8            mf.setVisible(true);
 9        }
10    }
```

GUI_DC 클래스는 지금까지와 마찬가지로, main 메소드를 가진 클래스입니다.

코드 5.4.14 MyFrame.java

```
 1    import javax.swing.*;
 2    import java.awt.*;
 3    import javax.swing.event.*;
 4    import java.io.*;
 5    import com.pi4j.io.gpio.*;
 6    import com.pi4j.io.i2c.*;
 7
 8    public class MyFrame extends JFrame implements ChangeListener {
 9        // DC 모터의 속도 제어를 위한 전압 설정 값을 정의
10        int volt_min = 0x07;
11        int volt_max = 0x26;
12        int STOP = 0;
13        int RIGHT = 1;
14        int LEFT = 2;
15
16        // I2CBus의 인스턴스를 생성합니다. 인수 I2C 인터페이스의 채널 1을 지정
17        final I2CBus bus = I2CFactory.getInstance(I2CBus.BUS_1);
18
19        // DRV8830 클래스의 인스턴스를 생성
```

```java
20          DRV8830 drv8830 = new DRV8830(bus);
21
22          JSlider sld1, sld2;
23
24          /**
25           * MyFrame 클래스의 인스턴스를 위한 생성자
26           */
27          public MyFrame() throws Exception
28          {
29              setTitle("Test GUI DRV8830");
30
31              // 회전 방향을 지정하려면 슬라이더를 생성
32              sld1 = new JSlider(RIGHT, LEFT, RIGHT);
33              sld1.setBounds(50, 35, 200, 30);
34              // 슬라이더의 상태를 감시하는 리스너를 등록
35              sld1.addChangeListener(this);
36
37              // 회전 속도를 지정하는 슬라이더를 생성
38              sld2 = new JSlider(volt_min, volt_max, volt_min);
39              sld2.setBounds(50, 95, 200, 30);
40              // 슬라이더의 상태를 감시하는 리스너를 등록
41              sld2.addChangeListener(this);
42
43              Container con = this.getContentPane();
44              con.setLayout(null);
45              con.add(sld1);
46              con.add(sld2);
47
48              setDefaultCloseOperation(JFrame.EXIT_ON_CLOSE);
49              setBounds(100, 100, 300, 200);
50          }
51
52          public void stateChanged(ChangeEvent e)
53          {
54              try {
55                  // writeDC 메소드를 실행합니다. 인수 회전 방향과 전압값을 지정
56                  drv8830.writeDC(sld1.getValue(), sld2.getValue());
57              }
58                catch(IOException ex) {
59                  System.exit(1);
60              }
61          }
62      }
```

이 MyFrame 클래스에서는 sld1, sld2라고 하는 두 개의 슬라이더를 만듭니다. sld1은 모터의 회전 방향, sld2는 회전 속도를 제어합니다. 각 슬라이더로부터 얻은 값을 writeDC 메소드로 모터 드라이버 IC의 레지스터에 쓰고 있습니다. 프로그램을 실행하면 그림 5.4.29과 같은 윈도우가 표시됩니다.

그림 5.4.29 GUI_DC 실행

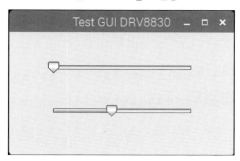

이 절에서는 SPI 인터페이스와 I2C 인터페이스를 사용하여 IC를 연결했습니다. 고기능의 IC를 연결함으로써 라즈베리 파이의 확장 커넥터에 포함되어 있지 않은 기능을 추가할 수 있습니다. 이런 방식으로 고급 전자회로의 제어도 할 수 있게 됩니다.

다음 5.5절에서는 센서를 사용한 애플리케이션의 예로, 가속도 센서를 사용한 구슬 굴리기 게임을 만듭니다.

5.5 구슬 굴리기 게임을 만들자

이 절에서는 센서를 사용한 애플리케이션 프로그램을 만들어 보겠습니다. 제목은 "구슬 굴리기 게임"입니다. 판 위에 구슬을 올리고 판을 기울여 장애물을 피하면서 굴려 골 구멍에 넣는 게임입니다. 판의 기울기는 3축 가속도 센서를 사용하여 감지합니다.

1 구슬 굴리기 게임의 구성

그러면 구슬 굴리기 게임의 구성을 생각해 봅시다. 우선, 판이 되는 윈도우와 구슬이 필요합니다. 그리고 골이 되는 구멍과 닿으면 게임 오버가 되는 장애물도 필요합니다. 이러한 요소를 담은 게임의 설정 화면은 그림 5.5.1과 같이 됩니다.

그림 5.5.1 게임의 설정 화면

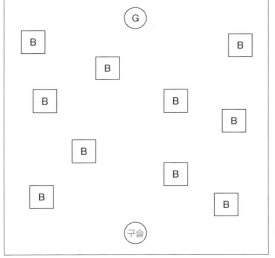

구슬 : 가속도 센서로 조작하는 구슬
G : 구슬의 목적지인 골
B : 부딪히면 게임 오버가 되는 장애물

골 구멍과 장애물은 판 위에 고정된 것으로 합니다. 또한, 구슬은 가속도 센서가 감지한 값에 따라 이동하는 것으로 합니다.

2 3축 가속도 센서 모듈

게임에서 사용하는 가속도 센서는 I²C 인터페이스로 연결하는 타입의 3축 가속도 센서 모듈입니다. 이 모듈에는 Analog Devices 사의 3축 가속도 센서 IC인 ADXL345가 탑재되어 있습니다.

그림 5.5.2 3축 가속도 센서 모듈

3축 가속도 센서 IC는 X축, Y축, Z축의 가속도를 측정할 수 있는 센서입니다. 이것을 사용하면 센서가 부착된 회로의 기울기나 움직임을 감지할 수 있습니다. 이 모듈의 핀 할당은 그림 5.5.3과 같이 되어있습니다.

그림 5.5.3 3축 가속도 센서 모듈의 핀 할당

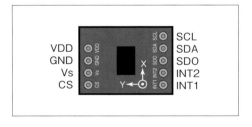

3축 가속도 센서 IC의 디바이스의 주소는 0x1D입니다. IC 인터페이스로 접근할 때는 이 주소를 지정합니다. 이 센서에는 내부에 많은 레지스터가 내장되어 있고, 가속도 값을 읽거나 설정값을 쓰려면 레지스터에 접근해야 합니다. 그러나 여기에서는 단지 가속도를 측정할 뿐이므로, POWER-CTL 레지스터(측정 상태로 전환하기 위해)와 DATAX0, X1, Y0, Y1, Z0, Z1 레지스터(각 축의 가속도 데이터)만을 사용합니다(표 5.5.1).

표 5.5.1 ADXL345의 레지스터 맵(발췌)

주소		레지스터 이름	읽고 쓰기	리셋트시 값	설명
16진수	10진수				
0x2D	45	POWER CTL	R/W	0x00	Power-saving features control (슬리브/측정 모드의 제어)
0x32	50	DATA X0	R	0x00	X-Axis Data 0(X 축 방향의 데이터 0)
0x33	51	DATA X1	R	0x00	X-Axis Data 1(X 축 방향의 데이터 1)
0x34	52	DATA Y0	R	0x00	Y-Axis Data 0(Y 축 방향의 데이터 0)
0x35	53	DATA Y1	R	0x00	Y-Axis Data 1(Y 축 방향의 데이터 1)
0x36	54	DATA Z0	R	0x00	Z-Axis Data 0(Z 축 방향의 데이터 0)
0x37	55	DATA Z1	R	0x00	Z-Axis Data 1(Z 축 방향의 데이터 1)

※ 그 외의 다른 레지스터에 대해서는 ADXL345 모듈 데이터 시트를 참조하십시오.

 3 **가속도 센서 모듈 연결하기**

그러면 가속도 센서를 라즈베리 파이와 연결합니다. 라즈베리 파이와 ADXL345 모듈을 연결하는 회로도는 그림 5.5.4와 같습니다. 또한, 실체 배선도는 그림 5.5.5와 같이 됩니다.

그림 5.5.4 라즈베리 파이와 3축 가속도 센서 모듈 연결(회로도)

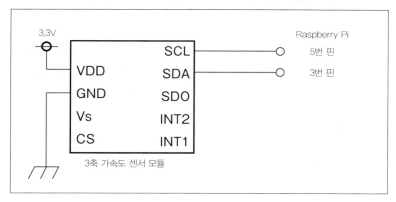

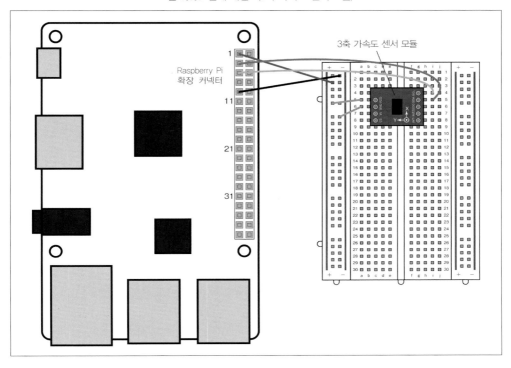

그림 5.5.5 실체 배선도(3축 가속도 센서 모듈)

이 회로에 사용하는 부품의 목록을 표 5.5.2에 나타냅니다.

표 5.5.2 3축 가속도 센서 모듈 회로의 부품리스트

부품명	제품번호·규격	메이커	수량
3축 가속도 센서 모듈(ADXL345 탑재)	ADXL345 (아키즈키 전자 통상의 모형)	Cixi Borui Technology	1

연결이 끝나면 제대로 연결되어 있는지 확인합니다. 라즈베리 파이에 전원을 넣어, LX Terminal을 실행해 다음 명령을 입력합니다.

```
sudo i2cdetect -y 1
```

다음과 같이 표시되면, 가속도 센서가 올바르게 연결된 것입니다. 또한, 이 결과는 주소 0x1D 장치가 연결된 것을 나타내고 있습니다.

```
        0 1 2 3 4 5 6 7 8 9 a b c d e f
00:       -- -- -- -- -- -- -- -- -- -- -- -- --
10: -- -- -- -- -- -- -- -- -- -- -- -- -- 1d -- --
20: -- -- -- -- -- -- -- -- -- -- -- -- -- -- -- --
30: -- -- -- -- -- -- -- -- -- -- -- -- -- -- -- --
40: -- -- -- -- -- -- -- -- -- -- -- -- -- -- -- --
50: -- -- -- -- -- -- -- -- -- -- -- -- -- -- -- --
60: -- -- -- -- -- -- -- -- -- -- -- -- -- -- -- --
70: -- -- -- -- -- -- -- --
```

4 가속도 센서 프로그램

가속도 센서의 작동을 이해하기 위한 프로그램을 만들어 보겠습니다. 여기에서는 X축, Y축, Z축의 값을 일정 간격으로 검색하고 표시하는 Java 프로그램을 작성합니다. 이 프로그램은 ACC 클래스(코드 5.5.1), ADXL345 클래스(코드 5.5.2), 그리고 ThreeAxis 클래스(코드 5.5.3) 3개의 클래스로 구성되어 있습니다.

코드 5.5.1 ACC.java

```java
1    import com.pi4j.io.i2c.*;
2
3    public class ACC {
4        public static void main(String[] args) throws Exception
5        {
6            System.out.println("Starting:");
7
8            // I2CBus의 인스턴스를 생성합니다. I2C 인터페이스의 채널 1을 지정합니다.
9            final I2CBus bus = I2CFactory.getInstance(I2CBus.BUS_1);
10
11           // ADXL345 클래스의 인스턴스를 생성합니다.
12           ADXL345 adxl345 = new ADXL345(bus);
13
14           // ADXL345를 초기화
15           adxl345.init();
16
17           while(true) {
18               // ADXL345로부터 가속 값을 취득
19               ThreeAxis threeaxis = adxl345.readAcc();
20
```

```
21              System.out.printf("x = %2.2f[g], y = %2.2f[g], z =
                %2.2f[g]\n", threeaxis.x, threeaxis.y, threeaxis.z);
22
23              Thread.sleep(1000);
24          }
25      }
26  }
```

ACC 클래스는 main 메소드를 가진 클래스입니다. ADXL345의 인스턴스를 생성하고 init 메소드로 가속도 센서를 초기화합니다. readACC 메소드로 가속도 센서로부터 각 축의 가속도 값을 취득하고 있습니다.

코드 5.5.2 ADXL345.java

```
1   import java.io.*;
2   import com.pi4j.io.i2c.*;
3
4   public class ADXL345
5   {
6       // I2C 주소를 정의합니다.
7       private int I2C_ADR = 0x1D;
8       private I2CDevice device;
9
10      /**
11       * ADXL345 클래스의 인스턴스를 위한 생성자
12       */
13      public ADXL345(I2CBus bus) throws IOException
14      {
15          // 인스턴스 변수의 기본 설정
16          device = bus.getDevice(I2C_ADR);
17      }
18
19      /**
20       * init 메소드
21       */
22      public void init()
23      {
24          try {
25              // 가속의 계측을 시작하는 명령을 쓰기
26              device.write(0x2D,(byte)0x08);
27          } catch(IOException ignore) {
28              ignore.printStackTrace();
```

```
29              }
30          }
31
32          /**
33           * readAcc 메소드
34           */
35          public ThreeAxis readAcc() throws IOException {
36              byte[] buf = new byte[6];
37              int x, y, z;
38              // 가속 센서에서 측정값을 획득
39              int res = device.read(0x32, buf, 0, 6);
40
41              if(res != 6) {
42                  throw new RuntimeException("Read failure - got only " + res + "
                     bytes from ADXL345");
43              }
44
45              // 획득한 데이터를 INT 형식으로 변환
46              x =((int)buf[0] & 0x000000FF) |(((int)buf[1] << 8) & 0xFFFFFF00);
47              y =((int)buf[2] & 0x000000FF) |(((int)buf[3] << 8) & 0xFFFFFF00);
48              z =((int)buf[4] & 0x000000FF) |(((int)buf[5] << 8) & 0xFFFFFF00);
49
50              // ThreeAxisInstance를 생성합니다.
51              ThreeAxis ret = new ThreeAxis();
52
53              // 얻은 데이터를 가속 값에 대입
54              ret.x =(double)x * 3.9 / 1000.0;
55              ret.y =(double)y * 3.9 / 1000.0;
56              ret.z =(double)z * 3.9 / 1000.0;
57
58              return ret;
59          }
60  }
```

ADXL345 클래스에는 가속도 센서 IC를 초기화하기 위한 init 메소드, 각 축의 가속도 값을 읽어내는 readACC 메소드가 있습니다. 또, 생성자에서 가속도 센서 IC의 I2C 주소를 지정합니다.

readAcc 메소드는 각 축의 가속도 값을 반환하는 메소드입니다. 이 센서의 측정치는 10비트이므로, 2바이트 데이터를 조합하는 것으로 정확한 값을 얻을 수 있습니다. 또, 이 가속도 센서의 데이터 시트에 의하면 1비트 당 가속도 값은 3.9 mg이므로, 가속도 센서 IC로부터 읽어낸 값에 3.9를 곱하고, 그 후 1000으로 제거하는 것으로 가속도 값을 계산하고 있습니다.

코드 5.5.3 ThreeAxis.java

```
1   public class ThreeAxis {
2       public double x;
3       public double y;
4       public double z;
5   }
```

ThreeAxis 클래스에는 각 축의 가속도 값을 유지하기 위한 필드가 정의되어 있습니다. 이 프로그램을 실행하면 각 축의 가속도 값이 표시됩니다(그림 5.5.6).

그림 5.5.6 ACC.java의 실행 결과

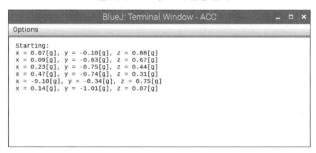

브레드보드를 기울이면 각 축의 값이 변화하는 것을 확인하십시오.

이 프로그램을 완전히 종료하고 싶을 때는 BlueJ의 디버거 윈도우에서 main 스레드를 선택하고 "Terminate" 버튼을 클릭해 주세요.

5 구슬 굴리기 게임 프로그램

이제 구슬 굴리기 게임 프로그램을 만듭니다. 이 프로그램은 5개의 클래스로 구성되어 있습니다. GUI_Game 클래스(코드 5.5.4), MyFrame 클래스(코드 5.5.5), game_obj(코드 5.5.6)의 3개의 클래스와 나머지 2개는 앞 절에서 만든 ADXL345 클래스, ThreeAxis 클래스를 그대로 사용합니다.

```
1   import javax.swing.*;
2
3   public class GUI_Game
4   {
5       public static void main(String[] args) throws Exception
6       {
7           MyFrame mf = new MyFrame();
8           mf.setVisible(true);
9       }
10  }
```

GUI_Game 클래스는 지금까지와 마찬가지로, main 메소드를 가진 클래스입니다.

코드 5.5.5 MyFrame.java

```
1   import javax.swing.*;
2   import java.awt.*;
3   import java.awt.event.*;
4   import java.io.*;
5   import com.pi4j.io.i2c.*;
6   import java.awt.image.BufferedImage;
7   import javax.imageio.*;
8
9   public class MyFrame extends JFrame implements Runnable
10  {
11      double x1 = 0.0, y1 = 0.0, t=0.0;
12      Thread th = null;
13      BufferedImage img = null;
14      game_obj goal;
15      game_obj enemy[] = new game_obj[9];
16      ADXL345 adxl345;
17      int flag = 0;
18
19      /**
20       * MyFrame 인스턴스를 위한 생성자
21       */
22      public MyFrame() throws Exception
23      {
24          // I2CBus의 인스턴스를 생성합니다. I2C 인터페이스의 채널 1을 지정합니다.
25          final I2CBus bus = I2CFactory.getInstance(I2CBus.BUS_1);
26
27          // ADXL345 클래스의 인스턴스를 생성합니다.
```

```
28          adxl345 = new ADXL345(bus);
29
30          // ADXL345 초기화
31          adxl345.init();
32
33          // 장애물
34          for(int i=0 ; i < 9 ; i++) {
35              enemy[i] = new game_obj();
36              // 장애물의 X 좌표를 대입
37              enemy[i].x = Math.random() * 400.0 + 100.0;
38              // 장애물의 Y 좌표를 대입
39              enemy[i].y = Math.random() * 300.0 + 100.0;
40              // 장애물의 이미지 파일을 대입
41              switch((int)((Math.random() + 0.2) * 2.0) ) {
42                  case 0:
43                      enemy[i].img = ImageIO.read(new File("bee.gif"));
44                      break;
45                  case 1:
46                      enemy[i].img = ImageIO.read(new File("hinagiku.gif"));
47                      break;
48                  case 2:
49                      enemy[i].img = ImageIO.read(new File("snail.gif"));
50                      break;
51              }
52          }
53
54          // 골 생성
55          goal = new game_obj();
56          goal.x = 280.0;
57          goal.y = 30.0;
58          goal.img = ImageIO.read(new File("usa_cyan.gif"));
59
60          setTitle("GUI Game");
61          setSize(600, 600);
62          setBackground(Color.white);
63
64          // 구슬 초기 위치
65          x1 = 300.0;
66          y1 = 500.0;
67
68          //스레드의 인스턴스화 및 스레드 시작
69          if( th == null ) {
70              th = new Thread(this);
71              th.start();
72          }
73
```

```java
74          setDefaultCloseOperation(EXIT_ON_CLOSE);
75      }
76
77      /**
78       * paint 메소드
79       */
80      public void paint(Graphics g) {
81          // 이미지가 생성됨
82          Image back = createImage(getSize().width,getSize().height);
83           // 화면의 버퍼를 생성합니다.
84          Graphics buffer = back.getGraphics();
85          super.paint(buffer);
86
87          // 배경을 설정
88          buffer.setColor(Color.white);
89          buffer.fillRect(0, 0, getSize().width, getSize().height);
90
91          // 고어를 그리기
92          buffer.drawImage(goal.img,(int)goal.x,(int)goal.y, 42, 50, this);
93
94          // 장애물 그리기
95          for(int i = 0 ; i < 9 ; i++) {
96              buffer.drawImage(enemy[i].img,(int)enemy[i].x,(int)enemy[i].y,
                   45, 45, this);
97          }
98
99          // 구슬 그리기
100         buffer.setColor(Color.blue);
101         buffer.fillOval((int)x1,(int)y1, 30, 30 );
102
103         // 그림 그리기
104         g.drawImage(back, 0, 0, this);
105     }
106
107     /**
108      * setxy 메소드
109      */
110     public void setxy() throws IOException
111     {
112         // ADXL345로부터 가속 값을 취득
113         ThreeAxis threeaxis = adxl345.readAcc();
114
115         // X 축 방향의 이동량을 계산합니다.
116         x1 = x1 +(threeaxis.y * 2);
117
118         // X 축 방향에서 화면으로 나오는 것을 판정
```

```
119            if(x1 <= 0) {
120                x1 = 0.0;
121            }
122            else if(x1 >= 600.0) {
123                x1 = 600.0;
124            }
125
126            // Y 축 방향의 이동량을 계산합니다.
127            y1 = y1 +(threeaxis.x * 2);
128
129            // Y 축 방향에서 화면에서 나오는 것을 판정
130            if(y1 <= 0) {
131                y1 = 0.0;
132            }
133            else if(y1 >= 600.0) {
134                y1 = 600.0;
135            }
136
137            // 장애물에 부딪히고 있는 것을 판정
138            for(int i = 0 ; i < 9 ; i++) {
139                    if(((((enemy[i].x - 20) < x1) && ((enemy[i].x + 20) > x1))
                       &&((((enemy[i].y - 20) < y1) && ((enemy[i].y + 20) > y1))) {
140                        flag = 2;
141                    }
142            }
143
144            // 골에 도달했는지를 판정
145            if(((((goal.x - 20) < x1) && ((goal.x + 20) > x1)) && (((goal.y -
               20) < y1) && ((goal.y + 20) > y1))) {
146                flag = 1;
147            }
148        }
149
150        /**
151         * run 메소드
152         */
153        public void run()
154        {
155            while(th != null) {
156                try {
157                    Thread.sleep(10);
158                }
159                catch(InterruptedException ex) {
160                    ;
161                }
162
```

```
163                    try {
164                        // 골에 도착하면 대화상자를 표시하고 종료합니다.
165                        if(flag == 1) {
166                            JOptionPane.showMessageDialog(this, "Goal !!");
167                            dispose();
168                            System.exit(0);
169                        }
170                        // 장애물에 부딪치면 대화상자를 표시하고 종료
171                        else if(flag == 2) {
172                            JOptionPane.showMessageDialog(this, "Fail !!");
173                            dispose();
174                            System.exit(0);
175                        }
176                        else {
177                            setxy();
178                        }
179                    }
180                    catch(IOException ex) {
181                        ;
182                    }
183                    // 다시 그리기
184                    repaint();
185                }
186                th = null;
187            }
188    }
```

MyFrame 클래스에 게임의 작동이 담겨 있습니다. 생성자는 10개의 장애물의 이미지를 표시할 좌표를 난수로 결정하고 있습니다. 이 장애물의 좌표로 표시할 이미지 파일, 그것과 골의 좌표와 이미지 파일은 game-obj 객체의 각 필드에 대입합니다.

렌더링 처리는 paint 메소드에 오버라이드(override) 합니다. 렌더링하는 것은 골과 장애물의 이미지 데이터 그리고 구슬입니다. 골과 장애물은 생성자에서 할당된 값의 좌표에 그립니다. 구슬은 가속도 센서에서 얻은 값으로 좌표값을 계산하여 그립니다. 그림은 더블 버퍼를 사용하고 있으며, 우선 버퍼에 모든 개체를 그리고, 그 마지막에 버퍼를 표시하고 있습니다.

setxy 메소드는 가속도 센서에서 값을 취득해, 그 값에 따라 구슬의 좌표를 계산합니다. 좌표 계산 외에, 구슬이 화면에서 밖으로 나오지 않게 하는 판정이나, 골이나 장애물과 겹치지는 않는지 판정하고 있습니다.

run 메소드에 오버라이드(override)하여 구슬이 골이나 장애물과 부딪쳤을 때의 처리, setxy 메소드의 실행과 화면 다시 그리기를 실시하고 있습니다.

코드 5.5.6 game_obj.java

```java
1    public class game_obj
2    {
3        public double x;
4        public double y;
5        public BufferedImage img;
6    }
```

game_obj 클래스에는 게임에 등장하는 오브젝트의 좌표값과 이미지 데이터를 유지하기 위한 필드가 정의되어 있습니다. 프로그램을 실행하면 그림 5.5.7과 같은 윈도우가 표시됩니다.

그림 5.5.7 GUI_Game.java의 실행 결과

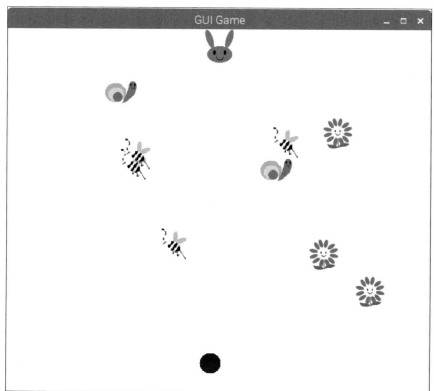

화면이 표시되면 가속도 센서를 장착한 브레드보드를 천천히 기울여보십시오. 이때 브레드보드는 가속도 센서 기판에 인쇄된 "X"의 화살표를 화면 방향으로 해 둡니다.

브레드보드를 기울인 방향으로 구슬이 움직이는지를 확인해 주세요. 그리고 브레드보드의 기울기를 바꾸어 구슬을 조작하고 장애물(벌, 달팽이, 꽃)을 피하면서 골(토끼)로 향하게 합니다. 장애물에 닿으면 "Fail !!"이라는 대화상자가 표시되고 게임은 종료됩니다. 골에 닿으면 "Goal !!"이라는 대화상자가 표시되고 게임은 종료됩니다.

이 절에서는 센서를 사용한 애플리케이션 예제로 3축 가속도 센서를 사용한 구슬 굴리기 게임을 만들었습니다. 게임 자체는 센서를 사용하지 않고도 만들 수 있지만, 게임의 조작에 센서를 이용함으로써 현실 세계와 게임 세계가 이어진 것처럼 느끼게 되는 재미가 있습니다. 아이디어에 따라서는 프로그램상의 가상공간과 현실 세계를 구분 없이 연결하는 것도 불가능한 일이 아닙니다.

Web 애플리케이션을 만들어 보자 – 온도 센서 만들기

지금부터 만들 시스템의 개요도를 먼저 보여드립니다. 이것은 이 책에서 만들려고 목표로 해 온 시스템 개념도이기도 합니다. 개념도만으로는 이해하기 어렵게 느껴지는 독자도 있겠지만 이 절을 읽어 가면서 자주 참조해 두면 결국에는 이해하실 거라 생각합니다.

그림 5.6.1 온도 센서 Web 애플리케이션의 시스템 개념도

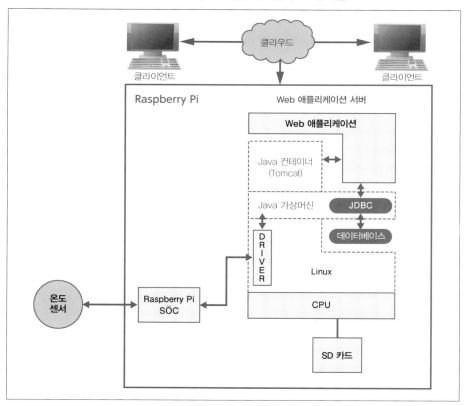

● **작업 전의 주의 사항 – 새로운 SD카드를 사용하는 것**

여기에서는 서버 사이드 기술이 들어옵니다. 가능한 많이 알려진 소프트웨어를 사용하고 있지만, 클라이언트/서버 기술이 들어오면 설치할 때의 환경(운영체제의 버전 등)에 따라서 그대로 작동하지 않는 경우가 발생합니다.

그러한 때는, 스스로 그 원인을 찾아서 해결해 나갈 필요가 있습니다. 따라서, 관련된 소프트웨어에 대해 어느 정도 알고 있어야 해결할 수 있습니다. 예를 들어, 현지화(한글화) 작업만으로도 서버 사이드에서 문제가 발생할 여지가 있습니다.

그런 문제가 발생하더라도 크게 영향을 받지 않도록 여기에서는 새로운 SD카드로 작업을 진행하기로 합시다. 또 하나의 SD카드를 준비하고 포맷한 후, 라즈비안 이미지(NOOBS가 아닙니다)를 전개하고 그 SD카드로 교체하여 시작해 주세요. 설치 시에는 일부러 한글이나 한국시간으로 설정하지 않습니다.

한글 설정이나 시각 동기화 등의 지역화는 모든 프로그램의 작동을 확인하고 나서 필요에 따라서 변경해 주세요. 한글 설정을 한 상태에서는 BlueJ를 사용해서는 안 됩니다. 예를 들어 SSH(Secure Shell)를 사용해 작성하는 경우, 코멘트를 포함한 프로그램 코드에 한글이 포함되면, 문자 깨짐 등의 원인으로 에러가 발생하기 때문입니다.(이 절의 끝에 있는 "TIPS 한글 표시에 대해"를 참조)

한글 코드의 문제를 포함하여 지금부터 사용하는 서블릿 등 Web 애플리케이션 작성에 대해서는, BlueJ가 반드시 편리한 것은 아니므로 BlueJ의 장점을 최대한 살리면서 Web 애플리케이션을 작성하기로 합시다.

(TIPS) SD 카드 포맷

SD카드를 구매하고 바로 해야 할 것은 포맷입니다. 카드 제조사에서도 그것을 추천하고 있습니다. 포맷하지 않아도 SD카드를 사용할 수는 있습니다.

다만, 주의하면 좋은 것은 포맷하지 않는 채 이미지 파일, 예를 들어 NOOBS 등을 설치해 사용해 버리면 파티션을 삭제할 수 없게 되어, 포맷을 할 수 없는 상황에 빠지는 경우도 있습니다. 즉, 다시 쓰지 못해 다른 운영체제로 되돌릴 수 없게 됩니다.

빠른 포맷을 하면 많은 시간이 걸리지 않습니다. 반드시 최초에 실행해 주세요.

1 Tomcat 설치

지금까지의 내용으로 라즈베리 파이로 수집한 데이터를 표시할 수 있었습니다. 다음 단계로 원격지의 스마트폰이나 다른 컴퓨터에서도 그 데이터를 추출할 수 있도록 해보겠습니다.

이제 현실이 된 사물인터넷(IoT, Internet of Things)은 모든 곳에 라즈베리 파이 같은 소형의 뛰어난 하드웨어를 설치해 데이터를 수집하고 어떠한 가치를 부여해 네트워크로 통신하는 것의 기점이 됩니다. 그런 의미에서도 라즈베리 파이를 다른 정보기기 단말과 연결하는 것은 중요한 기술의 하나입니다.

이제 이 책에서 설명해 온 지식의 집대성으로서, 5.6절에서는 지금까지 다루어 온 내용을 통해 라즈베리 파이와 다른 기기를 연결해 나가기로 합시다.

우리는 서버 사이드 Java를 이미 배웠습니다. 이 기술은 Web 서버를 포함한 Web 애플리케이션을 구축하기 위한 기술입니다. 여기에서는 라즈베리 파이를 Web 서버로 설정하여 다른 컴퓨터에서 HTTP로 연결하는 것을 시도합니다.

Web 애플리케이션에서는 서블릿 또는 JSP(Java Server Pages)를 사용하게 되지만, 실제로 그 기술을 작동시키기 위해서는 서블릿 컨테이너가 필요합니다. 또, 서버 사이드 Java를 실행하려면 소스 코드를 컴파일하는 것만으로는 작동하지 않고, Java VM이 필요했던 것을 기억해 주세요.

Java EE를 움직이려면 Java VM뿐만 아니라 서블릿 컨테이너라는 것이 필요합니다. 여기에서는 Apache 프로젝트에서 가장 유명하고 많이 사용해온 Tomcat이라고 하는 서블릿 컨테이너를 도입하기로 하겠습니다.

● Tomcat 9.0의 다운로드

현재 Tomcat의 최신 버전은 9입니다. 여기에서도 최신버전의 Tomcat 9.0을 사용합시다. Apache 사이트의 왼쪽 메뉴에 있는 "Download"에서 Tomcat 9.0을 내려받아 주세요(그림 5.6.2). 버전업이 되었을 경우는 Apache Tomcat의 버전을 바꾸어 설치해 주세요.

그림 5.6.2 Apache Tomcat 홈페이지

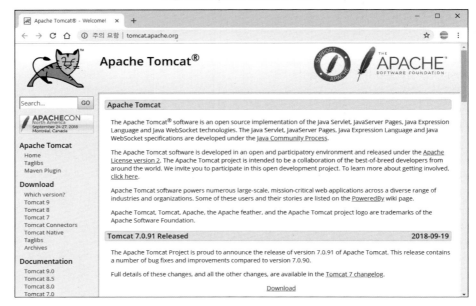

최신 버전 Tomcat 9.0은 페이지의 하단에서 직접 내려받을 수 있도록 되어있습니다.

그림 5.6.3 distribution 페이지

이 페이지에서 "Binary Distribution"을 보면 도대체 이 안에서 무엇을 내려받으면 좋을지 당황할 수도 있지만 여기에서 내려받을 것은 Core에 있는 "tar.gz"입니다. Tomcat은 바이너리 배포되는 소프트웨어로, 바로 작동시킬 수 있는 임베디드(Embedded)나 원격 배포 도구 (Deplorer) 등이 준비되어 있습니다. 이번에는 기본적인 Core만으로 작동시킵니다.

그럼, 다운로드로부터 설치까지 진행해 나가겠습니다. 라즈비안은 데비안(Debian)계 리눅스이므로, 유용한 명령어를 처음부터 사용할 수 있습니다.

그러면 우선 Tomcat의 다운로드부터 시작합니다. 아래의 ②와 같이, 라즈베리 파이에 직접 내려받는 wget 명령을 사용할 수도 있습니다만, URL을 입력하는 등의 작업이 필요합니다. 그것보다는 ①과 같이 컴퓨터에 내려받아서 그것을 라즈베리 파이로 전송하는 방법이 더 편할지도 모릅니다. 어느 쪽이 좋은지는 취향에 따라 마음에 드는 방법으로 해 보세요.

① 컴퓨터로부터 전송하는 방법

아래의 주소로 Apache Tomcat 9.0 다운로드 페이지로 이동해 주세요.

```
https://tomcat.apache.org/download-90.cgi
```

이 페이지에 Core에 있는 tar.gz를 클릭하고, apache-tomcat-9.0을 내려받아 주세요.

② wget를 사용하는 방법(윈도우 컴퓨터 등을 사용하지 않는 경우)

wget 명령으로 내려받습니다. Apache의 Tomcat9.0 페이지에 있는 Archives를 따라 원하는 파일에 도착하면, 해당 URL과 파일명을 알 수 있습니다. wget 명령어에 해당 URL과 파일명을 입력합니다.

```
wget https://archive.apache.org/dist/tomcat/tomcat-9/v9.0.0.M27/bin/apache-tomcat-
9.0.0.M27.tar.gz
```

다운로드 위치는 Pi 사용자의 home에 둡니다. 다음의 명령으로 압축을 해제하면 설치가 완료됩니다.

```
tar xzf apache-tomcat-9.0.0.M27.tar.gz
```

미러 사이트에 대해 ------------------------------------

OSS(오픈 소스 소프트웨어) 다운로드는 많은 사람들이 시도합니다. 따라서 본 사이트가 아니라 자신이 사는 곳의 미러 사이트를 사용하는 것이 일반적입니다.

Tomcat 사이트를 보면 mirrors라고 작게 쓰여 있는 곳을 클릭하여 HTTP의 목록 중에 원하는 사이트를 클릭해 파일에 접근합시다. 그때의 URL의 전체경로를 넣어주세요. 그러면 해당 미러 사이트로부터 tomcat을 내려받습니다.

```
wget http://apache.tt.co.kr/tomcat/tomcat-9/v9.0.12/bin/apache-tomcat-9.0.12.
tar.gz
tar xzf apache-tomcat-9.0.12.tar.gz
```

● **사용자 등록**

다운로드 및 압축 풀기가 끝나면 다음으로 할 것은 Tomcat의 사용자 정의 XML 파일에 다음의 내용을 추가하고 system에 사용자 등록을 합니다.

파일은 Pi의 홈 디렉터리에서 보면

```
apache-tomcat-9.0.0.M27/conf/tomcat-users.xml
```

에 있습니다. tomcat-users 태그에 있는 마지막에 다음과 같이 추가해 주세요.

```
<user username="system" password="raspberry" roles="manager-gui"/>
```

● **tomcat 실행 셸의 작성**

그러면 실행 셸을 작성합니다. 실행 셸은 /etc/init.d/ 디렉터리에 만드는 것으로 약속이 되어있습니다. 하나하나 확인하면서 다음의 명령어를 사용합니다.

```
sudo su -
cd /etc/init.d
nano tomcat
```

위의 명령어를 한 번에 입력한다면 아래와 같습니다.

```
sudo nano /etc/init.d/tomcat
```

명령어의 사용법은 오타를 범하기 쉬운 사람은 하나하나 입력하는 것이 좋고 명령어가 익숙한 사람은 일일이 입력하지 않고 단번에 입력하는 것이 좋을 것입니다.

또한, nano는 UNIX 문화의 사람들에게는 기본인 vi 편집기보다 사용하기 쉬운 편집기입니다. 이 nano 편집기를 사용하면 쉽고 편하게 내용을 편집할 수 있습니다.

그럼, tomcat 실행 셸입니다. 아래의 〈tomcat 실행 셸〉과 같이 작성해 주세요.

〈tomcat 실행 셸〉

```
1    #!/bin/sh
2    # /etc/init.d/tomcat
3    # starts the Apache Tomcat service
4    ### BEGIN INIT INFO
5    # Provides             tomcat
6    # Required-Start:
7    # Required-Stop:
8    # Default-Start        2 3 4 5
9    # Default-Stop         0 1 6
10   # X-Interactive        true
11   # Short-Description    Start/stop tomcat application server
12   ### END INIT INFO
13
14   CATALINA_HOME="/home/pi/apache-tomcat-9.0.0.M27"
15   case "$1" in
16   start)
17       if [ -f $CATALINA_HOME/bin/startup.sh ];
18       then
19         echo $"Starting Tomcat"
20         /bin/su pi $CATALINA_HOME/bin/startup.sh
21       fi
22       ;;
23     stop)
24       if [ -f $CATALINA_HOME/bin/shutdown.sh ];
25       then
26         echo $"Stopping Tomcat"
27         /bin/su pi $CATALINA_HOME/bin/shutdown.sh
28       fi
29       ;;
30   *)
```

```
31        echo $"Usage   $0 {start|stop}"
32        exit 1
33        ;;
34    esac
```

이 셸로 행하려고 하는 것은 tomcat start라고 하면 실행이 되고, tomcat stop이라고 하면 정지되는 것입니다. 나중에 소프트 버전을 바꾸었을 때, 설치 조건이나 프로그램의 배치, 또는 명칭 등이 변경이 되었다고 해도, 실행·정지 방법에 대해서는 같은 방식으로 실행하고 싶은 것입니다. 여기에서는 그런 변화를 최소화하기 위해서 셸을 사용했습니다.

생성한 파일은 파일 속성을 변경해야 사용할 수 있습니다. 다음의 명령어로 실행 가능 파일로 속성을 변경하고 실행합니다.

```
cd /etc/init.d
sudo chmod 755 tomcat
sudo /etc/init.d/tomcat start
```

조금 전의 셸로 설정한 내용이 표시되어 "Tomcat started."라고 마지막에 표시되면 Tomcat 실행에 성공한 것입니다.

● 라즈베리 파이에서 Tomcat의 작동 확인

그러면 즉시, 라즈베리 파이에 설치된 Tomcat을 작동해 봅시다.

① 네트워크상의 컴퓨터로 작동 확인

먼저 네트워크에 있는 컴퓨터의 브라우저를 사용해, 다음의 설명을 참고하여 Tomcat을 설치한 라즈베리 파이의 주소를 호출해 봅시다. 글로벌 어드레스를 할당할 수 있으면 그 주소를, 로컬 주소만 있는 경우는 DHCP 서버에 의한 자동 주소가 추가되기 때문에 미리 확인 후 사용하십시오. 주소는 터미널에서 ifconfig 명령어를 입력하면 확인할 수 있습니다.

Tomcat을 작동시키려면, 포트 번호 8080의 조건도 추가해야 합니다. 192.168.0.9라는 주소가 할당해졌다고 하면 다음과 같이 됩니다(그림 5.6.4).

```
http://192.168.0.9:8080/
```

그림 5.6.4 Tomcat을 설치한 후에 표시되는 자신의 홈페이지

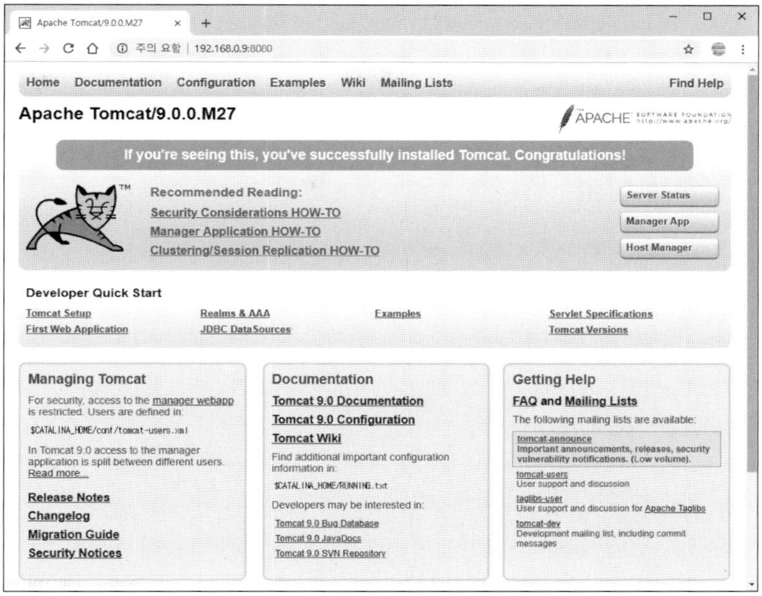

이 주소는 로컬 주소입니다. 라우터나 공유기를 사용하여 LAN에 접속된 경우 매번 다른 주소가 부여되는 경우도 발생합니다. 많은 기기를 연결하고 제거하는 경우는 별로 일어나지 않기 때문에, 일반적으로 집에서는 같은 주소가 부여됩니다.

매번 부여된 주소를 조사하지 않아도 액세스할 수 있지만, 연결하는 시스템이 많은 경우는 하나하나 IP주소를 수정해야 할 수도 있습니다. 그런 경우에는 IP주소를 고정화하는 편이 사용하기 쉬울 것입니다. 그 설정 방법에 대해서는 뒤에 설명합니다.

② 설정한 라즈베리 파이를 사용해 작동 확인

다른 컴퓨터로부터 직접 호출하는 것이 아니라, 라즈베리 파이의 브라우저로부터 자기 자신을 호출하는 방법으로 확인하려면

```
http://localhost:8080/
```

로 액세스하여 작동 확인이 가능합니다. 먼저 로컬로 작동하는 것이 확인되어야 다른 컴퓨터에서도 작동을 확인할 수 있습니다. 잘 작동하지 않는 경우는, 먼저 로컬부터 확인해 보는 것이 정석입니다.

①과 ②중 어떤 방법이든 성공하게 되면 똑같은 Tomcat의 홈페이지가 호출됩니다. 상단에 있는 Example을 클릭하면, 여러 JSP를 포함한 샘플이 있습니다. 그것들을 클릭해 작동하는지 확인해 주세요.

 주소를 고정하는 방법 ···

디폴트 게이트웨이와 DNS 서버 주소를 확인한 후 /etc/dhcpcd.conf 파일을 편집합니다. 지금까지 여러 번 나왔습니다만, 파일 편집을 위한 편집기는 nano를 추천합니다.

```
sudo nano /etc/dhcpcd.conf
```

마지막 줄에 다음과 같이 추가해 주세요. 이 주소는 예시이므로, 자신의 환경에 맞게 적절하게 수정하세요. 터미널에서 ifconfig를 입력하면 라즈베리 파이의 주소를 알 수 있습니다.

```
interface eth0
static ip_address=192.168.0.9/24      ← 고정하고 싶은 라즈베리 파이의 IP주소
static routers=192.168.0.1            ← 디폴트 게이트웨이
static domain_name_servers-192.168.0.1  ← DNS 서버 IP주소
```

 개발환경에 대해 ···

일반적으로 라즈베리 파이를 디지털 TV 또는 모니터에 HDMI로 연결하여 사용합니다만, 라즈베리 파이를 모니터에 연결하는 것보다는 컴퓨터에서 듀얼 모니터 환경을 구축하고 라즈베리 파이를 원격으로 연결하여, 라즈베리 파이의 화면을 듀얼 모니터 중 하나의 모니터로 보는 것이 편하고 좋습니다.

서버 사이드 등 많은 기술을 도입하게 되면, 디버깅을 포함한 개발 효율이 중요해지기 때문에, 컴퓨터를 중심으로 한 개발 환경이 더 빠르고 편리합니다.

SSH를 사용해 보면 알 수 있지만 명령 줄 중심이 아니라 윈도우 환경에서 개발하는 것 같이 됩니다. 윈도우에서 사용하고 있는 도구 등도 그대로 사용할 수 있습니다. 물론 맥에서도 똑같이 하는 편이 좋을 것입니다.

디지털 TV의 DVI와 HDMI 입력 단자에 컴퓨터와 라즈베리 파이를 동시에 연결하여 SSH 연결로 사용하게 되면, 개인 공간에 작은 라즈베리 파이 보드만 차지하는 것으로 끝납니다. SSH 도구는 Putty를 추천합니다. 그리고 GUI환경이 필요한 경우에는 VNC나 XRDP를 통한 원격연결도 추천합니다.

 Tomcat의 권한에 대해

서버를 구축했던 적이 있는 분이라면 아시겠지만 여기에서 실행한 설치는 학습을 고려하여 진행하였기 때문에 보안에 대해 전혀 고려하지 않았습니다. 실제 업무에서는 이렇게 설치하여 사용하지 않습니다.

서버를 공격하는 사람이 있어서 루트 권한으로 다루고 있던 Tomcat을 빼앗겼다고 가정합시다. 루트 권한이므로 서버의 모든 것을 조작할 수 있어 매우 위험합니다.

그 때문에 일반적으로 특별한 사용자, 예를 들어 tomcat 사용자라는 것을 만들어, Tomcat은 그 tomcat 사용자로 다루게 합니다. 그렇게 루트와 Tomcat을 분리하는 것입니다.

이렇게 하면 만일 시스템이 공격자에게 탈취되었다고 해도, 시스템 전체를 차지할 수는 없으므로 보안위험은 상당히 줄어듭니다.

이 책에서는 학습의 목적을 위해 손쉽게 시작하려 하고 있으므로, 기본 권한으로 모두 실행시키고 있습니다. 라즈베리 파이를 서버로 구축해서 공개할 사람은 없을 것이라고 생각합니다. 그래서 그 부분을 신경 쓰지 않고 작동시키고 있지만, 지식으로서는 기억해두세요.

2 간단한 web 애플리케이션을 만들어 보자

Tomcat의 설치가 완료되었으므로, 즉시 간단한 Web 애플리케이션을 만들어 봅시다. 동시에 서블릿뿐만이 아니라 JSP도 사용해 보겠습니다.

서블릿은 Java 컨테이너에서 구동되는 Java 프로그램입니다만, 서블릿만으로 Web 애플리케이션을 작동시키려면 매우 불편하다는 것을 작성해 보면 알 수 있습니다. Web은 브라우저를 사용하는 것이 기본인데, 그것을 서블릿으로만 하려면, 프로그래머가 사용자 인터페이스를 만들어야 합니다.

그런데 Web 디자인은, 프로그래머가 아닌 그래픽 디자이너가 작성하는 편이 화면의 수준이 높아집니다. 그래서 HTML 파일에서 서블릿을 호출할 수 있는 구조가 있으면, 디자이너는 프로그램을 많이 알 필요도 없고, 또한 프로그래머도 Web 디자인에 대해 많이 신경 쓰지 않아도 됩니다.

그러한 의미로, 이 구조를 실현해 주는 JSP를 사용하게 됩니다. JSP에는 Java 코드가 포함되어 있어서, JSP가 처음 불릴 때 Java 소스의 부분을 자동 컴파일해 작동합니다.

외형은 HTML과 같은 표기로 보입니다만, 그때그때 자동으로 컴파일하고 나서 작동하고 있으므로, 처음 컴파일할 때는 HTML보다 반응이 느리다고 느낄 수 있습니다.

JSP의 호출 2번째 이후는 컴파일된 코드 등이 캐시되므로, 일반적인 Web 페이지처럼 표시할 수 있게 됩니다. 느려질 경우는 위와 같이 컴파일 시간이 필요한 것으로 생각해 주세요.

● 서블릿과 JSP를 연계시켜 애플리케이션을 작성

그러면 실제로 서블릿과 JSP를 연계한 애플리케이션을 만들어 봅시다. Tomcat을 설치했을 때에 작성된 폴더는 다음의 디렉터리입니다.

```
/home/pi/apache-tomcat-9.0.0.M27/webapps/
```

이 디렉터리가 Web 애플리케이션의 루트 디렉터리에 해당합니다. 여기에 모든 Web 애플리케이션을 배치하겠다는 약속이 되어있습니다. 간단히 JSP와 서블릿을 시험하기 위해 애플리케이션을 srd라고 이름 짓고 작성 해보겠습니다.

```
mkdir srd
```

디렉터리 이동하고

```
cd srd
```

jsp와 WEB-INF라는 디렉터리를 만듭니다. WEB-INF 아래는 classes 디렉터리를 다음과
같이 작성합니다.

```
mkdir jsp
mkdir WEB-INF
cd WEB-INF
mkdir classes
cd classes
mkdir srd
cd srd
```

익숙하지 않은 이름의 디렉터리명으로 구성되어 있습니다만, 이들은 모두 Web 애플리케
이션을 구축하기 위한 약속이므로, 따를 수밖에 없습니다.

jsp에는 JSP 파일을, classes/srd에는 서블릿을 넣습니다. srd 디렉터리는 본래 필요 없습
니다만 Java의 패키지 개념을 따라서 여기에서는 srd 패키지로 합니다. 특히 Eclipse 등을
사용해 개발하면 패키지에 의해서 각각 클래스 파일을 나누어 작성합니다.

Tomcat의 webapps/example 이하를 보면, Tomcat을 작동시키려면 디렉터리를 만들고,
거기에 클래스 파일 등을 저장해야 한다는 것을 이해할 수 있을 것입니다.

서블릿은 Web 애플리케이션으로서 HTTP 프로토콜을 사용한 Java 프로그램인 것을 기
억하십시오. 이 Java 프로그램을 움직이게 하는 컨테이너 기능과 HTTP 서버의 기능을 겸
비한 소프트웨어가 Tomcat입니다.

Tomcat을 사용하면 서버 사이드 Java 프로그램을 작동시킬 수 있을 뿐만 아니라, 서버
의 기능도 수행할 수 있게 만들 수 있습니다.

그러면 구체적으로 JSP와 서블릿을 만들어 보겠습니다. 여기에서는 서블릿 그 자체는 아
니고 Java EE에서 자주 사용되는 JavaBeans라고 하는 부품을 만들기로 하겠습니다. 규모
가 매우 작으므로 MVC 모델이라고 해도 좋을지 모르겠지만, 처리를 나누는 개념을 여기에
서 참고 하실 수 있습니다.

JSP는 주로 표시할 화면을 위해 사용합니다. JSP 대신 서블릿으로 화면을 만드는 일도 물론 할 수 있습니다만, 개발을 분담한다는 의미에서는 JSP와 서블릿을 잘 구분하여 사용하는 것이 합리적입니다.

여기에서는 이벤트를 발생시키는 JSP, 난수를 발생시키는 JavaBeans, 그 표시를 담당하는 JSP 이렇게 3개의 코드를 작성합니다.

① 이벤트를 발생시키는 JSP 만들기

우선 이벤트를 일으키기 위해 JSP를 만듭니다. 이름은 RandomGet.jsp로 하고 코드는 아래와 같습니다.

〈RandomGet.jsp〉

```
1    <html><head><title>Random Get JSP </title></head>
2    <body>
3    <FORM  METHOD="GET"  ACTION="RandomJavaBean.jsp">
4    <H1>Get RandomData Event</H1>
5    <TABLE><TR>
6    </TR><TEXTAREA  ROWS="3" COLS="50" >
7    If you would like to get the random data
8    Press following event button
9    </TEXTAREA>
10   </TABLE>
11   <br> <INPUT TYPE="submit" NAME="event" VALUE="event">
12   </FORM>
13   </body></html>
```

〈프로그램 설명〉

- 3행의 FORM 태그 이하를 보세요.
- 11번째 줄에 표기하고 있는 이벤트 버튼을 누르면 3번째 줄에서 지정한 JSP가 호출됩니다.

간단한 예제이기 때문에 여기에서는 값을 전달하지는 않고 event라는 메시지만을 JSP에 전달해주어 난수 발생 및 그것을 표시하는 RandomJavaBean.jsp로 전환하도록 합니다. 이 JSP에서는 난수를 발생시키기 위해 만든 JavaBeans를 호출하고 있습니다.

전체적으로 먼저 JSP에서 이벤트를 실행하고 표시용 JSP를 호출한 다음, 그 표시용 JSP는 난수를 얻기 위해서 JavaBeans를 호출하는 구성으로 되어있습니다.

이 정도의 규모는 처리를 역할에 따라 구분 할 필요가 별로 없지만, 이후의 온도 측정 시스템을 만들 때는 알기 쉽게 하기 위해 3개로 구분하고 있습니다.

② 불리는 측의 JSP를 만들기

다음은 불리는 측의 JSP인 아래의 코드 RandomJavaBean.jsp를 작성합니다.

〈RandomJavaBean.jsp〉

```jsp
1   <%@ page contentType="text/html"%>
2   <html>
3   <head>
4   <title>Random Generate JavaBean</title>
5   </head>
6   <body>
7       <h1>Random Data Display</h1>
8       <h1>
9           <jsp:useBean id="msg" class="srd.RandomJavaBean" scope="page" />
10          <%
11              String evt = request.getParameter("event");
12              if(evt.equals("event")) {
13                  response.setHeader("Cache-Control", "no-cache");
14                  response.setHeader("Pragma", "no-cache");
15                  response.setIntHeader("Refresh", 3);
16
17                  double data = msg.getData();
18
19                  out.println("<table border=1><tr><th>Item</
                    th><th>Data</th></tr><tr><th>Random </th><th>");
20                  out.println(data);
21                  out.println("</th></tr></table>");
22              } else {
23                  throw new Exception("JSP ERROR");
24              }
25          %>
26      </h1>
27  </body>
28  </html>
```

〈프로그램의 설명〉

- 9행에 msg라는 ID로 호출하는 JavaBeans명을 지정하고 있습니다.
- 10행 이하〈% %〉안이 Java 코드(서블릿)가 쓰이는 곳입니다.
- 12행은 이벤트를 일으키는 JSP에서 event라는 메시지를 보내면 확인하는 코드입니다. 만약 event를 받지 않았으면 JSP ERROR로 처리하고 있습니다. 코드 내에서는 11, 12행째에 event 메시지가 "event"라는 문자가 포함되어 있었는지를 확인하고 있습니다.
- 13~15행은 브라우저를 캐시 시키지 않고 3초마다 리프레쉬 시키는 코드입니다. 이것은 HTML의 meta 태그로도 같은 명령을 쓸 수 있지만, 여기선 Java 코드로 구현하였습니다.
- 17행이 JavaBeans로부터 값을 받아 오는 곳입니다.
- 19~21행에 그 내용을 표시하고 있습니다.

여기서 조금 주의해야 할 사항이 있습니다. 이 예와 같이 Java 코드(서블릿)가 HTML 태그보다 많으면 JSP를 사용하는 장점이 줄어들 것입니다. 덧붙여서, JavaBeans는 setter/getter를 사용하는 약속이 되어있으므로, 다음 Java 코드〈RandomJavaBean.java〉는 이에 따라 프로그래밍하고 있습니다. 그렇다고는 해도, 난수를 발생시키고 그것을 얻는 것뿐이므로 getter밖에 사용하지 않습니다.

〈RandomJavaBean.java〉

```
 1   package srd;
 2
 3   /*random data*/
 4   public class RandomJavaBean {
 5
 6       /* random generate */
 7       private double data = Math.random();
 8   // private double data = 1.0;
 9
10       /* get data */
11       public double getData()
12       {
13           return data;
14       }
15
16       /* set data */
17       public void setData(double data)
18       {
19           this.data = data;
20       }
21   }
```

이 RandomJavaBean.java는 JSP와는 달리 Java 코드이므로 컴파일이 필요합니다. 모든 경로를 보여 컴파일해도 괜찮습니다. 다음과 같이 .profile 경로를 통해 컴파일해도 괜찮습니다.

③ Java 프로그램을 컴파일

컴파일 시에는 이후의 일도 생각하여 클래스 경로를 .profile에 설정해 둡시다.

```
nano /home/pi/.profile
```

그리고, 마지막 행에 다음의 클래스 경로를 추가해 주세요. 이후 pi 사용자로 로그인할 때마다 클래스 경로가 자동으로 설정됩니다. 이 절 마지막에 jfreechart를 사용하는데 이러한 내용도 여기서 미리 설정해 둡니다. 게다가 나중에 사용하는 디바이스 드라이버 pi4j 라이브러리를 위한 것도 여기서 설정해 둡니다.

이러한 설정은 다음과 같이 됩니다. 참고로 모듈의 버전이나 경로는 라즈베리 파이 환경에 따라 조금 달라질 수도 있으니 자신의 경로에 맞추어 작성하시길 바랍니다.

```
CATALINA_HOME="/home/pi/apache-tomcat-9.0.0.M27"
export
CLASSPATH=$CLASSPATH:.:$JAVA_HOME/jre/lib:$JAVA_HOME/lib:$JAVA_HOME/lib/tools.
jar:$JAVA_HOME/lib:$CATALINA_HOME/lib/servlet.jar:$CATALINA_HOME/lib/jfreechart-1.0.19.
jar:$CATALINA_HOME/lib/jcommon-1.0.23.jar:/opt/pi4j/lib/pi4j- device.jar:/opt/pi4j/lib/
pi4j-core.jar:/opt/pi4j/lib/pi4j-gpio-extension.jar:/opt/ pi4j/1 ib/pi4j-service.jar
```

설정이 끝나면

```
source ~/.profile
```

를 사용하여 다시 설정하거나

```
sudo reboot
```

를 사용하여 다시 시작하십시오.

위처럼 설정했을 경우, "RandomJavaBeans.java"와 "RandomJavaBean.jsp"에 포함된 Java 코드를 컴파일하게 됩니다. 다만, JSP에 포함된 Java 코드는 JSP가 처음 불릴 때, 가상머신이 컴파일하고 나서 실행시키는 구조(자동 컴파일)로 되어 있으므로, 컴파일 명령어 javac를 사용하는 것은 "RandomJavaBeans.java"만 하면 됩니다. 즉, "RandomJavaBeans.java"만 컴파일할 수 있으면, 여기서의 준비는 끝났습니다.

그럼, 즉시 브라우저로 접근해 봅시다. 로컬 서버라면

```
http://localhost:8080/srd/jsp/RandomGet.jsp
```

혹은

```
http://(IP주소):8080/srd/jsp/RandonGet.jsp
```

로 액세스해 주세요. 페이지가 나타나면, 아래에 있는 이벤트 버튼을 눌러 주세요(그림
5.6.5). 그러면, 또 하나의 JSP가 난수를 3초마다 표시해 줍니다(그림 5.6.6). 자동표시는 브라
우저의 종류에 따라 작동하지 않을 수도 있는데, 그때는 다시 로드하면 됩니다.

그림 5.6.5 이벤트 발생 화면

그림 5.6.6 난수표시화면

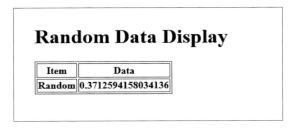

3 온도를 정기적으로 측정하고 표시하는 Web 애플리케이션

이제 측정 온도 데이터를 브라우저에 표시하는 Web 애플리케이션의 설계를 해봅시다. 여러 기술이 활용되므로 다소 어려울 수 있지만, TIPS의 보충설명과 해당 항목을 복습하며 해결합시다.

우선 온도 센서를 연결해야 합니다. 사용이 쉬운 AE-ADT7410(고정밀도·고분해 가능 12C-16Bit 온도 센서 모듈)을 사용할 것입니다. 인터넷에 다양한 부품과 모듈들이 있습니다. 꼭 책에서 언급한 모듈이 아니어도 좋습니다. 라즈베리 파이와 온도 센서 모듈의 접속 회로도는 그림 5.6.7, 그 실체 배선도는 그림 5.6.8입니다.

그림 5.6.7 라즈베리 파이와 온도 센서 모듈 연결 – 회로도

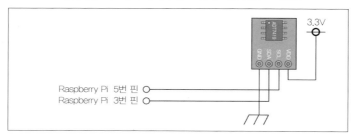

그림 5.6.8 실체 배선도 – 온도 센서 모듈

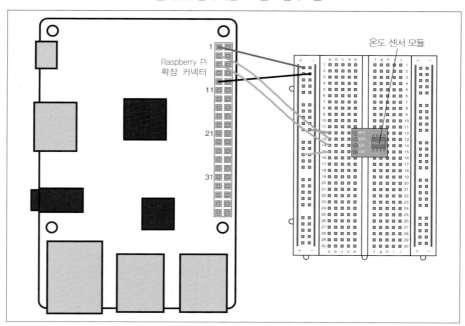

라즈베리 파이와 온도 센서 모듈의 연결이 끝나면, 제대로 연결되어 있는지 확인합니다. 라즈베리 파이의 전원을 켜고 LXTerminal을 실행해 다음 명령을 입력합니다.

```
sudo i2cdetect -y 1
```

다음과 같이 표시되면 온도 센서가 제대로 연결되어 있는 것입니다. 또, 이 결과는 주소 0x48의 I2C 디바이스가 연결된 것을 나타내고 있습니다.

```
     0 1 2 3 4 5 6 7 8 9 a b c d e f
00:         -- -- -- -- -- -- -- -- -- -- -- -- --
10: -- -- -- -- -- -- -- -- -- -- -- -- -- -- -- --
20: -- -- -- -- -- -- -- -- -- -- -- -- -- -- -- --
30: -- -- -- -- -- -- -- -- -- -- -- -- -- -- -- --
40: -- -- -- -- -- -- -- -- 48 -- -- -- -- -- -- --
50: -- -- -- -- -- -- -- -- -- -- -- -- -- -- -- --
60: -- -- -- -- -- -- -- -- -- -- -- -- -- -- -- --
70: -- -- -- -- -- -- -- --
```

앞에서는 간단한 Web 애플리케이션으로 데이터를 얻을 수 있게 되었지만, 사람의 수동 조작으로 매번 자료를 수집해 표시할 수는 없습니다. 따라서 정기적으로 자료를 수집하기 위한 장치가 필요합니다. 리눅스 환경에서 이러한 일을 하려면 cron이라고 하는 데몬 프로세스(백그라운드에서 움직이는 프로세스)를 사용하는 것이 상식입니다. 이 cron은 데이터의 백업을 정기적으로 실시하는 것으로 사용하고 있습니다. 이 절에서는 corn을 이용해 자료를 자동으로 수집하기로 하겠습니다.

Java에는 Timer 클래스가 준비되어 있으므로, 이것을 사용하여 정기적이라는 구조를 만들 수 있지만, 배열만 갖고서는 원하는 데이터를 자유롭게 꺼내는 것에는 적합하지 않습니다. 역시, Web 애플리케이션의 핵심 기능인 데이터베이스를 구축해야 합니다. 따라서 데이터베이스를 만들어 정기적으로 자료를 수집하거나, 거기에서 데이터를 꺼내는 구조도 작성합니다.

단순한 배열이라면, 세션이 끊어진 이후 다시 호출될 때 이전 데이터는 소실해 버리기 때문에,

```
1  public volatile static int buffer[] = new int [100];
```

이라고 하는 배열을 선언하고, Timer 클래스를 사용하여 작업을 수행합니다.

서블릿 측에서는 아래처럼,

```
2     TimerTask task = new Task();
3     Timer timer = new Timer();
4     timer.schedule(task, 0, 500000);
```

실제로 정기적인 처리를 수행하는 Task 클래스에서는 아래와 같은 형태로 처리합니다.

```
5     public class Task extends TimerTask(
6     @0verride
7       public void run() {
8          정기적인 처리를 실시
9       }
```

Java에서는 CLASSPATH의 중요함과 번거로움을 동시에 경험하는 일이 자주 있습니다. CLASSPATH는 컴파일러를 실행할 때 Java 시스템에 라이브러리 등 필요한 것이 있는 곳을 알리기 위한 것입니다. 특히 Jar 파일에 대해서는 경로를 확실하게 지시할 필요가 있습니다.

이 책에서는 매번 CLASSPATH를 일일이 지정하고 컴파일 하는 것이 귀찮기 때문에 profile에 미리 설정하였지만 다음 사항을 주의하십시오.

운영체제의 버전 업을 실시할 때에, CLASSPATH의 취급이 조금 다르거나 하는 일이 있습니다. 운영체제의 버전을 올려서 import를 할 수 없다는 오류가 발생했을 때는, CLASSPATH의 설정 방법을 의심해 보세요. 이전에 작동했다고 해서 이번에도 괜찮다는 보장은 없습니다.

(TIPS) 컴파일 등에 대해

.profile에 CLASSPATH를 등록해 두고, Home에 들어가면(로그인하면) CLASSPATH 설정이 되도록 하고 있지만, 언제나 이 방법이 효과적이라고 할 수는 없습니다. 예를 들어, 소프트웨어는 작동하고 있지만, 소스를 컴파일해 보면 에러가 여러 군데 발생해 속수무책이 되어 버리는 일도 있습니다. 그때는 .profile에 추가한 내용을 다시 커맨드 라인에서 실행해 보세요.

(TIPS) Java 에러의 견해에 대해

컴파일 에러는 출력된 코멘트를 추적하여 코드를 수정하면 좋습니다. 문제는 런타임 에러 쪽입니다. 보통의 경우 제일 처음에 나온 에러가 원인이 되고 그 후는 그 에러로 인한 다음의 에러, 그리고 또 그 에러에 의해서 일어난 다음의 에러와 같이, 차례차례로 발생한 에러를 기술합니다. 즉, 제일 처음의 에러를 중심으로 조사합니다. 그것이 원인으로 밝혀지면 이후의 에러는 몰라도 문제없습니다.

Java의 역사는 꽤 오래되었고, API의 문제점이나 사용에 불편한 것이 있어도 갑자기 사용하지 못하게 하는 것이 아니라, 호환성을 유지하면서 발전해 왔습니다.

그러나 새로운 프로젝트는 오래된 API까지 생각하고 만들어져 있지는 않습니다. 일부러 사용하는 일은 없겠지만, 혹시 사용하고 있다면, 예상치 못한 현상이 벌어질 가능성이 있습니다.

서블릿의 기본 라이브러리는 servlet-api.jar입니다만, 이전에는 servlet.jar라는 이름이었습니다. 이전 servlet.jar로 컴파일을 할 수 있어도 프로젝트가 작동할지 어떨지의 여부는 또 다른 문제입니다. 이전 프로젝트의 라이브러리를 그대로 사용할 때는 조심해 주세요.

데이터베이스를 사용하지 않는 Web 애플리케이션은 보기가 드뭅니다. 많은 경우 데이터베이스를 기본으로 설계됩니다. 이번에 하드웨어에서 수집한 데이터는 그 특성상 수가 많지 않기 때문에 Java의 배열로 두는 것도 가능하지만 그러면 범용성이 없습니다. 데이터를 데이터베이스에 저장해 두어야 다양하게 이용할 수 있습니다.

● **MySQL의 설치**

라즈베리 파이에서는 MySQL이 기본으로 준비되어 있으므로 아래의 명령어로 설치합시다.

```
sudo apt-get update
sudo apt-get install mysql-server
```

MySQL 설치 시에 데이터베이스의 패스워드를 묻습니다. 이 책에서는 학습을 목적으로 해서 보안을 크게 고려하지 않으므로 여기에서는 라즈베리 파이 기본인 raspberrypi로 합니다. 물론 자기가 원하는 것으로 변경해도 괜찮습니다.

● **MySQL을 실행해 데이터베이스를 준비**

설치가 완료되면, 즉시 MySQL을 실행해 봅니다.

```
mysql -u root -p
```

-p 옵션을 사용하고 있으므로, 암호를 입력해야만 작동이 시작됩니다. 데이터베이스는 다른 프로그램으로부터 독립적으로 작동하고 있습니다. 데이터베이스를 명령어로 실행합니다. 다음의 명령으로 데이터베이스를 생성합니다.

```
create database jdbcdb CHARACTER SET utf8;
```

여기서, jdbcdb라는 이름을 붙인 것은 단지 jdbc 드라이버로 액세스하기 때문입니다. 그런 다음에 데이터베이스에 테이블을 준비합니다. 다음의 명령을 사용하여 데이터베이스를 지정합니다.

```
use jdbcdb;
```

테이블에는 이름뿐만이 아니라, 어떠한 데이터를 넣을지도 기술해야 합니다.

```
create table temptable(
 'id' INT(11) NOT NULL AUTO_INCREMENT,
 'datetime' DATETIME NOT NULL,
 'temperature' INT(11),
 PRIMARY KEY(id)
);
```

여기에서는 ID와 일시와 온도, 세 가지를 등록할 수 있도록 테이블을 작성합니다.

TIPS) RDB(관계형 데이터베이스)와 SQL 문에 대해

데이터베이스의 주류는 RDB입니다. RDB는 데이터베이스를 테이블로 관리하는 개념입니다. 그 데이터베이스를 액세스하기 위한 표준 언어는 SQL입니다. Web 애플리케이션의 데이터베이스는 SQL 문으로 지시하는 것이 표준입니다.

SQL 문은 데이터베이스에 테이블을 추가하고 그 서식을 결정하는 것에서, 거기에 데이터의 추가, 삭제, 변경은 물론 어떠한 데이터를 거기서부터 꺼내 올까 등의 조건을 지정할 수 있습니다. 이러한 조건을 등록하기만 하면, SQL 문만으로 여러 가지 데이터를 유연하게 검색할 수 있게 됩니다.

데이터베이스의 준비가 다 되었으므로, 다음은 센서 보드를 작동시키는 프로그램, 그리고 cron의 설정과 데이터를 기록하는 Java 프로그램을 작성하기로 합시다. 데이터베이스를 도입함으로써, 데이터를 쓰는 프로그램과 브라우저에서 그 데이터를 읽어 들여 표시하는 프로그램을 완전하게 독립적으로 만들 수 있게 되었습니다.

● **센서 보드를 작동시키기 위한 준비**

그러면 센서 보드를 작동시키는 프로그램을 작성합시다. 우선, 라즈베리 파이에 Java 디바이스 드라이버를 설치합니다. Pi4J 프로젝트의 다운로드 페이지에서

```
http://pi4j.com/download.html
pi4j-1.1.deb Debian Installer Package
```

를 원하는 위치에 내려받으십시오. 그것을 아래의 명령어로 설치해 주세요.

```
sudo dpkg -i pi4j-1.1.deb
```

미리 정해진 위치에 라이브러리가 설치됩니다. 설치 장소는 CLASSPATH 설정에 명시되어 있으므로 확인해 보세요.

센서 보드와의 교환은 I2C를 사용하지만, 라즈베리 파이는 기본적으로 I2C가 Disable(사용 불가)로 되어있으므로, raspi-config를 실행시켜 I2C를 Enable(사용 가능)으로 해주세요.

advanced option에 I2C 설정 항목이 있습니다. 설정이 끝나면 그 설정을 유효하게 하기 위해 다시 시작해야 합니다. 이제 센서 보드를 작동시키기 위한 준비가 되었습니다.

● 센서 보드로부터 데이터 읽기 프로그램

다음에 작성하는 것은, 센서 보드로부터 데이터 읽기 프로그램입니다. 센서 보드는 아날로그 디바이스의 온도 센서 ADT7410을 사용하고 있습니다. 사용 방법은 다음 ADT7410의 데이터 시트에 자세하게 나와 있습니다.

http://www.analog.com/media/en/technical-documentation/data-sheets/ADT7410.pdf

영어로 되어 있어서 읽기 어렵다고 느끼는 사람도 있겠지만 간단한 사용법 정도라면 필요한 내용은 아주 조금입니다.

본래라면 센서 보정이 필요합니다만, 그러한 처리는 LSI 내부에서 실시하고 있으므로 세세한 제어를 의식하지 않고 온도 데이터를 검색할 수 있습니다. 데이터 수집 프로그램을 작성하는 데 있어서, ADT7410에 대해 알아야 할 4개의 필수 사항은 다음과 같습니다.

1. I2C 버스에 의한 바이트 읽기, I2C 버스 주소의 기본값은 0x48

2. ADT7410의 설정은 0x03의 Configuration 레지스터에서 실시,

   16bit 분해 가능으로 연속 읽기를 할 때는 0x80을 설정한다.

3. 0x00 MSB 데이터, 0x01 LSB 데이터

4. 16bit 분해 기능의 경우에는 값을 128로 나누게 한다.

다음의 코드가 센서 보드에서의 데이터 읽기 프로그램입니다.

〈ADT7410.java〉

```
 1    import java.io.*;
 2    import com.pi4j.io.i2c.*;
 3
 4    public class ADT7410 {
 5        private I2CDevice device;
 6        private int I2C_ADR = 0x48;
 7
 8        public ADT7410(I2CBus bus) throws IOException
 9        {
10            device = bus.getDevice(I2C_ADR);
11        }
12
13        public void init()
```

```
14          {
15              try {
16                  device.write(0x03,(byte) 0x80);
17              } catch(IOException ignore) {
18                  ignore.printStackTrace();
19              }
20          }
21
22          public int readTemp() throws IOException
23          {
24              byte[] buf = new byte[2];
25              int temp;
26
27              int res = device.read(0x00, buf, 0, 2);
28
29              if(res != 2) {
30                  throw new RuntimeException("Read failure - got only" + res + "
                    bytes from ADT7410");
31              }
32
33              temp =((int) buf[1] & 0x000000FF) |(((int) buf[0] << 8) & 0xFFFFFF00);
34              System.out.println("temp = " + temp);
35              return(temp / 128);
36          }
37      }
```

〈프로그램 설명〉

- 10행에서 I2C 버스 주소를 설정합니다.
- 16행에서 초기화를 위해, Configuration 레지스터에 0x80을 설정합니다.
- 27행에서 I2C 버스가 2바이트 연속으로 읽습니다.
- 33행은 먼저 읽은 MSB 데이터를 상위로 갖고 가기 위해 8bit 왼쪽으로 이동 시킨 것이며, 2번째로 읽어낸 LSB를 OR합니다. AND는 필요한 곳 외에는 캡처하지 않도록 하는 것이라서, 이 부분이 없어도 정상 작동합니다.
- 35행의 반환은 가져온 값을 온도 데이터로 변환하는 곳입니다.

● MySQL Java connector를 라이브러리에 추가

그러면 Java에서 데이터베이스를 제어하는 프로그램을 작성합시다. 정기적으로 데이터를 등록하는 프로그램과 필요에 따라서 데이터를 꺼내는 프로그램입니다.

Java로 MySQL을 제어하기 위해 JDBC(Java Data Base Connector)를 라이브러리에 추가해야 합니다. MySQL의 사이트 http://www.mysql.com/에서 상단 "DOWNLOAD"메뉴

를 클릭하고 아래에 "Community" 메뉴를 클릭합니다. 그리고 좌측에 표시되는 메뉴에서 "MySQL Connectors"를 클릭하고 Connector/J를 선택합니다(그림 5.6.9). 내려받으려고 할 때 가입을 요구하기도 하지만, "No thanks, just start my download."를 선택하면 곧바로 내려받을 수 있습니다.

```
tar zxvf mysql-connector-java-8.0.12.tar.gz
```

이 명령으로 압축이 해제된 Jar 파일 mysql-connector-java-8.0.12.jar를 Tomcat의 lib에 복사합니다.

```
/apache-tomcat-9.0.0.M27/lib/
```

이것으로 Java에서 MySQL 데이터베이스를 사용할 준비가 다 되었습니다.

그림 5.6.9 MySQL 사이트

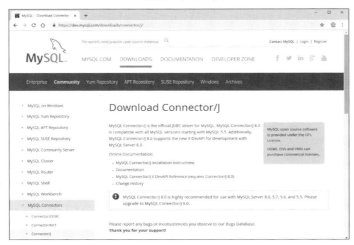

● 취득한 온도 데이터를 데이터베이스에 정기적으로 등록하는 프로그램

이번에는 취득한 온도 데이터를 데이터베이스에 정기적으로 등록하는 프로그램을 만들어 봅시다. 아래의 〈TaskSql.java〉가 그 코드입니다.

〈TaskSql.java〉

```
1    import java.io.*;
2    import java.sql.*;
3    import com.pi4j.io.i2c.*;
4
5    public class TaskSql {
6        public static void main(String[] args)
7        {
8            Connection conn = null;
9            String url = "jdbc:mysql://localhost/jdbcdb";
10           String user = "root";
11           String password = "raspberrypi";
12
13           try {
14               Class.forName("com.mysql.jdbc.Driver").newInstance();
15               conn = DriverManager.getConnection(url, user, password);
16               // System.out.println("MySQL Connect");
17
18               Statement stmt = conn.createStatement();
19
20               final I2CBus bus = I2CFactory.getInstance(I2CBus.BUS_1);
21               ADT7410 adt7410 = new ADT7410(bus);
22               adt7410.init();
23               int buffer = adt7410.readTemp();
24               System.out.println("MySQL insert value " + buffer);
25
26               // int buffer =(int)(Math.random()*10+25); //Tempereture Simulate
27               String sql = "insert into temptable(datetime, temperature) values(
                 now()," + buffer + ")";
28               int num = stmt.executeUpdate(sql);
29
30               System.out.println("MySQL numbers of insert " + num);
31
32               stmt.close();
33           } catch(ClassNotFoundException e) {
34               System.out.println("ClassNotFoundException:" + e.getMessage());
35           } catch(SQLException e) {
36               System.out.println("SQLException:" + e.getMessage());
37           } catch(Exception e) {
38               System.out.println("Exception:" + e.getMessage());
39           } finally {
40               try {
41                   if(conn != null) {
42                       conn.close();
43                   }
```

```
44              } catch(SQLException e) {
45                  System.out.println("SQLException:" + e.getMessage());
46              }
47          }
48      }
49  }
```

〈프로그램 설명〉

- 8행 이하의 선언은 이미 작성한 데이터베이스의 테이블에 액세스하기 위한 정보입니다.
- 14, 15행으로 MySQL에 액세스합니다.
- 20 ~ 22행은 센서 보드의 드라이버 설정으로 23행에서 값을 리드합니다.
- 27, 28행으로 데이터베이스에 등록한 뒤 닫습니다.

이 프로그램은 한 번 센서에 액세스하여, 그 데이터를 그대로 등록합니다. 센서 데이터도 항상 정확한 값을 얻을 수 있는지 모르기 때문에, 여러 차례 방문하여 평균을 취하는 편이 더 정확한 값을 얻을 수 있습니다.

데이터베이스에 데이터를 추가하는 프로그램은 이것으로 완성입니다. 위치는 다음에 만들 서블릿을 두는 장소와 같게 둡니다. 서블릿은 아니므로, 이 디렉터리에 위치해야 할 이유는 없습니다만, Web 애플리케이션 관련 코드는 여기에 포함시키는 것이 좋습니다. 컴파일 작업을 시행하기 위해 동일 디렉터리에 두는 것이 여러 가지로 편리하기 때문입니다.

```
/webapps/tempchart/WEB-INF/classes/
```

● 실행 셸 만들기

TaskSgl.java를 실행하는 셸이지만 nano로 작성합시다. 여기에서는 pi의 홈 디렉터리에 작성하기로 하겠습니다. 셸 스크립트는 다음과 같습니다.

〈TaskSql.java를 실행하는 셸 스크립트〉

```
1    ==tempchart.sh
2    #!/bin/sh
3    echo "Script Start"
4
5    export CLASSPATH=/home/pi/apache-tomcat-9.0.0.M27/webapps/tempchart/WEB-INF/
     classes:/home/pi/apache-tomcat-9.0.0.M27/lib/mysql-connector-java-8.0.12.jar:/
     opt/pi4j/lib/pi4j-device-jar:/opt/pi4j/lib/pi4j-core.jar:/opt/pi4j/lib/pi4j-
     gpio-extension.jar:/opt/pi4j/lib/pi4j-service.jar
6
7    cd /apache-tomcat-9.0.0.M27/webapps/tempchart/WEB-INF/classes
8
9    java TaskSql
```

셸 스크립트는 Java 언어와 다르기 때문에 처음엔 다소 어색해 보일 수도 있습니다. 여기서 포인트는 셸 스크립트에 쓰여 있는 설정만을 참조하기 때문에 다른 곳의 설정을 사용할 수 없다는 것입니다. 경로가 설정되어 있는 것을 전제로 해 프로그램을 작동시켜도 작동하지 않는 전형적인 사례입니다.

이것으로 셸은 완성했지만, nano에서 작성한 그것만으로 셸은 실행되지 않습니다. 그래서 실행 파일 상태로 변경합니다.

```
sudo chmod u+x tempchart.sh
```

이것으로 실행 셸은 완성입니다. 덧붙여 실행 셸을 일부러 여기서 작성한 것은, 다음에 설정하는 cron으로 다루기 편하게 하기 위한 것입니다.

예외 처리의 취급에 대해서 이미 이해하고 있는 독자도 많을 것으로 생각합니다. 실행하고 싶은 처리의 예외가 발생할 가능성이 있는 곳에 try, 그리고 그 예외의 종류 및 처리에 대해 catch를 사용합니다. 어디에 try하고 어디에 catch할지는 프로그래머에게 달린 것처럼 보이지만 그렇지는 않습니다. 예외 처리를 해야 하는 곳은 정해져 있습니다.

그 때문에 합당한 곳에서 처리하지 않으면 컴파일 에러가 발생합니다. 또, 예외가 발생할 것 같지 않은 곳에서 처리하려 해도, 에러로 튕겨냅니다. 이러한 구조로, 예외 처리는 최종적으로는 누가 해도 똑같이 합니다. 따라서, 참고로 하는 프로그램이 있는 경우는 예외 처리까지 참고로 해둡시다.

TIPS 셸 사용 시작

셸은 하고 싶은 것과 해야 할 명령을 모아 두는 데 매우 유용하지만, 주의를 해야 하는 곳이 있습니다. 지금까지 CLASSPATH는 미리 한 번 설정해두면 나머지는 신경 쓸 것도 없게 사용할 수 있습니다. 하지만 셸로 프로그램을 다루는 경우는 CLASSPATH에서 프로그램의 위치 등을 재차 명시해 둘 필요가 있습니다. 그렇게 하지 않으면 에러가 발생합니다.

게다가 SSH 개발 등 윈도우 환경에서 셸을 작성했을 경우는 표시되지 않는 제어 코드가 튕겨져서 "이것은 셸이 아니다"라고 하는 에러가 발생하기도 합니다.

표시되지 않기 때문에 어디가 이상한지를 편집기에서 확인해도 모릅니다. 한 번 발생하게 되면 나중에 그 원인을 찾기가 어렵습니다. 코드에 실수가 없다고 생각되는 경우는 아래의 치환 명령어를 사용해 보십시오.

```
sed -i 's/₩r//' tempchart.sh
```

SSH 내에서만 개발을 하고 있으면 문제없지만, 무심코 자신의 마음에 드는 편집기에서 설정을 신경 쓰지 않고 만들때가 있기 때문에 잘 기억해 두시면 좋습니다.

● 프로그램을 정기적으로 작동시키는 cron의 설정

다음은 프로그램을 정기적으로 작동시키는 cron의 설정입니다. cron은 명령뿐만 아니라 셸의 실행도 할 수 있습니다. cron이 기본적으로 작동하고 있지만, 그 처리 내용은 crontab 파일을 편집해야 합니다.

```
crontab -e
```

처음 시작할 때는 편집 도구를 선택하도록 묻습니다만, 고민하지 말고 nano를 선택해 주세요.

cron의 최소단위인 1분마다 데이터를 검색하는(정확하게 말하면 데이터 수집 프로그램을 작동하기 위해 tempchart.sh의 시작) 것으로 하면 설정은

```
*/1 * * * */bin/bash /home/pi/tempchart.sh
```

가 됩니다. 이것으로 실행 파일 형식이 됩니다. 위 설정에서 이미 cron이 실행되고 있을 것입니다. 확인해 봅시다. 확인의 방법으로는, 데이터베이스를 확인하는 것이 좋습니다. 1분마다 데이터가 추가되는데, 다음의 명령으로 그렇게 되는지 확인하십시오.

```
mysql -u root -p
PWD raspberrypi
use jdbcdb;
select * from temptable;
```

그림 5.6.10 데이터베이스 확인

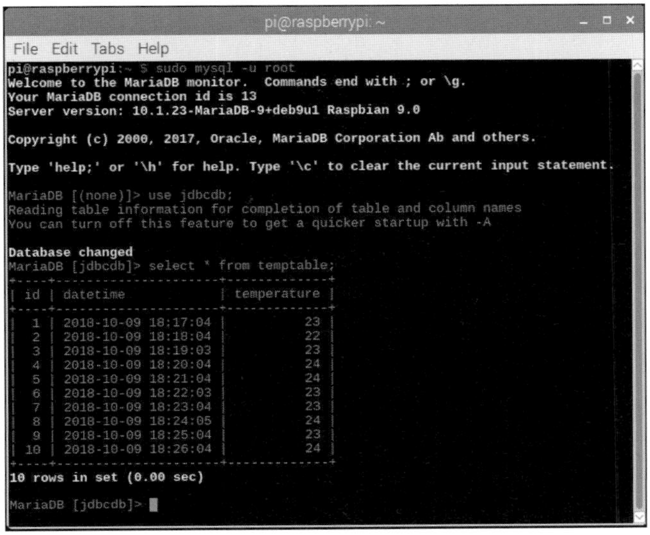

```
                            pi@raspberrypi: ~                        _ □ x
File  Edit  Tabs  Help
pi@raspberrypi:~ $ sudo mysql -u root
Welcome to the MariaDB monitor.  Commands end with ; or \g.
Your MariaDB connection id is 13
Server version: 10.1.23-MariaDB-9+deb9u1 Raspbian 9.0

Copyright (c) 2000, 2017, Oracle, MariaDB Corporation Ab and others.

Type 'help;' or '\h' for help. Type '\c' to clear the current input statement.

MariaDB [(none)]> use jdbcdb;
Reading table information for completion of table and column names
You can turn off this feature to get a quicker startup with -A

Database changed
MariaDB [jdbcdb]> select * from temptable;
+----+---------------------+-------------+
| id | datetime            | temperature |
+----+---------------------+-------------+
|  1 | 2018-10-09 18:17:04 |          23 |
|  2 | 2018-10-09 18:18:04 |          22 |
|  3 | 2018-10-09 18:19:03 |          23 |
|  4 | 2018-10-09 18:20:04 |          24 |
|  5 | 2018-10-09 18:21:04 |          24 |
|  6 | 2018-10-09 18:22:03 |          23 |
|  7 | 2018-10-09 18:23:04 |          23 |
|  8 | 2018-10-09 18:24:05 |          24 |
|  9 | 2018-10-09 18:25:04 |          23 |
| 10 | 2018-10-09 18:26:04 |          24 |
+----+---------------------+-------------+
10 rows in set (0.00 sec)

MariaDB [jdbcdb]>
```

결과화면(그림 5.6.10)을 보면, 데이터가 1분마다 추가되어있는 것을 확인할 수 있습니다.

TIPS cron에서 주의할 점

　cron은 명령의 예를 보면 알 수 있지만, 경로를 반드시 설정하도록 하십시오.

　게다가 조심하지 않으면 안 되는 것은 SMTP입니다. cron의 로그를 보면, 무엇인가 경고나 에러를 보내고 있는 것 같이 보입니다. 이것은 나중에 확인해 보면 메일 송신이라는 것을 알 수 있습니다. 그런데, 라즈베리 파이에서는 메일 전송 에이전트(MTA, Mail Transfer Agent)가 표준으로 설치되어 있지 않습니다.

　라즈베리 파이에서 메일 서버를 구축하는 사람은 없을 것이기 때문에 문제는 없지만 cron은 메일 전송이 불가하다며 작동을 정지해 버립니다. 이런 상황을 피하기 위해서 사용하지 않아도 Postfix를 설치해 두세요. Postfix를 설치하는 김에 mail 명령을 사용할 수 있도록 유틸리티도 설치해 보겠습니다.

```
sudo apt-get install postfix
sudo apt-get install mailutils
```

　설정이 귀찮다면 초기설정으로 local을 선택해 설치하는 편이 좋을 것입니다.

일반적으로 새롭게 작성한 프로그램이 아무 오류 없이 완벽하게 작동하는 일은 매무 드문 일입니다. 필연적으로 버그나 오류가 발생하는데 그때는 디버깅이 필요합니다. 로그는 여러 가지 정보를 제공해 줍니다. 프로그램이 수행하는 코드 곳곳 로그를 넣어 기록하도록 코딩해두면 어디가 어떻게 움직이고 있는지를 효과적으로 확인할 수 있습니다.

본문에서는 지금까지, 데이터 취득 Java 프로그램, 셸, cron으로 사용해 왔습니다. 각각의 로그에 대해 보충 설명을 하겠습니다.

◆ cron 로그

디렉터리 sudo nano /etc/rsyslog.conf의 rsyslog.conf 파일의 cron에 대해 주석 처리된, 다음의 코드에서

```
#cron.*                          /var/log/cron.log
```

선두의 #을 삭제해 되돌리는 것뿐입니다. 이것만으로도

```
sudo /etc/init.d/rsyslog restart
```

로 반영된 후에는 실행 될 때마다 /var/log/cron.log에 로그 출력됩니다.

◆ 셸, 데이터 취득 프로그램 로그

셸이라면 echo 명령어, Java라면 System.out.printin 메소드를 사용해 출력시키는 것이 일반적이겠지요. 그런데, SSH를 사용하여 개발을 하는 경우에는 화면에 출력이 되지 않습니다. 그때는 cron을 실행해서 셸을 작동시킬 때마다 파일에 기록하는 방식이 유효하기 때문에 다음과 같이 합니다.

```
*/1 * * * */bin/bash /home/pi/tempchart.sh >> /home/pi/cron.log
```

이렇게 하면, Pi의 홈 디렉터리에 cron.log로 로그나 코멘트가 출력됩니다. log 명령어 등이 별도로 준비되어 있지만, 그것을 사용하는 것보다는 이 방식이 보다 알기 쉽습니다.

cron은 계속 작동하기 때문에, 작동을 확인한 뒤에는 cron을 중지하거나 crontab을 다시 설정해 둡시다. 가능하면 파일도 삭제해 둡시다. 삭제하지 않으면 시간이 지난 후에 저장공간이 로그로 가득 넘치는 일도 있을 수 있습니다.

물론 이 시스템에서는 데이터베이스의 추가도 진행되므로, 로그뿐만이 아니라 테이블의 증대에도 신경을 써야합니다. cron의 중지, 시작은 다음과 같이 합니다.

- 중지는 sudo/etc/init.d/cron stop입니다.
- 시작은 sudo/etc/init.d/cron start입니다.

◆ 서블릿의 로그

서블릿의 예외나 PrintOut은 아래의 경로에 출력됩니다.

```
/home/pi/apache-tomcat-9.0.0.M27/logs/catalina.out
```

(TIPS) 테이블 삭제에 대해

cron을 사용하여 데이터를 생성하고 있으므로 테이블에 추가 데이터가 계속해서 증가해 갑니다. 디버그하기 위해 설정을 1분 등으로 하면, 전원을 넣고 있는 것만으로 많은 양의 데이터가 생성되어 저장 공간이 바닥이나 시스템이 멈추기도 합니다.

그 때문에 테이블이 방대하게 되었을 경우는, 다음과 같이 필요 없는 데이터를 삭제하도록 해 주세요.

```
truncate table temptable;
delete from temptable;
```

truncate는 테이블을 최초 생성된 초기상태로 되돌리면서 데이터를 삭제하여 테이블 용량을 줄이는데 반해 delete는 데이터만 삭제하고 테이블 용량은 줄어들지 않습니다.

이상으로 온도 등의 정보가 정기적으로 데이터베이스에 등록되는 구조가 완성됐습니다. 다음은 데이터베이스에 등록된 정보를 클라이언트 측에서 표시하는 구조를 만들어 보겠습니다.

● 데이터베이스의 데이터를 표시하는 Web 애플리케이션 만들기

다음은 데이터를 표시하는 구조입니다. 이곳은 이미 만든 Web 애플리케이션을 생각하면서 만들어 나갑니다. 앞 절에서는 JSP와 JavaBeans를 사용해 보았습니다만, 여기에서는 데이터베이스를 연결하는 서블릿과 화면을 표시하는 JSP를 사용합니다.

Web 애플리케이션 이름은 tempchart로 합니다. 표시하기 위한 JSP의 이름은 index.jsp로 합니다. index로 해두면 그 파일을 일부러 명시하지 않고도 제일 처음에 불러오기 때문에 이 이름을 붙이는 방법이 편리합니다. 다음 코드는 index.jsp파일입니다.

⟨index.jsp⟩

```
1    <%@ page language="java" contentType="text/html; charset=UTF-8"
     pageEncoding="UTF-8" %>
2    <html>
3    <head>
4      <meta http-equiv="Content-Type" content="text/html; charset=UTF-8">
5      <title>[Tomcat]  Display Graph</title>
6    </head>
7
8    <body>
9      <form method="GET" action="<%=request.getContextPath()%>/TempChartSql">
10     Inpur DISPLAY_DATA_SIZE<br>
11     <input type="text" name="datasize">
12     <input type="submit" value="OK">
13     </form>
14   </body>
15   </html>
```

여기서 중요한 것은 9행째의 Form 태그로, 지금부터 작성하는 서블릿 TempChartSql. java를 GET 방식으로 호출하는 곳입니다. 전체 경로를 설정하는 대신에 getContextPath() 메소드를 사용하여 경로를 지정하고 있습니다.

그런데, 여기서 서블릿을 작성하고 나서 별도의 설정이 필요합니다. WEB-INF 이하에 web.xml을 작성해야 합니다. tempchart 애플리케이션에 어떠한 서블릿이 있고 그것을 어떻게 호출하는가 하는 것을 여기에 기술할 필요가 있습니다. web.xml은 다음과 같이 됩니다.

```
 1   <?xml version="1.0" encoding="ISO-8859-1"?>
 2
 3   <web-app xmlns="http://java.sun.com/xml/ns/javaee"
 4     xmlns:xsi="http://www.w3.org/2001/XMLSchema-instance"
 5     xsi:schemaLocation="http://java.sun.com/xml/ns/javaee
 6                         http://java.sun.com/xml/ns/javaee/web-app_3_0.xsd"
 7     version="3.0">
 8
 9     <!-- 서블릿 선언 -->
10     <servlet>
11       <servlet-name>TempChartSql</servlet-name>
12       <servlet-class>TempChartSql</servlet-class>
13     </servlet>
14
15     <!-- 서블릿과 url 매핑 -->
16     <servlet-mapping>
17       <servlet-name>TempChartSql</servlet-name>
18       <url-pattern>/TempChartSql</url-pattern>
19     </servlet-mapping>
20   </web-app>
```

TempChartSql라는 이름의 서블릿이 있는데(11행), 이것은 URL에서는 /TempChartSql 로 호출한다는 의미가 됩니다. 이 설정 파일이 있어야 비로소 URL 지정으로 원하는 서블릿을 호출할 수 있습니다.

다음은 서블릿(TempChartSql.java) 자체를 만드는 것입니다. 여기에서도 다른 준비가 필요합니다. 데이터베이스로부터 데이터를 취득해도, 그것이 숫자만 표시하면 이해하기 어려우므로, 데이터를 렌더링하기로 합시다.

HTML로 차트를 생각할 수도 있습니다. 하지만 HTML로 차트 작성하기가 불가능하지는 않지만 현실적으로는 상당히 어렵습니다. 그것보다, 여기에서는 이전부터 사용되고 있는 Java 차트 라이브러리 jfreechart를 도입하기로 하겠습니다.

브라우저 차트에 대해

　브라우저로 차트나 그래프를 고려할 때, 우선 제일 처음에 떠오르는 것은 HTML5의 canvas 기능입니다. canvas로 차트나 그래프 등을 구현할 수 있지만 이 기능만으로 차트나 그래프를 그리는 것은 상당히 어렵습니다.

　이 책은 Java 언어를 주로 다루고 있으므로 jfreechart 라이브러리를 사용합니다. 나중에 간단하게 적절한 모양이 있는 그래프나 차트를 만들고 싶다면, Google Chart를 사용하는 것도 좋습니다. 하지만 Web에 데이터를 업로드하고 그 결과를 로딩해서 표시하는데 Java가 아니라 자바스크립트로 제어하는 것을 참고해 주세요.

TIPS 캐시에 대해

　브라우저의 표시 속도를 높이기 위해 같은 정보를 요청한 경우 임시적으로 정보가 저장되어 있는 곳으로부터 데이터를 빠르게 읽어내는 방식이 캐시입니다. 그러나 이 캐시가 Web 애플리케이션을 디버깅할 때 디버그를 곤란하게 합니다. 어느 파일이 캐시 되고 있는지 모르는 경우도 있고 변경한 코드가 아니라 이전에 캐시된 화면을 표시하는 경우가 있기 때문입니다.

　브라우저에서 새로고침이나 F5로 리로드 할 수 있지만, Java 코드까지 리로드 하는 것은 아니므로, JSP는 리로드 할 수 있어도 코드가 리로드 되지 않아 결과적으로 어느 상태의 코드를 디버그하고 있는지 모르는 경우가 발생합니다.

　시간이 소요되고 수고스럽겠지만, Web 서버인 Tomcat의 서비스를 정지시키고, 다시 실행하고 나서 결과를 보는 것이 제일 확실합니다. 기능을 요청하고 나서 자신이 생각했던 것보다 빠른 시간에 표시되면 혹시 캐시가 작동하고 있는 것은 아닌지 의심하는 편이 좋을 것입니다.

그러면, Java 차트 라이브러리 jfreechart를 jfree 사이트(http://www.jfree.org/)에서 내려받기 합니다(그림 5.6.11). 사이트 상단의 "DOWNLOAD" 메뉴를 클릭하여 표시되는 페이지에서 "SourceForge download page."를 클릭하면 다운로드 사이트로 이동합니다. 그 페이지에서 Download Latest Version을 클릭하여 내려받기를 합니다. 압축을 풀면, 그 안에 있는 lib 폴더의 jar 파일을 모두 Tomcat의 lib 파일에 복사합니다. 실제로 모든 jar를 사용하는 것은 아니지만 원활한 사용을 위해 모두 복사합니다.

그림 5.6.11 jfree 사이트

이상으로 그래프를 그리게 할 준비는 다 되었습니다. 서블릿 코드는 다음 페이지의 〈TempChartSql.java〉와 같습니다.

```
1    import java.awt.BasicStroke;
2    import java.io.File;
3    import java.io.IOException;
4    import java.sql.Connection;
5    import java.sql.DriverManager;
6    import java.sql.ResultSet;
7    import java.sql.SQLException;
8    import java.sql.Statement;
9
10   import javax.servlet.*;
11   import javax.servlet.ServletException;
12   import javax.servlet.http.HttpServlet;
13   import javax.servlet.http.HttpServletRequest;
14   import javax.servlet.http.HttpServletResponse;
15
16   import org.jfree.chart.ChartColor;
17   import org.jfree.chart.ChartFactory;
18   import org.jfree.chart.ChartUtilities;
19   import org.jfree.chart.JFreeChart;
20   import org.jfree.chart.plot.CategoryPlot;
21   import org.jfree.chart.plot.PlotOrientation;
22   import org.jfree.chart.renderer.category.LineAndShapeRenderer;
23   import org.jfree.data.category.DefaultCategoryDataset;
24
25   public class TempChartSql extends HttpServlet {
26       @Override
27       protected void doGet(HttpServletRequest request, HttpServletResponse response)
28               throws ServletException, IOException
29       {
30           final int DISPLAY_DATA_SIZE = 20;
31           final int MAX_DATA_SIZE = 100;
32
33           int buffer[] = new int[MAX_DATA_SIZE];
34           int index = 0;
35
36           String sqldate = request.getParameter("sqldate");
37           String tmp = request.getParameter("datasize");
38
39           int datasize = Integer.parseInt(tmp);
40           if(datasize > MAX_DATA_SIZE) {
41               datasize = MAX_DATA_SIZE;
42           }
43
44           Connection conn = null;
45           String url = "jdbc:mysql://localhost/jdbcdb";
```

```
46          String user = "root";
47          String password = "raspberrypi";
48
49          try {
50              Class.forName("com.mysql.jdbc.Driver").newInstance();
51              conn = DriverManager.getConnection(url, user, password);
52
53              System.out.println("MySQL Connect");
54
55              Statement stmt = conn.createStatement();
56              String sql = "SELECT * FROM temptable WHERE datetime >= '" +
                    sqldate + "' LIMIT " + tmp;
57              System.out.println("sqldate=" + sqldate);
58              System.out.println("datasize=" + tmp);
59              System.out.println(sql);
60
61              System.out.println("MySQL select ");
62
63              ResultSet rs = stmt.executeQuery(sql);
64              while(rs.next()) {
65                  int id = rs.getInt("id");
66                  int temp = rs.getInt("temperature");
67                  buffer[index] = temp;
68                   index++;
69              }
70
71              rs.close();
72              stmt.close();
73          } catch(ClassNotFoundException e) {
74              System.out.println("ClassNotFoundException:" + e.getMessage());
75          } catch(SQLException e) {
76              System.out.println("SQLException:" + e.getMessage());
77          } catch(Exception e) {
78              System.out.println("Exception:" + e.getMessage());
79          } finally {
80              try {
81                  if(conn != null) {
82                      conn.close();
83                  }
84              } catch(SQLException e) {
85                  System.out.println("SQLException:" + e.getMessage());
86              }
87          }
88
89          DefaultCategoryDataset data = new DefaultCategoryDataset();
90
```

```
91          for(int i = 0; i < datasize; i++) {
92              data.addValue((Number) buffer[i], "TEMP", i);
93          }
94
95          JFreeChart chart = ChartFactory.createLineChart("Sensor Data",
96                  "TIME",
97                  "TEMPERATURE] ",
98                  data,
99                  PlotOrientation.VERTICAL,
100                 true,
101                 false,
102                 false);
103
104     chart.setBackgroundPaint(ChartColor.WHITE);
105     CategoryPlot plot = chart.getCategoryPlot();
106
107     LineAndShapeRenderer renderer =(LineAndShapeRenderer) plot.getRenderer();
108     renderer.setSeriesPaint(0, ChartColor.RED);
109     renderer.setSeriesStroke(0, new BasicStroke(8.0f));
110     renderer.setSeriesShapesVisible(0, true);
111
112     File file = new File("/home/pi/apache-tomcat-9.0.0.M27/webapps/
        tempchart/tempchartfile.png");
113     try {
114         ChartUtilities.saveChartAsPNG(file, chart, 600, 600);
115     } catch(IOException e) {
116         e.printStackTrace();
117     }
118
119     RequestDispatcher disp = request.getRequestDispatcher("/result.jsp");
120     disp.forward(request, response);
121     }
122 }
```

〈프로그램 설명〉

- 1 ~ 23행까지의 import 문에는 필요한 클래스 등을 넣고 있습니다.
- 4 ~ 8행은 SQL을 사용하는 클래스입니다.
- 10 ~ 14행까지는 서블릿이며 필요한 라이브러리입니다.
- 16 ~ 23행은 jfreechart를 사용하기 위한 라이브러리입니다.
- 25 ~ 38행은 서블릿을 사용할 때의 기본 구문입니다. 여기에서는 Get으로 사용하는 것을 선언하고 있습니다. 이 정보는 JSP 등과의 데이터 교환에 필요합니다.
- 30행은 표시하는 데이터의 기본크기를 설정합니다.
- 31행은 표시하는 데이터의 최대크기를 설정합니다.
- 36 ~ 37행은 JSP로부터 보내오는 정보를 가져옵니다.
- 39 ~ 42행은 보내온 정보를 INT형으로 고쳐 최대 치수를 넘지 않도록 하고 있습니다.
- 44 ~ 47행은 MySQL에서 초기설정 한 내용입니다.
- 50 ~ 55행은 JDBC를 사용해 DB에 접속합니다.
- 56행은 테이블에 등록된 내용을 꺼내는 SQL 문입니다.
- 63 ~ 69행째에서 SQL 문으로 선택한 DB의 내용을 배열로 가져옵니다.
- 71 ~ 72행은 사용한 리소스를 닫습니다.
- 73 ~ 87행은 DB를 포함한 예외 처리입니다.
- 95 ~ 110행은 jfreechart로 그리기는 부분입니다.
- 112행은 그림 파일명을 설정합니다.
- 114행은 PNG파일로 차트를 저장합니다.
- 119 ~ 120행은 result.jsp로 요청을 디스패치합니다.

(TIPS) CGI 스크립트에 대해

이 책에서는 Java를 사용해 왔지만, 데이터베이스나 도표 포함하여 시스템 구축을 빨리 실시하려면 PHP, Python, Perl 등의 스크립트 언어를 사용하는 것도 빠르고 좋습니다. 그런데, 중규모나 대규모로 시스템을 개발하면, 복잡한 사양과 유연한 대응, 한층 더 높은 성능을 요구해 오기 때문에 스크립트 언어 대신 Java 언어를 기반으로 하는 설계가 기본이 됩니다. 참고로 이러한 것을 이해하기 위해 라즈베리 파이 표준의 스크립트 언어인 Python과 Java를 비교해 보시길 바랍니다.

마지막으로, 서블릿〈TempChartSql.java〉에 의해 생성된 이미지 파일을 표시합니다. 그 JSP 코드는 다음의 〈result.jsp〉입니다.

〈result.jsp〉

```
1   <%@ page language="java" contentType="text/html; charset=UTF-8"
    pageEncoding="UTF-8" %>
2   <html>
3   <head>
4     <meta http-equiv="Content-Type" content="text/html; charset=UTF-8">
5     <meta http-equiv="Pragma" content="no-cache" />
6     <meta http-equiv="cache-control" content="no-cache" />
7     <meta http-equiv="expires" content="0" />
8     <title>[Tomcat]  Display Graph</title>
9   </head>
10  <body>
11    <h1>[RaspberryPi] TEMPERATURE Linear Chart</h1>
12    <img src="./tempchartfile.png">
13    <input type="button" onclick="location.href='index.jsp'"value="Return Setting
    Page">
14  </body>
15  </html>
```

여기에서는 특별한 일을 행하고 있는 것은 아닙니다. 단순히 생성된 이미지 파일을 표시하고 있을 뿐입니다. 이것으로 정기적으로 온도를 측정해 표시하는 Web 애플리케이션을 완성하였습니다.

● 완성한 Web 애플리케이션을 움직여 보자

바로, 다음의 명령으로 Tomcat을 실행해 브라우저로 접근해 봅시다.

```
sudo /etc/init.d/tomcat start
```

Tomcat이 정상적으로 실행되면 다음의 주소를 브라우저에 입력합니다.

```
http://localhost:8080/tempchart/
혹은
http://(IP주소):8080/tempchart/
```

이것으로 아래와 같은 index 페이지가 표시됩니다.

그림 5.6.12 index page

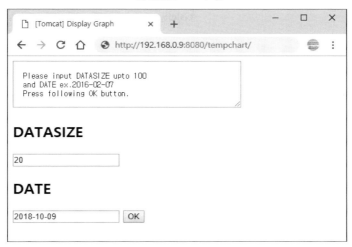

여기에서 순서를 간단하게 설명하면, 데이터베이스에 등록된 임의의 날짜와 그 날짜로 부터 몇 개의 개수까지 표시할 것인지를 입력 박스에 입력합니다. 다음에 "OK" 버튼을 누르면 이 입력된 값이 서블릿에 보내져 DB에서 등록된 온도 데이터를 꺼냅니다. 그리고, jfreechart에 의해서 그래프가 생성됩니다.

그림 5.6.13 결과 페이지

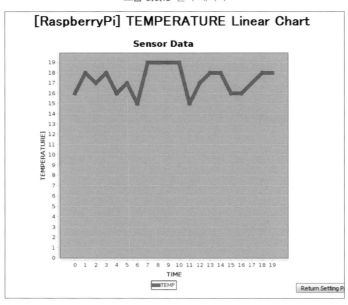

이번에는 온도 데이터만을 등록하여 표시하고 있지만 다양한 응용을 할 수 있으니 여러 가지 좋은 아이디어로 시도해보세요.

그림 5.6.13의 결과 페이지 화면에 리턴 버튼이 있지만, 이것을 사용하여 새로운 그래프를 구성하려고 해도, 브라우저의 캐시가 어떻게든 작동되고 있어 새로운 그래프는 표시되지 않습니다. 다시 말하면 서블릿이 새로 실행되지 않습니다. 이럴 때는 새로고침 기능을 사용하면 새로운 그래프를 다시 그립니다.

(TIPS) 한글 표시에 대해 -

Web 애플리케이션에서는 한글을 사용하지 않고 영어를 사용하고 있습니다. 프로그램의 주석(코멘트)에서도 그렇게 하고 있습니다.

그 이유는 시스템이 UTF-8 문자 세트를 사용하도록 되어 있기 때문입니다. 그러나 편집기 모두 UTF-8로 지원하는 것은 아니며, 적어도 SSH 환경에서 작업하는 경우는 UTF-8이 지원 도구로 되어있지만, 윈도우라면 MS949가 기본으로 되어 있을 것입니다.

개발 작업을 함에서는, 문자 세트의 설정을 실수함으로 컴파일 에러나 문자 깨짐이 발생해 시간을 낭비하는 것은 효율적이지 않다고 생각합니다. 영어는 그런 문제가 나오지 않으므로, 한글화는 모든 것이 작동하고 나서 필요에 따라서 나중에 천천히 해도 문제가 없습니다.

칼럼 5.5 IoT와 클라우드 컴퓨팅

클라우드라는 단어는 요즘 곳곳에서 많이 사용되는 단어입니다. 그러나 명확한 의미로 정의되지 않고 모호한 단어로 사용되는 경향이 많습니다. 클라우드에 대해서 알아보도록 합시다.

응용 소프트웨어를 로컬에 설치하지 않고 클라우드 상의 소프트웨어를 사용하는 방법이 있습니다. 이 경우 사용자는 브라우저만 있으면 됩니다. 또한, 애플리케이션의 유지 보수를 할 필요가 사용자에게 전혀 없습니다. 또한, 보안을 생각할 때도 로컬에서 데이터를 갖고 있지 않으므로 장비의 분실 등의 경우로 정보가 유출될 위험은 상당히 줄어듭니다. 이 책에서 라즈베리 파이로 온도 센서 Web 애플리케이션을 구축했습니다. 이 시스템을 클라우드와 연결하면 무슨 일이 실현될 수 있을까요. 답은 사물인터넷(IoT)입니다.

라즈베리 파이의 리소스는 매우 제한적이며, 처리 속도도 그렇게 빠르지는 않습니다. 그러나 이 시스템을 많이 배치하여 모든 곳에서부터 엄청난 양의 데이터를 수집·분석하고, 그 결과를 표시하도록 하면 어떨까요. 그러면 그것은 빅데이터라 불리는 세계의 이야기가 됩니다. 사실, 정보를 수집하는 곳에서는 라즈베리 파이보다 성능이 낮아도 상관없습니다. 문제는, 센싱한 데이터를 어떻게 모으고, 어떻게 처리하는가 하는 데 있습니다. 거기서 클라우드가 필요하게 되는 것입니다.

이 책에서 구축한 Web 애플리케이션에서 성능을 신경 써야 하는 곳은 데이터베이스와 서블릿입니다. 이 부분을 클라우드 상으로 전환해 버리면, 클라우드를 통해 이번에 구축한 것과 유사한 시스템에 수많은 디바이스가 접속하는 것이 가능해집니다. 그리고 클라우드라면 단순한 데이터 수집이나 표시하는 기능뿐만이 아니라, 데이터 분석도 가능하게 되어있습니다. 라즈베리 파이는 윈도우 10이 지원되고 있어서 윈도우 10을 운영체제로 선택하게 되면, 마이크로소프트의 IoT 개발 리소스와 자세히 설명되어 있는 개발 방법을 이용할 수 있습니다.

● **이 책의 시스템과 IoT에 대해**

이 책에서 구축한 시스템과 클라우드를 사용한 IoT의 시스템의 차이를 그림 1과 그림 2로 나타냅니다. 클라우드에 액세스하는 방법은 공급 업체의 방식을 따라야 합니다.

그림 1 이 책의 시스템

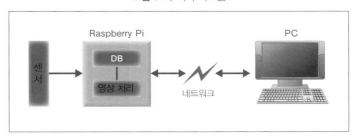

그림 2 IoT 시스템

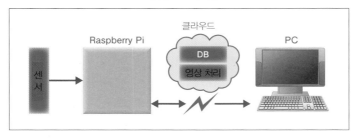

그러나 그림 1과 그림 2를 비교하면 알 수 있듯이, 이 책의 내용을 잘 이해하면 클라우드를 사용한 IoT도 어렵지 않게 적용해 볼 수 있습니다. 클라우드를 취급하는 기술들은 하드웨어에 의존적이지 않기 때문에 그 내용들을 이해하기 어렵습니다. 독자 여러분은 이 책을 통해 이미 하드웨어의 상당 부분까지 이해했으므로 더욱더 깊은 내용을 알 수 있게 되었습니다.

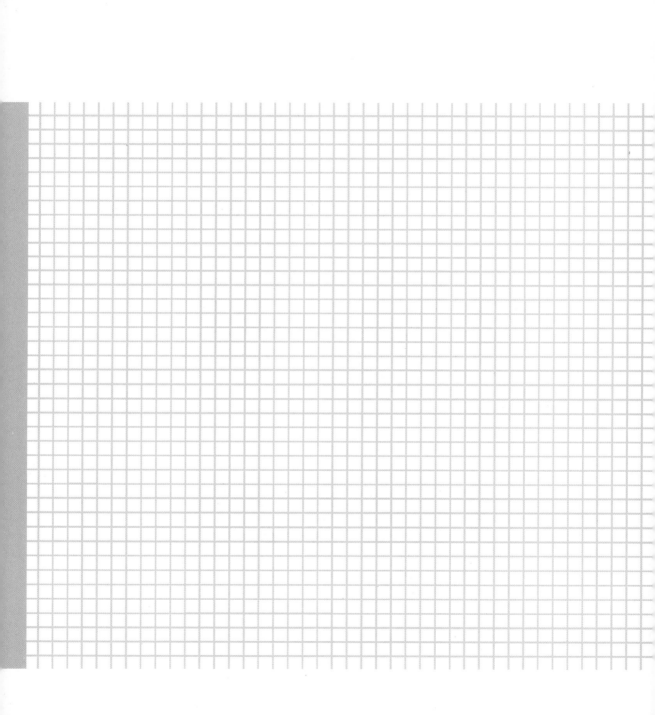

라즈베리 파이를
더 쉽게 이용하자

라즈베리 파이를 조금 더 쉽게 이용하는 방법을 알아봅니다.
이용하기 편리한 Nano 에디터, 자바 프로그래밍을 도와주는 Pi4J,
원격으로 접속하여 윈도우 환경에서 조작하는 라즈비안까지
여기서 정보를 얻어가세요.

부록 **A.** Nano 에디터
부록 **B.** Pi4J 유틸리티
부록 **C.** 라즈비안 추가기능

1 Nano 에디터 시작과 종료

라즈비안에 기본적으로 설치된 Nano 에디터는 대부분의 리눅스 배포판에 포함되어 있습니다. 사용자 친화적인 화면이라 누구나 손쉽게 사용할 수 있는 가볍고 편리한 텍스트 편집기입니다. vi 에디터나 emacs에 익숙하지 않다면 Nano 에디터를 추천합니다.

이 책에서 텍스트 파일 편집을 할 때 Nano 에디터에 대해서 언급을 했습니다. 여기서는 Nano 에디터에 대한 전반적인 사용법을 알아보겠습니다. 먼저 Nano 에디터를 실행하려면 터미널에 "nano"라고 명령어를 입력합니다.

단순하게 Nano 에디터를 실행하지 않고 편집할 파일과 함께 실행하려면 nano 명령어 다음에 파일이름을 지정하면 됩니다. 여기서는 아래와 같이 명령어를 입력합니다(그림 A.1.1).

```
nano hello.txt
```

그림 **A.1.1** Nano 에디터 화면

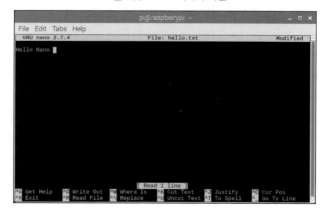

만약 해당 디렉터리에 파일이 존재하지 않는다면 저장하고 종료할 때 새로운 파일을 생성합니다.

Nano 에디터를 시작할 때 지정할 수 있는 다양한 옵션이 있습니다(표 A.1.1).

표 A.1.1 Nano 에디터 시작 옵션

옵션	기능
nano +행, 열	지정한 행과 열에서 시작합니다.
nano −A (대문자)	스마트한 Home 키 기능을 활성화합니다.
nano −B (대문자)	파일을 편집하기 전에 백업합니다.
nano −c	커서 위치에 대한 통계를 표시합니다.
nano −E (대문자)	파일을 편집할 때 탭을 공백으로 전환합니다.
nano −i	새 행을 추가할 때 이전 행과 동일한 위치에 들여쓰기 합니다.
nano −l	텍스트 앞에 라인번호를 표시합니다.
nano −v	파일을 읽기 전용으로 엽니다.

예를 들면 특정한 행이나 열부터 파일을 열기 위해서는 "nano +행, 열"과 같이 명령어를 입력합니다. hello.txt 파일의 7번째 행에서 3열을 편집한다면 다음과 같이 입력합니다. 그러면 원하는 위치에서부터 Nano 에디터가 시작합니다(그림 A.1.2).

```
nano +7,3 hello.txt
```

그림 A.1.2 Nano 에디터 화면

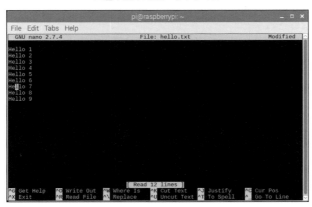

그리고 편집하는 파일의 텍스트 앞에 라인번호를 표시하려면 −l 옵션을 사용합니다.

```
nano −l .bashrc
```

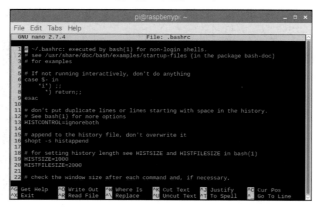

Nano 에디터의 상단을 보면 제목표시줄이 있는데 좌측은 Nano 에디터 버전, 가운데는 현재 편집하고 있는 파일명, 그리고 우측에는 파일 수정 여부 등 상태가 표시됩니다. 편집한 채로 아직 파일이 저장되지 않았다면 "Modified"라고 표시됩니다. 그리고 편집영역 아래에는 시스템 메시지를 표시하는 상태 표시줄과 여러 가지 단축키를 표시하는 2라인의 메뉴 표시줄이 있습니다(그림 A.1.4).

그림 A.1.4 메뉴 표시줄

메뉴표시줄에 보면 단축키를 표시할 때 캐럿(^)이 보이는데 그것은 Ctrl를 나타냅니다. 좌측 아래에 있는 메뉴를 보면 "^X Exit"라고 표시되어 있는데 그것은 Ctrl + X를 누르는 것을 말하며 Nano 에디터가 종료됩니다. 이처럼 메뉴표시줄에 단축키를 표시하고 있어서 언제든지 편하게 기능을 손쉽게 사용할 수 있습니다.

메뉴표시줄에 표시되는 단축키는 상황에 맞게 변경되는데 키워드 검색을 위해 Ctrl + W (^W)를 누르면 "M-C"나 "M-B"와 같이 "M"이 붙은 메뉴가 표시되며 이때 "M"으로 표시되는 단축키는 Alt를 누르는 것을 말합니다. ^W를 누르고 M-C를 입력하면 키워드 검색을 할 때 대소문자를 구분하게 됩니다.

2 Nano 기본사용법

Nano 에디터를 사용하여 파일을 수정하고 저장하는 방법에 대해 알아봅시다. Nano 에디터에서 제공하는 기능을 잘 사용하면 어떤 파일도 자유롭게 편집할 수 있습니다.

Nano 에디터는 텍스트 기반의 에디터이지만 윈도우 편집기처럼 커서를 자유롭게 이동할 수 있습니다. 방향키로 상하좌우 이동할 수 있고 [Page Up], [Page Down]로 페이지 이동도 할 수 있습니다. 다음은 Nano 에디터에서 사용할 수 있는 단축키 목록입니다.

표 A.2.1 Nano 에디터 단축키 목록 (^는 [Ctrl]를 나타내고 @는 [Alt]를 나타냅니다.)

단축키1	단축키2	기능
^G	F1	도움말을 표시합니다.
^X	F2	Nano를 종료합니다. (혹은 현재 파일 버퍼를 닫음)
^O	F3	현재 파일을 저장합니다.
^R	F5	다른 파일을 현재의 파일에 추가합니다.
^W	F6	문자열을 검색합니다. (정규 표현식 검색)
^₩	M-R	문자열을 바꿉니다. (정규 표현식 바꾸기)
^Y	F7	한 화면 위로 이동합니다.
^V	F8	한 화면 아래로 이동합니다.
^K	F9	현재 라인을 잘라내어 Cut 버퍼에 저장합니다.
^U	F10	잘라낸 Cut 버퍼에서 현재 줄로 붙입니다.
^J	F4	문단을 행의 끝에 나란히 맞춥니다.
^←	@Space	커서가 한 단어 뒤로 이동합니다.
^→	^Space	커서가 한 단어 앞으로 이동합니다.
^_	@G	입력한 행과 열 번호로 이동합니다.
^A	Home	현재 줄의 시작 부분으로 이동합니다.
^E	End	현재 행의 끝으로 이동합니다.
^↑	@7	이전 텍스트 블록으로 이동합니다.
^↓	@8	다음 텍스트 블록으로 이동합니다.
@(		현재 문단의 시작으로 이동합니다.
@)		현재 문단의 끝으로 이동합니다.
@₩		파일의 처음 라인으로 이동합니다.
@/		파일의 마지막 라인으로 이동합니다.
@]		현재 괄호에 매칭되는 괄호를 찾습니다.
^]		입력하고 있는 단어를 완성합니다.

※ 단축키1과 단축키2는 서로 같은 기능을 합니다.

A

그러면 실제로 Nano 에디터로 파일을 편집하면서 사용법을 익혀보도록 하겠습니다. 먼저 pi 디렉터리에 숨김 파일로 존재하는 .bashrc 파일을 다음의 명령어로 라인번호를 표시하며 열어보겠습니다(그림 A.2.1).

```
nano -l .bashrc
```

그림 A.2.1 .bashrc 파일 열기

Nano 에디터에 .bashrc 파일이 열리면 ^-를 입력하고 91을 입력해 91행으로 이동합니다. 그리고 아래와 같이 91행부터 93행 앞에 있는 #을 모두 지웁니다. ls 명령어를 유용하게 사용하는 별칭입니다. ^W키를 누르고 "some"이라고 입력해서 90행을 찾아가도 됩니다.

```
90    # some more ls aliases
91    alias ll='ls -l'
92    alias la='ls -A'
93    alias l='ls -CF'
```

만약 행을 복사하려는 경우는 복사하려는 행으로 커서를 옮겨서 ^K를 눌러 Cut버퍼에 담아두고 ^U를 눌러 복사한 행을 붙여넣기 합니다. ^U를 다시 또 누르면 똑같은 행이 붙여넣기가 됩니다. 편집을 하고나서 ^O를 눌러 파일을 저장하고 ^X를 눌러 Nano 에디터를 종료합니다.

또 다른 방법으로 Nano 에디터를 시작할 때 91행이 보이도록 할 수 있습니다(그림 A.2.2). 터미널에서 다음의 명령어를 입력합니다.

```
nano -l +91 .bashrc
```

그림 A.2.2 편집행에서 파일 열기

작업을 하다가 단축키를 확인하고 싶으면 ^G를 누릅니다. 도움말과 단축키에 대한 설명이 표시됩니다. 도움말에서 빠져 나올 때는 ^X를 누릅니다.

GUI환경에서는 "Text Editor"를 사용하여 파일을 편집하면 됩니다. ("보조 프로그램(Accessories)"―"Text Editor"를 클릭하여 면 텍스트 편집기가 열립니다) 하지만 원격에서의 연결이나 셸 기반의 텍스트 에디터를 사용하는 경우에 Nano 에디터를 사용하면 편리하게 파일을 편집할 수 있습니다.

2 부록 B. Pi4J 유틸리티

1 Pi4J 설치

　Pi4J는 라즈베리 파이의 입출력 기능에 액세스 할 수 있는 Java API와 구현 라이브러리를 제공합니다. Pi4J는 Java 프로그래머가 애플리케이션을 보다 높은 수준에서 쉽게 구현할 수 있도록 낮은 수준의 기능을 추상화해 두었습니다. 여기에서는 라즈베리 파이에 Pi4J를 직접 설치하고 업데이트 및 제거하기 위한 방법을 알아보겠습니다.

　Pi4J를 설치하기 위해 터미널에서 다음의 명령어를 실행합니다. 네트워크상에서 설치가 이루어지기 때문에 먼저 인터넷으로 연결이 되어 있어야 합니다.

```
curl -s get.pi4j.com | sudo bash
```

　그러면 위의 명령어로 다음의 과정을 실행합니다(그림 B.1.1).

1. 서명확인을 위해 Pi4J GPG 공개키를 설치합니다. (INSTALLING Pi4J GPG PUBLIC KEY)

2. Pi4J APT 저장소를 로컬 APT 저장소에 추가합니다. (ADDING Pi4J APT REPOSITORY)

3. 로컬 패키지 데이터베이스를 업데이트합니다. (UPDATING APT REPOSITORIES)

4. Pi4J를 내려받아 설치합니다. (INSTALLING Pi4J)

```
pi@raspberrypi:~ $ curl -s get.pi4j.com | sudo bash
  % Total    % Received % Xferd  Average Speed   Time    Time     Time  Current
                                 Dload  Upload   Total   Spent    Left  Speed
    0     0    0     0    0     0      0      0 --:--:--  0:00:01 --:--:--     0cu
rl: (6) Could not resolve host: -s
100  1657  100  1657    0     0   2039      0 --:--:-- --:--:-- --:--:--  2038
==================================================
INSTALLING Pi4J GPG PUBLIC KEY
==================================================
  % Total    % Received % Xferd  Average Speed   Time    Time     Time  Current
                                 Dload  Upload   Total   Spent    Left  Speed
100  1761  100  1761    0     0   2950      0 --:--:-- --:--:-- --:--:--  2954
OK
==================================================
ADDING Pi4J APT REPOSITORY
==================================================
--2018-10-12 06:53:21--  http://get.pi4j.com/pi4j.list
Resolving get.pi4j.com (get.pi4j.com)... 52.216.164.90
Connecting to get.pi4j.com (get.pi4j.com)|52.216.164.90|:80... connected.
HTTP request sent, awaiting response... 200 OK
Length: 42 [application/octet-stream]
Saving to: '/etc/apt/sources.list.d/pi4j.list'

/etc/apt/sources.li 100%[===================>]      42  --.-KB/s    in 0s

2018-10-12 06:53:21 (1.35 MB/s) - '/etc/apt/sources.list.d/pi4j.list' saved [42/
42]

==================================================
UPDATING APT REPOSITORIES
==================================================
Ign:1 http://repository.pi4j.com wheezy InRelease
Get:2 http://repository.pi4j.com wheezy Release [1,778 B]
Get:3 http://repository.pi4j.com wheezy Release.gpg [514 B]
Get:4 http://repository.pi4j.com wheezy/rpi armhf Packages [379 B]
Fetched 2,671 B in 1s (1,406 B/s)
Reading package lists... Done
==================================================
INSTALLING Pi4J
==================================================
Reading package lists... Done
Building dependency tree
Reading state information... Done
The following NEW packages will be installed:
  pi4j
0 upgraded, 1 newly installed, 0 to remove and 2 not upgraded.
```

```
sudo apt-get update
sudo apt-get upgrade
```

Pi4J 패키지만 업그레이드 하는 경우는 아래의 명령어를 실행합니다.

```
sudo apt-get install pi4j
```

설치한 Pi4J를 아래의 명령어로 손쉽게 제거 할 수 있습니다(그림 B.1.2).

```
sudo apt-get remove pi4j
```

그림 B.1.2 Pi4J 제거

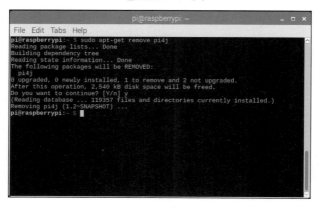

Pi4J를 설치할 때 APT 저장소와 Pi4J GPG 서명을 포함한 모든 것을 제거하려면 다음의 명령어를 실행합니다(그림 B.1.3).

```
curl -s get.pi4j.com/uninstall | sudo bash
```

그림 B.1.3 Pi4J 및 관련정보 제거

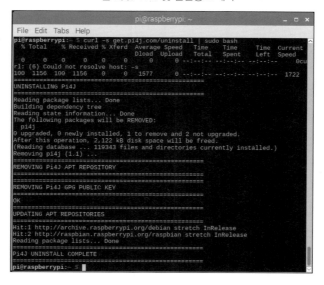

지금까지 설명한 것은 인터넷에 연결되어 있을 경우의 설치와 업그레이드 그리고 제거 방법입니다. 인터넷 연결 없이 Pi4J를 설치하는 경우에는 먼저 설치 프로그램 패키지를 내려받기를 합니다. 설치 프로그램 패키지 주소는 http://get.pi4j.com/download/pi4j-1.2-SNAPSHOT.deb입니다. 그 파일을 라즈베리 파이로 USB나 FTP로 전송하고 다음의 명령어를 실행합니다(그림 B.1.4).

```
sudo dpkg -i pi4j-1.2-SNAPSHOT.deb
```

그림 B.1.4 Pi4J 패키지 설치

패키지 설치 명령어로 설치한 경우에 업그레이드를 하려고 할때는 Pi4J 패키지를 제거하고 새로운 버전의 패키지를 다시 내려받아 설치해야합니다. Pi4J 패키지 제거를 위한 명령어는 아래와 같습니다.

```
sudo dpkg -r pi4j
```

2 **Pi4J 유틸리티 스크립트**

Pi4J 유틸리티 스크립트는 Pi4J 라이브러리와 Java 프로젝트를 컴파일하고 실행하는 유용한 명령 옵션을 제공합니다. 라즈베리 파이에 Pi4J를 설치하면 Pi4J 유틸리티 스크립트가 함께 설치됩니다. Path에 연결되어 필요할 때 언제든지 호출하여 사용할 수 있습니다.

다음 명령으로 도움말을 실행하여 Pi4J 유틸리티 스크립트의 옵션을 확인할 수 있습니다.

```
pi4j --help
pi4j ?
```

도움말에는 다음과 같은 내용이 표시됩니다.

그림 B.2.1 Pi4J 유틸리티 스크립트 도움말

```
                                    pi@raspberrypi: ~                      _ □ ✕

 File  Edit  Tabs  Help
pi@raspberrypi:~ $ pi4j --help

-----------------------------
Pi4J Utility Script
-----------------------------

USAGE: pi4j [OPTION]... (<FILE|CLASS|JAVA-ARGS>)
(if no option is specified, the '--run' option is assumed)

OPTIONS:
--------
 ?, --help                : display this 'help' content
 -v, --version            : display Pi4J version
 -u, --update             : check for & install Pi4J updates
 -U, --uninstall          : uninstall Pi4J
 -c, --compile  <FILE>    : exec javac with pi4j in classpath
 -r, --run      <CLASS>   : exec java with pi4j in classpath

EXAMPLES:
---------
 pi4j --version                      (display Pi4J version)
 pi4j --update                       (update Pi4J installation)
 pi4j --uninstall                    (uninstall Pi4J package)

 pi4j --compile HelloWorld.java      (compile 'HelloWorld.java' sources)
 pi4j -c HelloWorld.java             (compile 'HelloWorld.java' sources)

 pi4j --run HelloWorld               (run compiled 'HelloWorld' program)
 pi4j -r HelloWorld                  (run compiled 'HelloWorld' program)
 pi4j HelloWorld                     (run compiled 'HelloWorld' program)

pi@raspberrypi:~ $
```

```
=============================
 Pi4J Utility Script
=============================
사용법: pi4j [옵션]... (<파일|클래스>)
(옵션을 지정하지 않는 경우, '--run' 옵션을 실행합니다.)

옵션:
========
?, --help : '도움말'의 내용을 표시합니다.
-v, --version: Pi4J 버전을 표시합니다.
-u, --update: Pi4J 확인 및 Pi4J 업데이트를 설치합니다.
-U, --uninstall: Pi4J를 제거합니다.
-c, --compile <FILE>: 클래스 경로에 pi4j와 함께 javac 실행합니다.
-r, --run <FILE>: 클래스 경로에 pi4j와 함께 java 실행합니다.

예:
========
pi4j --version (Pi4J 버전 표시)
pi4j --update (Pi4J 설치 업데이트)
pi4j --uninstall (Pi4J 패키지 제거)

pi4j HelloWorld.java --compile ('HelloWorld.java' 소스를 컴파일)
pi4j HelloWorld.java -c ('HelloWorld.java' 소스를 컴파일)

pi4j --run HelloWorld (컴파일된 'HelloWorld' 프로그램 실행)
pi4j -r HelloWorld (컴파일된 'HelloWorld' 프로그램 실행)
pi4j HelloWorld (컴파일된 'HelloWorld' 프로그램 실행)
```

다음으로는 프로그램 코드를 컴파일하고 실행할 수 있는 Pi4J 유틸리티 명령 옵션에 대해서 살펴보겠습니다.

Pi4J 유틸리티 명령 옵션에서 --compile 또는 -c 옵션을 사용하여 Java 코드를 컴파일합니다. Pi4J 유틸리티는 --classpath의 Pi4J 라이브러리 JAR 파일을 인수로 포함하여 간단히 javac 컴파일러를 호출합니다.

다음의 명령어로 HelloWorld.java 파일을 컴파일합니다(그림 B.2.2).

```
pi4j --compile HelloWorld.java
pi4j -c HelloWorld.java
```

그림 B.2.2 Pi4J 컴파일

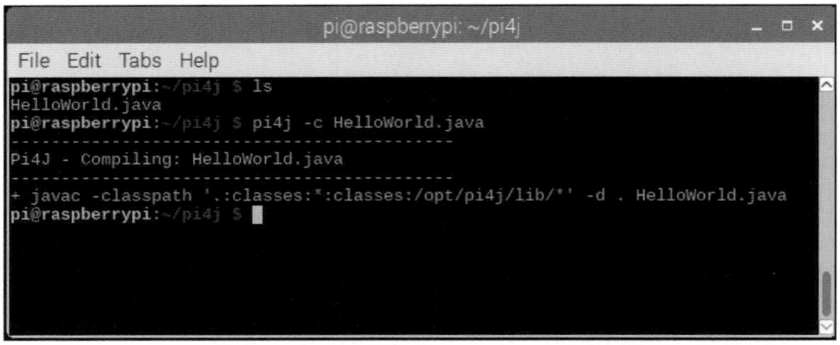

위에서 실행한 명령 옵션은 실제로 아래의 명령과 같지만 Pi4J 유틸리티 스크립트의 -c 옵션으로 간단히 실행할 수 있습니다.

```
javac -classpath '.:classes:*:classes:/opt/pi4j/lib/*' -d . HelloWorld.java
```

Pi4J 유틸리티 명령 옵션에서 --run 또는 -r 옵션을 사용하여 컴파일된 Java 코드를 실행합니다. Pi4J 유틸리티는 --classpath의 Pi4J 라이브러리 JAR 파일을 인수로 포함하여 간단히 Java 클래스를 실행합니다. 관리자 권한으로 실행되기 위하여 sudo 명령어를 앞에 붙여야 합니다.

다음의 명령어로 컴파일된 HelloWorld 클래스 파일을 실행합니다(그림 B.2.3).

```
sudo pi4j --run HelloWorld
sudo pi4j -r HelloWorld
sudo pi4j HelloWorld
```

그림 B.2.3 Pi4J 유틸리티 실행

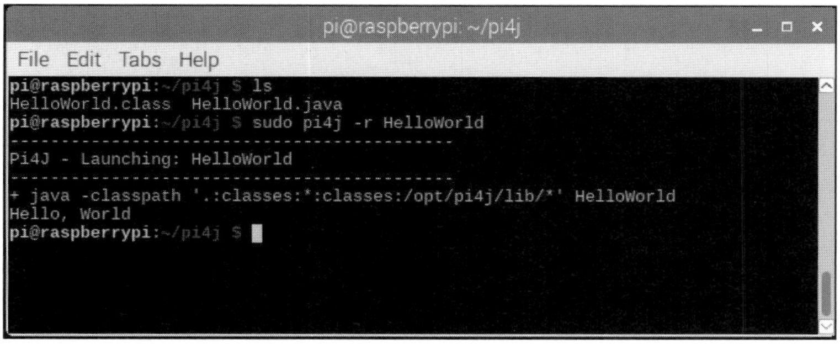

위에서 실행한 명령 옵션은 실제로 아래의 명령과 같지만 Pi4J 유틸리티 스크립트의 –r 옵션으로 간단히 실행할 수 있습니다.

```
sudo java -classpath '.:classes:*:classes:/opt/pi4j/lib/*' HelloWorld
```

Pi4J 라이브러리의 기능을 사용하여 –r 옵션을 실행할 때 sudo 명령어를 붙이지 않으면 권한이 충분하지 않다는 메시지가 표시되며 실행되지 않으니 주의하시길 바랍니다.

Pi4J 유틸리티에 대한 전체적인 설명을 하였습니다. Pi4J를 활용하여 좋은 아이디어를 구현하시길 바랍니다.

1 윈도우 원격 데스트탑 연결

라즈베리 파이에서 직접 라즈비안을 구동할 때와는 다르게 라즈베리 파이를 원격으로 연결해서 사용하는 경우에는 네트워크와 전원 케이블만 연결되어 있으면 됩니다. 와이파이를 사용하는 경우에는 전원만 연결하면 됩니다(그림 C.1.1).

그림 C.1.1 전원만 연결된 라즈베리 파이

원격 연결의 설정 후 전원만 연결하면 인터넷이 연결된 다른 컴퓨터에서 원격으로 접근할 수 있습니다. 손쉽게 사용할 수 있는 손바닥 크기의 리눅스 컴퓨터가 준비된 셈입니다.

● 원격 데스크톱 프로토콜(RDP, Remote Desktop Protocol) 설치

원격 데스크톱 프로토콜은 마이크로소프트사에서 개발한 그래픽 사용자 인터페이스(GUI)로 개발한 프로토콜입니다. XRDP(X-Remote Desktop Protocol)은 리눅스에서 사용할 수 있도록 오픈소스 진영에서 개발한 원격 데스크톱 프로토콜입니다. 라즈베리 파이에 RDP로 연결하기 위해서는 xrdp를 설치해야 합니다.

다음의 명령어를 순서대로 입력하여 xrdp를 설치해 봅니다(그림 C.1.2).

```
sudo apt-get update
sudo apt-get upgrade
sudo apt-get install xrdp
```

그림 C.1.2 xrdp 설치

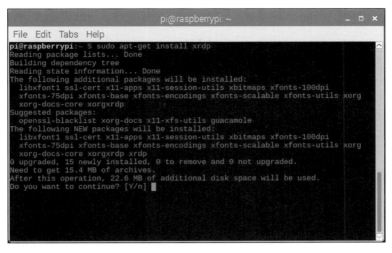

● 원격 데스크톱 연결

xrdp가 성공적으로 설치 되었으면 라즈베리 파이의 IP 주소를 확인하고 윈도우에서 원격 데스크톱 연결로 접속해 봅니다. 접속하고자 하는 IP주소를 입력합니다(그림 C.1.3).

그림 C.1.3 원격 데스크톱 연결

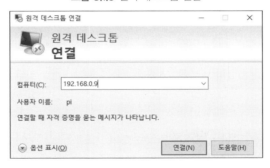

연결할 때 자격 증명을 묻는 메시지가 나타나는데 "자격 증명 저장 허용"을 선택하면 연결 정보가 저장되어 다음에는 연결버튼만 클릭하면 바로 연결이 됩니다. 라즈베리 파이의 아이 디와 비밀번호를 입력해주면 연결이 완료됩니다.

성공적으로 연결되면 다음과 같이 윈도우에서 원격으로 연결하여 라즈베리 파이를 다룰 수 있습니다. 작업 컴퓨터에서 실행한 프로그램처럼 라즈베리 파이를 하나의 창에서 관리할 수 있습니다(그림 C.1.4).

그림 C.1.4 윈도우 원격 데스트탑 연결

원격으로 연결하여 하나의 작업 컴퓨터로 작업을 하게 되면 클립보드로 윈도우의 텍스트를 라즈비안으로 복사하거나 라즈비안의 텍스트를 윈도우로 복사하는 것이 가능해집니다. 소스 코드나 설정 파일의 내용을 복사·붙여넣기를 할 수 있어 두 대의 컴퓨터를 마치 하나의 작업 컴퓨터로 작업하는 것과 같은 효과를 볼 수 있습니다(그림 C.1.5).

그림 C.1.5 원격 연결 컴퓨터 간의 텍스트 복사

● 스마트 폰에서 원격 데스크톱 연결

스마트 폰에서 Microsoft Remote Desktop 앱을 설치하면 스마트 폰에서도 라즈베리 파이에 연결이 가능합니다. Google Play에서 "Remote Desktop"이라고 검색하면 쉽게 찾을 수 있습니다.

그림 C.1.6 Microsoft Remote Desktop 앱 설치

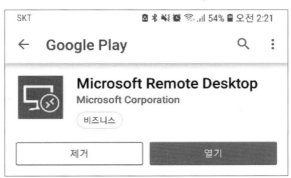

설치된 RD Client를 실행하고 우측의 +를 입력하여 원격 연결정보를 입력합니다. 원격 연결을 위해 라즈베리 파이와 스마트폰이 같은 네트워크에 존재해야 합니다. 참고로 유무선공유기를 사용하는 이유로 라즈베리 파이와 작업 컴퓨터 그리고 스마트폰의 IP가 192.168.0.XX 주소로 할당되어 있습니다.

그림 C.1.7 원격 연결정보 입력

스마트폰에서 원격으로 연결하고서 터미널을 실행하여 디스크 용량을 확인하는 df 명령어를 실행해 보았습니다. 스마트폰에서는 Ctrl이나 Alt와 같은 특수키 입력을 위해 키보드 입력할 때 위에 특수키들이 표시됩니다(그림 C.1.8).

그림 C.1.8 스마트폰 원격연결

● 가상 네트워크 컴퓨팅(VNC, Virtual Network Computing) 연결

지금까지 윈도우 원격 데스크탑 연결에 대해서 설명하였습니다. 참고로 라즈베리 파이에 원격으로 연결하기 위해서 가상 네트워크 컴퓨팅(VNC)으로 연결하는 것도 가능합니다.

라즈비안에는 RealVNC의 VNC Connect가 이미 포함되어 있기 때문에 VNC Server를 활성화 하고서 원격으로 연결하려는 컴퓨터에 VNC Client 프로그램인 VNC Viewer를 설치해서 접속할 수 있습니다. 인터넷에 "라즈베리 파이 VNC"라고 검색해보세요.

2 BlueJ 설치 및 Pi4J 라이브러리 적용

BlueJ는 전세계 수백만 명이 사용하고 있는 초보자를 위한 무료 Java 개발 환경입니다. Java의 창시자인 제임스 고슬링도 가장 좋아하는 개발환경 중 하나가 BlueJ라고 했습니다. 2018년 9월 7일에 버전 4.1.3이 릴리즈 되었으며 윈도우와 맥뿐만 아니라 우분투 등 다양한 운영체제를 지원하고 있습니다.

그림 C.2.1 BlueJ 사이트

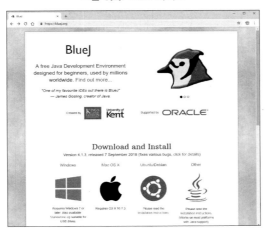

● BlueJ 설치

BlueJ는 라즈베리 파이에서 Java 프로그램 실행뿐만 아니라 개발도 가능하도록 하였으며 라즈비안 배포판의 일부로 이미 포함되었습니다. 배포판에 따라 BlueJ가 설치되어 있지 않은 경우도 있으니 터미널에서 다음 명령을 실행하여 설치하면 됩니다.

```
sudo apt-get update && sudo apt-get upgrade
sudo apt-get install bluej
```

● 라즈베리 파이 펌웨어 업데이트

Pi4J는 Java 라이브러리로 라즈베리 파이의 GPIO에 접근합니다. BlueJ에는 Pi4J가 이미 포함되어 있습니다. 그래서 BlueJ는 오픈 소스 Pi4J 라이브러리를 통해 라즈베리 파이에 연결된 하드웨어에 대한 완벽한 접근을 제공합니다.

Pi4J 라이브러리를 사용해 프로그램을 실행시킬 때 "Unable to determine hardware version(하드웨어 버전을 확인할 수 없습니다)"라는 메시지가 표시되는 경우가 있습니다.

```
Unable to determine hardware version. I see: Hardware          : BCM2835
, - expecting BCM2708 or BCM2709.
If this is a genuine Raspberry Pi then please report this
to projects@drogon.net. If this is not a Raspberry Pi then you
are on your own as wiringPi is designed to support the
Raspberry Pi ONLY.
```

위의 메시지는 리눅스 커널과 하드웨어 버전에 따라 Pi4J에서 발생하는 현상입니다. 표시되는 메시지는 커널 버전 4.8로 시작하는 하드웨어 서명의 변경으로 인해 WiringPi 라이브러리에서 출력되는 메시지입니다. 미리 컴파일된 버전에서 WiringPi가 정적 링크되어 있는 것입니다. 구글링으로 간단히 해결하실 수 있습니다.

먼저 라즈베리 파이 펌웨어를 업데이트 하겠습니다. 펌웨어를 업데이트 하고 나면 라즈베리 파이를 재부팅해야 합니다. 다음의 명령을 실행합니다(그림 C.2.4).

```
sudo rpi-update
```

그림 C.2.4 펌웨어 업데이트

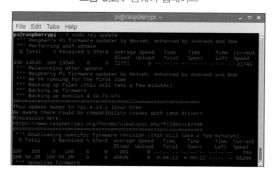

펌웨어를 업데이트 하고나서 라즈베리 파이를 재부팅합니다.

```
sudo reboot
```

● Pi4J 업그레이드

다음의 명령어를 입력하여 Pi4J 버전을 확인합니다(그림 C.2.5).

```
pi4j -v
```

그림 C.2.5 Pi4J 버전확인

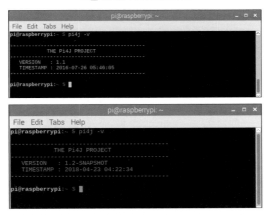

Pi4J의 버전이 1.1 이하라면 이전 버전의 WiringPi를 사용하고 있는 것입니다. 이에 대한 해결책은 Pi4J 버전을 1.2로 업그레이드하는 것입니다. 버전이 1.1 이하가 아니라 1.2-SNAPSHOT로 표시되면 Pi4j 업그레이드는 생략해도 좋습니다.

Pi4J 사이트에 좌측의 "Download" 메뉴를 선택하고서 데비안 설치 패키지 파일 "pi4j-1.2-SNAPSHOT.deb"를 내려받습니다. 또는 설치 프로그램 패키지 주소인 http://get.pi4j.com/download/pi4j-1.2-SNAPSHOT.deb에서 직접 내려받습니다.

이제 다운로드 디렉터리로 가서 다음의 명령어를 실행하면 Pi4J를 설치할 수 있습니다.

```
sudo dpkg -i pi4j-1.2-SNAPSHOT.deb
```

Pi4J 1.2 SNAPSHOT 빌드는 최신 WiringPi와 비교하여 컴파일됩니다. Pi4J는 WiringPi의 새로운 버전이 필요할 때 WiringPi에 대한 동적 연결을 선택적으로 지원합니다.

● BlueJ 라이브러리

이제부터 설치된 Pi4J 1.2–SNAPSHOT 버전의 라이브러리를 BlueJ에 적용해보겠습니다. BlueJ를 실행하여 "Tools"―"Preference" 메뉴를 선택하고 "Libraries" 탭으로 이동해 보면 아래 "User Libraies from (/usr/share/bluej/userlib)"에 Pi4J 라이브러리가 로드되어 있는 것을 확인할 수 있습니다. 경로 /usr/share/bluej/userlib/를 잘 기억해 두시길 바랍니다.

그림 C.2.6 BlueJ에서 Pi4J 라이브러리 확인

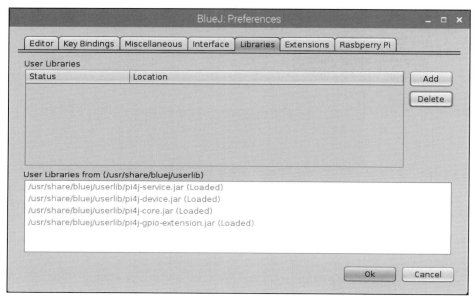

Pi4J 1.2–SNAPSHOT 버전의 라이브러리(2018년 4월 24일)는 경로 /opt/pi4j/lib에 위치하고 있고 BlueJ에서 로드하는 Pi4J 라이브러리(2016년 11월 7일)는 경로 /usr/share/bluej에 위치하고 있습니다(그림 C.2.7).

그림 C.2.7 Pi4J 라이브러리 위치 확인

아래의 명령을 순서대로 실행하면 /opt/pi4j/lib에 있는 라이브러리를 /usr/share/bluej 에 복사합니다. 복사할 파일을 확인하기 위해 cp 명령어를 -v 옵션으로 실행했습니다(그림 C.2.8).

```
cd /usr/share/bluej/userlib
sudo cp -v /opt/pi4j/lib/*.jar .
```

그림 C.2.8 Pi4J 라이브러리 복사

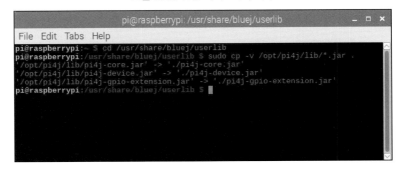

위와 같이 하면 Pi4J로 프로그램을 실행할 때나 BlueJ에서 프로그램을 실행할 때 WiringPi 메시지가 표시되지 않고 정상적으로 작동합니다. 독자가 갖고 있는 라즈베리 파이 와 라즈비안 그리고 Pi4J 버전이나 설치 환경이 상황이 다를 수도 있으니 설명한 방법으로 해결되지 않는다면 나타나는 현상을 참고하여 인터넷을 검색하여 해당 정보를 참고해 보세요.

3 한글 폰트 설치

라즈비안을 설치하고 웹 브라우저로 한글 사이트에 접속하면 한글이 깨져서 표시됩니다. 운영하고 있는 블로그에 접속해 보았습니다(그림 C.3.1).

그림 C.3.1 웹 브라우저 (한글 깨짐 현상)

아래의 명령어로 한글 폰트를 설치하고 재부팅 하면 간단히 해결됩니다(그림 C.3.2).

```
sudo apt-get install fonts-unfonts-core
```

그림 C.3.2 웹 브라우저 (한글 폰트 설치)

한글 입력에 대한 내용은 "제2장 ⑶ 한글 입력 설치"를 참고하시길 바랍니다.

Index

(3)

3.5mm 4극 미니 잭 21
3축 가속도 센서 모듈 281

(A)

A/D 컨버터 239
AC 어댑터 28
ActionListener 175
Apache 프로젝트 182
API 139
AWT (Abstract Windowing Toolkit) 148

(B)

BlueJ Java IDE 85
BorderLayout 169

(C)

CaseConverter 140
CLASSPATH 316
Color 159
cron 315

(D)

destroy 메소드 184
do while 문 134
doGet 메소드 184
doPost 메소드 184
DVI (Digital Visual Interface) 25

(E)

EJB (Enterprise JavaBeans) 180

(F)

for 문 134

(G)

getContentPane() 142
GPIO (General Purpose Input/Output) 192
GPIO 확장 커넥터 23
GpioController 216
GUI 148

(H)

HDMI 커넥터 22
HDMI 케이블 25
HTML (HyperText Markup Language) 179
HTTP (HyperText Transfer Protocol) 179

(I)

I2C 인터페이스 248
if else 문 135
if 문 134
init 메소드 184
IO 확장기 IC 251

(J)

J2ME (Java2 Micro Edition) 126
JApplet 173
Java EE 179
Java ME 179
Java SE 179
JavaBeans 308
JButton 166
JCheckBox 168
JDBC (Java Database Connectivity) 181
JDK 93

JFrame ──────────────────────── 150, 156
JLabel ──────────────────────── 163
JPanel ──────────────────────── 157
JProgressBar ────────────────── 161
JRE ─────────────────────────── 93
JSlider ──────────────────────── 159
JSP (Java Server Pages) ──────── 180
JTextField ───────────────────── 165
JVM ─────────────────────────── 94

(L)
LED ─────────────────────────── 206

(M)
MAC 주소 ─────────────────────── 61
microSD 카드 ──────────────────── 27
microSD 카드 커넥터 ────────────── 23
MVC (Model View Controller) ──── 182
MVC 모델 ──────────────────── 182, 308
MySQL ───────────────────────── 318

(N)
NOOBS ───────────────────────── 36
NOOBS Lite ──────────────────── 36

(O)
OSS (오픈 소스 소프트웨어) ─────────── 300

(P)
Pi4J ─────────────────────────── 203
PWM(Pulse Width Modulation) ─── 217

(R)
RDB(Relational Database) ─────── 181
RJ45 커넥터 ───────────────────── 21

(S)
SD Formatter ─────────────────── 76
SDRAM ───────────────────────── 23
SoC (System On Chip) ─────────── 21
SPI 인터페이스 ────────────────── 237
Spring Framework ─────────────── 182
Swing ───────────────────────── 148
switch 문 ────────────────────── 135

(T)
Tomcat ──────────────────────── 297

(U)
UML (Unified Modeling Language) ─ 118
USB−microB 커넥터 ─────────────── 23

(V)
Visual Studio ─────────────────── 16

(W)
Web 애플리케이션 ──────────────── 183
while 문 ──────────────────────── 134
Win32 Disk Imager ────────────── 51
Windows 10 IoT Core ──────────── 16
Windows Azure ───────────────── 17
WiringPi ─────────────────────── 216

(ㄱ)

가속도 센서 ──── 281
객체 지향 ──── 95
객체 (object) ──── 95
관계연산자 ──── 133

(ㄴ)

납땜 작업 ──── 202
논리연산자 ──── 133

(ㄷ)

다이얼로그 (Dialog) ──── 156
다형성 (polymorphism) ──── 98
대입연산자 ──── 133
데이터베이스 ──── 181
디지털 ──── 188

(ㄹ)

라즈베리 파이 카메라 커넥터 ──── 22
라즈비안 (Raspbian) ──── 34
래퍼 클래스 ──── 138
런타임 에러 ──── 317
레이아웃 관리자 ──── 149,169
룩앤필 (look&feel) ──── 148

(ㅁ)

마이크로컴퓨터 ──── 14
메소드 (method) ──── 96
모터 드라이버 모듈 ──── 271
무선 LAN 설정 ──── 58

(ㅂ)

배포판 (Distribution) ──── 34
브레드보드 ──── 195

(ㅂ)

블루투스 ──── 31
비트연산자 ──── 133

(ㅅ)

산술연산자 ──── 132
상속 (inheritance) ──── 97
서버 사이드 ──── 177
서블릿 ──── 180
스위치 ──── 224
싱글톤 (Singleton) ──── 106

(ㅇ)

아날로그 ──── 188
아두이노 (Arduino) ──── 14
안드로이드 (Android) ──── 126
애노드 ──── 193
애플릿 (Applet) ──── 171
오버 스캔 ──── 67
오버라이드 (override) ──── 98
옴의 법칙 ──── 189
유닛 테스트 (Unit Test) ──── 129
이벤트 ──── 149
인스턴스 (instance) ──── 96
인스펙트 (inspect) ──── 109

(ㅈ)

전원 커넥터 ──── 23
절대최대정격 ──── 191
조건연산자 ──── 132

(ㅋ)

캐소드 ──── 193
캐스트 연산자 ──── 133
캡슐화 (encapsulation) ──── 97
컴파일 에러 ──── 317

클라우드 ──────────────── 343
클라이언트/서버 ──────────── 178
클래스 (class) ───────────── 96

(ㅌ)

툴킷 (Toolkit) ──────────── 148

(ㅍ)

파워셸 ──────────────── 16
페인 (Pane) ──────────── 153
프레임 (Frame) ─────────── 150
프레임워크 ─────────────── 182
프로토콜 ───────────────── 179
프롬프트 ──────────────── 89
필드 (field) ─────────────── 96

(ㅎ)

회로도 ────────────────── 193

자바로 시작하는 라즈베리 파이

1판 1쇄 발행 2019년 4월 30일

저 자 | 에사키 노리히데, 이시이 모루나, 우치무라 칸지
역 자 | 주한길
발행인 | 김길수
발행처 | (주)영진닷컴
주 소 | 서울 금천구 가산디지털2로 123
　　　　월드메르디앙벤처센터 2차 10층 1016호 (우)08505
등 록 | 2007. 4. 27. 제16−4189호

ISBN 978-89-314-6016-2